DIFUSÃO DE POLÍTICAS JUDICIAIS ANTICORRUPÇÃO

VARAS ESPECIALIZADAS EM LAVAGEM DE DINHEIRO E CRIME ORGANIZADO NO BRASIL

DIFUSÃO DE POLÍTICAS JUDICIAIS ANTICORRUPÇÃO

VARAS ESPECIALIZADAS EM LAVAGEM DE DINHEIRO E CRIME ORGANIZADO NO BRASIL

LÍGIA MORI MADEIRA
LEONARDO GELISKI

70

DIFUSÃO DE POLÍTICAS JUDICIAIS ANTICORRUPÇÃO
VARAS ESPECIALIZADAS EM LAVAGEM DE DINHEIRO E CRIME ORGANIZADO NO BRASIL

Autores: Lígia Mori Madeira, Leonardo Geliski

Diretor da Almedina Brasil: Rodrigo Mentz
Editor: Marco Pace
Editora de Desenvolvimento: Luna Bolina
Produtora Editorial: Erika Alonso
Assistentes Editoriais: Laura Pereira e Tacila Souza
Revisão: Lara Oliveira

Diagramação: Almedina
Design de Capa: Tangente Design

ISBN: 9786554272223
Abril, 2024

Dados Internacionais de Catalogação na Publicação (CIP)
(Câmara Brasileira do Livro, SP, Brasil)

Madeira, Lígia Mori
Difusão de políticas judiciais anticorrupção : varas especializadas em lavagem de dinheiro e crime organizado no Brasil / Lígia Mori Madeira, Leonardo Geliski. – São Paulo : Edições 70, 2024.

Bibliografia.
ISBN 978-65-5427-222-3

1. Anticorrupção – Leis e legislação 2. Corrupção – Combate 3. Corrupção – Legislação 4. Crime organizado 5. Justiça Federal – Brasil I. Geliski, Leonardo. II. Título.

24-192454 CDD-364.1323

Índices para catálogo sistemático:

1. Corrupção : Problemas sociais 364.1323

Eliane de Freitas Leite – Bibliotecária – CRB 8/8415

Este livro segue as regras do novo Acordo Ortográfico da Língua Portuguesa (1990).

Editora: Almedina Brasil
Rua José Maria Lisboa, 860, Conj. 131 e 132, Jardim Paulista | 01423-001 São Paulo | Brasil
www.almedina.com.br

SUMÁRIO

LISTA DE FIGURAS

LISTA DE GRÁFICOS

LISTA DE QUADROS

PREFÁCIO

Mensalão y Lava Jato son los nombres de dos operaciones que pusieron a Brasil al centro de la discusión mundial en temas de lucha anti-corrupción y lavado de dinero. En un país de América Latina, finalmente, algunos políticos estaban siendo detenidos y sentenciados judicialmente por su participación en tramas de corrupción. ¿Qué había cambiado en Brasil y no en otros países para que pudiéramos ver el despliegue de la justicia contra actos de corrupción política? La pregunta es relevante porque en diversos países de la región los delitos relacionados con la corrupción, el crimen organizado o el lavado de dinero quedan en su mayoría impunes. Asimismo, conocer por qué Brasil estuvo en condiciones de procesar judicialmente a la élite política y empresarial es relevante dado que, en el fondo, lo que está en juego en casos como el Mensalão o Lava Jato es la integridad de las elecciones, el estado de derecho y la equidad de la competencia política, por mencionar algunos elementos centrales de cualquier régimen que se presuma democrático.

Varios reportes e investigaciones apuntan que algunas democracias en América Latina se encuentran capturadas por complejos esquemas de corrupción o por el crimen organizado. Más aún, la capacidad de las redes criminales para actuar en el ámbito transnacional ha generado problemas de coordinación para un combate efectivo a estos fenómenos delictivos, lo que ha empujado a los países a adoptar convenciones y tratados que provean directrices que contribuyan a enfrentar de manera más eficiente la situación. Aunque útiles, estos esquemas internacionales son solo la punta de lanza para el éxito de políticas anti-corrupción o anti-lavado de dinero y, como muestra este libro, gran parte de la resolución del problema recae en las instituciones y actores nacionales.

Son diversos los gobiernos e instituciones en América Latina que han implementado una serie de políticas para desmantelar esquemas de corrupción y contener así el desencanto ciudadano con la democracia y con la clase política. El diseño e implementación de políticas anti-corrupción o de control al crimen organizado (en sus vertientes de lavado de dinero, narcotráfico u otras) ha sido la ruta tomada por algunos países de la región para hacer frente a estos fenómenos que deterioran la democracia y que, en algunos lugares, ponen en jaque su base mínima, esto es, la realización de elecciones libres, competidas y regulares.

La especialización judicial anti-corrupción y anti-lavado de dinero ha sido una de las rutas tomadas por las instituciones en Brasil y ese es el foco de estudio de este libro. *Difusão de políticas judiciais anticorrupção: Varas Especializadas em Lavagem de Dinheiro e Crime Organizado no Brasil* de Lígia Mori Madeira y Leonardo Geliski muestra cómo las instituciones judiciales, tanto en el ámbito federal como en el estatal, han creado, implementado e, incluso revertido, varas especializadas para enfrentar el crimen organizado. El libro es novedoso y estimulante para el debate académico por varias razones.

Un primer gran acierto de este libro es que vincula de manera cuidadosa y clara los estudios en política judicial y en políticas públicas, un tema que viene a sumar y a ampliar los debates entorno a la judicialización de la política a partir del análisis no de la *judicial politics* sino de la *judicial policy,* esto es, del estudio de procesos organizacionales y de operación de una política en la sede del poder judicial. Desde el enfoque de las políticas públicas, se examina cómo las instituciones judiciales, en particular el Consejo de la Justicia Federal, los Tribunales Regionales Federales y los Tribunales Estatales, han empujado la implementación de políticas no solo a partir de sus sentencias, sino sobre todo a partir de la difusión y el re-diseño institucional de cortes especializadas y el entrenamiento y capacitación de grupos de jueces para atender delitos complejos como el crimen organizado o el lavado de dinero. Así, se muestra cómo y en qué condiciones las y los jueces en Brasil se han convertido en hacedores de políticas que contribuyen a cambiar el rumbo del régimen político, mediante la puesta en marcha de cambios burocráticos organizativos y estructurales que tienen efectos sustantivos en cómo se procesa judicialmente un caso de lavado de dinero, corrupción política o de crimen organizado.

En segundo lugar, el libro aborda un tema poco estudiado en la literatura de política judicial: la respuesta de las cortes a delitos perpetrados por el crimen organizado. La política judicial se ocupado de estudiar la independencia de las cortes, su poder, su papel en la protección de derechos, en la resolución de disputas entre el ejecutivo y el legislativo, pero muy poco sobre el rol de las cortes en cambiar la trayectoria de problemáticas complejas como, por ejemplo, el lavado de dinero o la infiltración del crimen organizado en la política. El nivel de sofisticación que requiere la investigación y sentencia de este tipo de delitos reclama grados de especialización judicial que otro tipo de crímenes más generales no requiere. Los trabajos que estudian el papel del poder judicial en la lucha contra el crimen organizado son todavía pocos y, por ello, este libro contribuye de manera sustantiva a entender mejor el papel de la especialización judicial en ese tema. Adicionalmente, el libro amplía los estudios en política judicial, tanto en Brasil como en el mundo, al estudiar los tribunales diferentes a las altas cortes, como el Tribunal Supremo. Tener como unidad de análisis a los tribunales federales sub-nacionales y no al tribunal constitucional, como tradicionalmente se ha hecho en la literatura en política judicial, permite entender de manera más acertada cómo funciona el poder judicial y sus efectos en la vida democrática de un país, principalmente porque son las instancias sub-nacionales donde se dirimen el mayor número de disputas legales de un país y además son las más cercanas a la ciudadanía.

Un tercer acierto importante de la obra es mostrar, a partir de una metodología de *process tracing*, la manera en cómo se fue gestando el desarrollo de la creación, implementación, difusión e incluso desmantelamiento de políticas judiciales especializadas para combatir el crimen organizado desde los propios tribunales. Esto es, diferente a lo que otros trabajos muestran para explicar la adopción y puesta en marcha de políticas de especialización judicial para combatir el crimen organizado — como por ejemplo, el papel del ejecutivo y el legislativo en la creación de leyes y programas nacionales en la materia — este libro destaca el proceso a partir del cual se difunden políticas de especialización judicial desde los propios tribunales, en un proceso de creación e implementación de políticas identificado por Mori Madeira y Geliski como de *bottom-up* y que considera mecanismos causales para la difusión: aprendizaje, legitimación, persuasión y emulación. Así, se da cuenta de cómo las cortes federales adoptaron políticas burocráticas y de organización para especializar a los jueces en materias específicas como el lavado de dinero.

Adicionalmente, la investigación traza el proceso de cómo estas políticas de especialización judicial creadas en los tribunales federales se difundieron por olas a lo largo de los tribunales estatales en Brasil. Este proceso de rastreamiento está enriquecido por una serie de entrevistas que Mori Madeira y Geliski realizaron con los protagonistas — jueces y procuradores — que participaron en la adopción, implementación y difusión de políticas judiciales especializadas para combatir, en sede judicial, la corrupción, el lavado de dinero y el crimen organizado. En las entrevistas, las y los jueces narran episodios clave que permiten entender el papel de las instituciones y los actores involucrados destacando tres momentos: cómo era la situación en la que se encontraban antes de la implementación de estas políticas; cuál fue el escenario con la implementación y operación de las varas especializadas; y cómo fue el proceso de desmantelamiento de la política de especialización. Asimismo, los autores elaboran un análisis detallado de las resoluciones clave del Consejo de la Justicia Federal y de los Tribunales Regionales en el desarrollo de las varas especializadas para combatir la corrupción y el lavado de dinero. Estas resoluciones muestran con claridad cómo se desenvolvió el proceso de difusión de las varas especializadas contra el lavado de dinero, en un proceso que los autores identifican como *top-down* al interior del poder judicial, respondiendo a la jerarquía que suele caracterizar a esta institución. Tanto las entrevistas, como las resoluciones, permiten identificar los mecanismos causales de la difusión y desmantelamiento de las políticas judiciales especializadas en materia de lavado de dinero.

El argumento central del libro explora el surgimiento de políticas judiciales especializadas anti-corrupción y anti-crimen organizado poniendo sobre la mesa dos hipótesis. La primera relacionada con la idea de que este tipo de políticas son resultado de decisiones *top--down,* esto es, que se derivan de autoridad ejecutiva o legislativa; y la segunda, que las políticas de especialización judicial pueden ser resultado de políticas *bottom-up,* en donde los actores encargados de ponerlas en práctica, en este caso los tribunales, también las diseñan. Mori Madeira y Geliski aluden al protagonismo de las cortes en la creación de estructuras especializadas para avanzar la lucha contra el lavado de dinero y la corrupción. Así, muestran cómo el activismo de los jueces en re-organizar las estructuras y procedimientos al interior del poder judicial para atender este tipo de crímenes es el motor que permitió que en Brasil se desarrollaran operaciones como Lava Jato. El papel del poder judicial fue clave también para el posterior desarrollo de políticas legislativas, como la Estrategia Nacional de Combate a la Corrupción y al Lavado de Dinero, que profundizaron la lucha contra estos crímenes, sin que la clase política anticipara los efectos que esto tendría, por ejemplo, en el sistema de partidos o en la democracia brasileña.

El libro está organizado en ocho capítulos. En el primero se presenta una introducción y el argumento central del libro. En el capítulo dos, Mori Madeira y Geliski presentan el encuadre teórico, utilizando el análisis del proceso de las políticas públicas para explicar el surgimiento de cortes especializadas anticorrupción y anti-lavado de dinero, esto es, dan cuenta de cómo los jueces diseñaron una política de tipo *bottom-up* para enfrentar de manera más efectiva estos crímenes y responder tanto a las demandas nacionales para erradicar problemas de lavado de dinero y corrupción, como a las demandas internacionales de tratados y convenciones firmadas por Brasil. El capítulo tres está dedicado a presentar el método a partir del cual se construye el argumento de la obra. El *process tracing* es una herramienta metodológica que permite a los autores identificar los mecanismos causales que explican cómo se formó la política de especialización anti-corrupcción y anti-lavado en Brasil, así como las instituciones, los actores involucrados y sus incentivos. En el capítulo cuatro, los autores presentan las políticas internacionales de lucha contra la corrupción y el crimen organizado, describiendo los tratados y convenciones que impulsaron los primeros movimientos hacía una política más frontal de lucha contra estos delitos en las instituciones judiciales brasileñas. El capítulo cinco aborda, a partir de entrevistas con los protagonistas de las políticas de especialización judicial y resoluciones clave, el proceso mediante el cual se crearon y difundieron varas especializadas en materia de lavado de dinero y anti-corrupción en los tribunales regionales federales, centrándose en las vertientes de aprendizaje y legitimación de la política judicial. Por su parte el capítulo seis da cuenta del proceso de difusión de políticas judiciales especializadas en los tribunales estatales en materia de crimen organizado, destacando el papel de los actores judiciales en el proceso de persuasión y emulación. En el capítulo siete, Mori Madeira y Geliski presentan un tema de suma relevancia para las políticas judiciales en materia de anti-corrupción: los pasos que se verificaron en Brasil para desmantelar las varas especializadas en anti--corrupción y lavado de dinero. Aquí, los autores confirman el papel de las burocracias judiciales en la puesta en marcha de políticas, ahora de desmantelamiento, para limitar el alcance de los procesos judiciales anti-corrupción y anti-lavado de dinero. Para entender esto, se da cuenta de elementos contextuales y coyunturales (compuestos por preferencias políticas, estructuras de oportunidad y estrategias) sumamente relevantes, entre los que destacan el protagonismo de algunos jueces, pero también los cuestionamientos sobre cómo se procesaron judicialmente algunos casos, los métodos y la producción de pruebas que terminaron poniendo en duda la legitimidad de actuación de los jueces ante la sociedad, particularmente en el marco de la Vaza Jato. Para cerrar el libro, el capítulo ocho presenta las conclusiones.

La obra que el lector tiene en sus manos es una contribución significativa a la literatura en política judicial en América Latina, que amplia nuestro conocimiento sobre cómo las cortes y los jueces sub--nacionales se convierten en hacedores de ciertas políticas públicas, que los representantes no están muy dispuestos a avanzar por ser políticamente sensibles. El libro provee ideas y datos originales que contribuyen a entender cómo surgen los tribunales especializados en materia anti-corrupción y, sobre todo, deja sobre la mesa hipótesis potentes sobre el por qué en algunos países se desarrollan operaciones judiciales del tipo Lava Jato, que desmantelan grandes redes de corrupción, y en otros países no.

Prof. Dra. Azul A. Aguiar Aguilar
ITESO, Universidad jesuita de Guadalajara

APRESENTAÇÃO

O tema da corrupção ganhou ampla centralidade nos últimos anos no Brasil, em certa medida decorrente de um processo internacional de fortalecimento de instituições anticorrupção. Instituições especializadas foram criadas em diferentes países, especialmente no Sul Global, a partir da difusão de uma agenda internacional anticorrupção que se iniciou na última década do século XX.

No Brasil, em alinhamento com a tendência internacional, verificaram-se avanços importantes no combate a crimes de corrupção, lavagem de dinheiro e participação em organização criminosa, dentre outros, decorrentes do fortalecimento da rede de *accountability*. Nesta, ganharam destaque os estudos sobre o Ministério Público (MP) e a Polícia Federal (PF), mas o Judiciário acabou por receber menor atenção dos pesquisadores. Esta lacuna é agora superada pelo minucioso trabalho de investigação aqui apresentado por Lígia Mori Madeira e Leonardo Geliski, que se debruçam sobre o tema da ascensão e o declínio do modelo de tribunais especializados anticorrupção.

O caso brasileiro merece atenção. Além da criação de varas especializadas em lavagem de dinheiro, crimes financeiros e crime organizado nas esferas federal e estadual do sistema judiciário, a especialização judicial foi adotada pela própria burocracia judicial federal e difundida nos Tribunais de Justiça dos estados, através, sobretudo, do Conselho da Justiça Federal (CJF) e do Conselho Nacional de Justiça (CNJ).

Ademais, a análise das mudanças institucionais ocorridas na justiça federal e nas justiças estaduais ganha profundidade pela novidade analítica empreendida pelos autores. Eles inovam ao incorporar a literatura de políticas públicas para compreender como o processo de especialização (e, posteriormente, "desespecialização") pode ser mais bem compreendido analisando-se padrões de mudança e difusão (*policy diffusion*), bem como pela adoção e desmantelamento de políticas (*policy dismantling*). Trata-se, sem dúvida, de crucial contribuição analítica desta obra.

Mudanças institucionais no Judiciário mediante a especialização de estruturas para o julgamento de crimes de corrupção, lavagem de dinheiro e criminalidade organizada alteram as relações de poder e o papel desempenhado pelo Judiciário na rede de combate à corrupção, colocando seus atores numa nova dinâmica de ação dentro da rede de instituições de controle. Assim, a atuação da burocracia judicial no sentido de promover a especialização gera alterações institucionais importantes, tanto dentro do Judiciário quanto na relação deste com as demais instituições de controle, alterando o equilíbrio de poder entre instituições e no interior da estrutura judicial.

São três os ganhos teóricos trazidos do campo das políticas públicas. O primeiro se origina na mobilização da ideia de *judicial policy*. Os autores demonstram como a especialização é concebida e impulsionada pelos tribunais a partir da ação política de suas burocracias (política judicial), num movimento *bottom-up*. Assim, questionam a literatura que trata a especialização como fruto de uma política criminal desenvolvida no Executivo, sobretudo com a Estratégia Nacional de Combate à Corrupção e à Lavagem de Dinheiro (ENCCLA) e seus desdobramentos legislativos, gerando novas leis ou reestruturando leis existentes. No livro se contra-argumenta que o Judiciário desenvolveu políticas próprias para a gestão e organização dos tribunais, promovendo mudanças significativas na política criminal anticorrupção no Brasil e se tornando um ator importante do *policy process*.

O segundo ganho advém do uso da literatura de difusão de políticas públicas para compreender a especialização judicial como um tipo de política criminal das cortes, que se espraia do Judiciário Federal para os Tribunais de Justiça dos estados. Os defensores da especialização atestam que ela aumenta a eficiência, amplia o conhecimento especializado e a uniformidade nas decisões. Os ganhos percebidos desse processo favoreceram a difusão, em especial por aprendizado e emulação. Na difusão por aprendizado, evidências de uma política bem-sucedida adotada em outras localidades leva à sua adoção. Nesta, a questão da agência é central, pois são os indivíduos que aprendem e reinterpretam a política. Já na difusão por emulação, a mera existência basta para a adoção da política, sem a consideração de seus efeitos.

No caso da especialização, a difusão ocorreu num duplo movimento, por meio do aprendizado com experiências internacionais, por um lado, como também internamente, tanto dentro da justiça federal quanto desta para as estaduais, por outro. As varas especializadas em lavagem de dinheiro ou corrupção surgiram em diversos países, sendo aqui levadas a cabo pela burocracia judicial federal, em especial dos Tribunais Regionais Federais da Região Sul (TRF4) e Sudeste (TRF2 e TRF3). Como os autores demonstram, foi a própria burocracia que se envolveu nesse processo de especialização — tanto na formulação quanto na implementação da política nos tribunais. E ela foi posteriormente legitimada por decisões do STF e do STJ, que reconheceram as políticas judiciais como parte legítima da forma de auto-organização da instituição. Por fim, no momento seguinte se deu o processo de difusão para as justiças estaduais, no qual o Conselho Nacional de Justiça (CNJ) foi ator central, estimulando a difusão (neste caso, por emulação) para os Tribunais Estaduais.

O terceiro ganho provém da literatura de *policy dismantling*, que aporta importante instrumento analítico para a compreensão do processo de "desespecialização" pelo qual as cortes passaram, numa retração da política judicial anticorrupção. Este processo de desmantelamento das varas especializadas foi fruto da ação da própria burocracia judicial, por emulação — mas, nesse caso, sem que houvesse a indução por parte dos órgãos judiciais superiores. Embora os Poderes Executivo e Legislativo sejam também importantes agentes de promoção do desmantelamento, fica demonstrado que o movimento aconteceu internamente ao Judiciário.

Mas também Ministério Público atuou nesse sentido. Houve uma diminuição das grandes operações de combate à corrupção e o uso dos Acordos de Não Persecução Penal (ANPP) levou a uma diminuição de processos nas varas criminais. Por fim, mas não menos importante, o fracasso e as consequências deletérias da Lava Jato para a democracia brasileira arrefeceram a política anticorrupção dentro do Judiciário, afetando o processo de especialização das varas. Assim, as críticas feitas ao processo de especialização em parte se concretizaram no caso brasileiro, sobretudo em função da concentração de poder em um grupo seleto de burocratas com muita autonomia e baixa *accountability*, conforme já aprendemos com a ampla literatura brasileira sobre o tema. Nesse sentido, o desmonte da própria *judicial policy* de especialização não surpreende, e nos ajuda a compreender as causas e consequências de mudanças institucionais levadas a cabo por atores do sistema de justiça.

Enfim, o livro de Madeira e Geliski traz respostas a uma pergunta levantada por Bauer *et al.* (2012) em seu trabalho sobre desmantelamento de políticas públicas e mencionada pelos autores: *Em que condições podemos esperar ajustes ou transformações das políticas existentes?* É exatamente sobre esta pergunta que eles se debruçam, procurando compreender as mudanças institucionais promovidas no processo de especialização da política criminal anticorrupção no Brasil. A especialização, a difusão e o posterior desmantelamento dessa política são explicadas pela lente das políticas públicas, numa junção de saberes de diferentes campos do conhecimento, combinados de maneira magistral, permitindo aos leitores uma análise precisa do fenômeno, inovadora analiticamente e poderosa em termos científicos.

Portanto, pode-se afirmar que este livro traz contribuição importante para uma nova agenda de pesquisas, com ganhos teóricos e empíricos para diferentes campos – o das Políticas Públicas, que já se debruça sobre os Poderes Executivo e Legislativo em suas análises, mas ainda carece de mais estudos e abordagens sobre o Judiciário; e os do Direito e da Ciência Política, que aqui ganham uma análise acurada sobre mudanças institucionais do Judiciário e sobre a política de combate à corrupção no país, além de uma nova possibilidade de abordagem interdisciplinar. Ganham as áreas de conhecimento, ganham também os pesquisadores e leitores, que aprendem muito, e em diversos sentidos, com a leitura do livro *DIFUSÃO DE POLÍTICAS JUDICIAIS ANTICORRUPÇÃO: Varas Especializadas em Lavagem de Dinheiro e Crime Organizado no Brasil.*

Vanessa Elias de Oliveira
Professora Associada de Ciência Política e Políticas Públicas da Universidade Federal do ABC (UFABC)

1. INTRODUÇÃO

Instituições anticorrupção têm sido implementadas no Sul Global, ao lado de mudanças no Direito Penal e no sistema judiciário focadas no combate à corrupção e seus problemas relacionados. Vários tipos de instituições especializadas foram criadas (agências, comissões, comitês) como produto de uma agenda internacional difundida desde meados da década de 1990 (ROSE-ACKERMAN; PALIFKA, 2016). Tribunais especializados em combate à corrupção, crime organizado e lavagem de dinheiro são exemplos de políticas públicas judiciais criadas para lidar com essas questões. A literatura tem avançado muito timidamente no estudo dos tribunais especializados anticorrupção (BUTT, 2009a, 2011; BUTT; SCHÜTTE, 2014; MADEIRA; GELISKI, 2021; STEPHENSON; SCHÜTTE, 2016, 2022), num esforço para mapear a sua existência, estruturas e modelos em diferentes países e investigar os atores envolvidos em sua criação. Este é o objetivo deste livro.

Este trabalho integra uma agenda de pesquisa[1] na qual procuramos responder em que condições surgem os tribunais especializados

[1] Esta agenda de pesquisa incluiu diferentes projetos ao longo dos últimos anos, sendo financiada pelo Conselho Nacional de Desenvolvimento Científico e Tecnológico (CNPq) tanto através de Bolsa de Produtividade em Pesquisa, quanto de bolsas de iniciação científica. Também houve o envolvimento de bolsas de pós-graduação da CAPES e de iniciação científica da FAPERGS

em combate à corrupção — sobretudo, se o tribunal é derivado de recomendações e incentivos internacionais ou se é produto de um *policy making* nacional —, investigando os padrões de mudança e de difusão e o contexto político que influenciam a adoção e o desmantelamento dessas políticas (*policy dismantling*). Nosso foco aqui é o caso brasileiro. Descrevemos a ascensão e o declínio do combate judicial especializado à corrupção, avançando em achados de pesquisas anteriores nas quais propusemos um modelo para analisar o desenho institucional dos tribunais especializados (MADEIRA; GELISKI, 2021), os padrões de difusão das políticas de especialização judicial (MADEIRA et al., 2019) e os mecanismos que levam à formulação e implementação dessas políticas.

O Brasil é um caso relevante para estudo, em primeiro lugar, por não ter sido incluído nos estudos sobre tribunais especializados anticorrupção (STEPHENSON; SCHÜTTE, 2016, 2022) — e isto apesar de ter criado varas especializadas em lavagem de dinheiro, crimes financeiros e crime organizado nas esferas federal e estadual do sistema judiciário brasileiro. Em segundo lugar, a política brasileira de especialização judicial foi concebida pela própria burocracia judicial federal (modelo *bottom-up*) e, posteriormente, difundida por outras instituições judiciárias subnacionais, caracterizando um processo político *sui generis,* uma vez que os tribunais especializados são geralmente criados fora do Poder Judiciário, por uma ação de cima para baixo (*top-down*) das instâncias superiores do governo. Tal qual em outros movimentos de política criminal latino-americana (LANGER, 2007), a difusão de ideias e constrangimentos por parte de organismos internacionais no impulsionamento a mudanças institucionais no Judiciário brasileiro precisa ser considerada.

---

vinculadas aos projetos. A concepção do presente trabalho se iniciou em 2019 como desdobramento dos seguintes projetos de pesquisa: *A justiça federal na formulação e implementação de uma política pública judiciária de combate à corrupção: desenvolvimento institucional e atuação no Brasil*; *Specialized Courts and anti-corruption policy in the Global South: actors and networks in process of policy transfer in different institutional contexts*; e mais recentemente no âmbito do projeto *Mudanças Institucionais na política de especialização judicial anticorrupção.*

Esse olhar sobre os processos de especialização e de difusão das cortes anticorrupção a partir de conceitos próprios das políticas públicas — de cortes como *policy makers* ou o estudo dos fatores externos às instituições responsáveis pela criação da política especializada — está alinhado com os debates recentes sobre a literatura de políticas de combate à corrupção e de redes de *accountability*. Incorporamos esses diferentes olhares sobre os processos de políticas públicas de especialização judicial para examinar a trajetória de criação, difusão e desmantelamento de varas especializadas no processamento dos crimes de lavagem de dinheiro, corrupção e crime organizado dentro do sistema de Justiça. Como veremos, esses processos foram iniciados na Justiça Federal e difundidos por ela para os Tribunais de Justiça dos estados, intermediados por instituições como o Conselho da Justiça Federal (CJF) e o Conselho Nacional de Justiça (CNJ).

Antes de apresentarmos o argumento central desta obra, situemos a estrutura institucional brasileira de *accountability* e sua trajetória de desenvolvimento, na qual as varas especializadas se destacam como parte fundamental da *accountability* judicial e da política criminal, como veremos abaixo.

1.1. O combate à corrupção pelo sistema de Justiça: a *accountability* judicial

Nas últimas décadas, o cenário político e jurídico brasileiro tem sido marcado por profundas mudanças institucionais relativas ao combate ao crime organizado e à lavagem de dinheiro, tendo como foco prioritário o enfrentamento da corrupção. Ao longo das últimas duas décadas, a literatura especializada (KARKLINS, 2002; MUNGIU-PIPPIDI, 2015; ROSE-ACKERMAN; PALIFKA, 2016; ROTBERG, 2017; ROTHSTEIN; VARRAICH, 2017) empenhou-se em conceituar e estabelecer tipologias para a corrupção, investigando origens e causas. Muitos países fizeram reformas legais e judiciais para reforçar o caráter democrático de seus governos, impulsionados por pressões de uma agenda internacional que incentivava o fortalecimento e criação de instituições de controle, bem como a adoção de políticas anticorrupção. O conceito de *accountability* situou-se no centro do debate desde o início dos anos 1990 (O'DONNELL, 1999), relacionado à literatura sobre democracia, Estado de Direito, reforma e ativismo judicial (HAMMERGREN, 2007).

Os marcos desse processo no Brasil são a democratização e as drásticas mudanças do desenho institucional dos sistemas político, legislativo e judicial, além da implementação de uma agenda de reforma de Estado da década de 1990, com o fortalecimento e o ganho de autonomia e independência das instituições de controle no país (POWER; TAYLOR, 2011a, 2011c).

O tema da corrupção ganhou mais força na Ciência Política brasileira a partir de 2010, especialmente com a denúncia de grandes esquemas de corrupção, como os casos do Mensalão e da Máfia das Sanguessugas, e com a deflagração de amplas operações de combate à corrupção, como a Satiagraha e a famosa Lava Jato (ARANTES, 2011a, 2011b; ARANTES et al., 2010; DA ROS; TAYLOR, 2022; FAGUNDES, 2022; KERCHE; MARONA, 2022; LONDERO, 2021; MARONA; KERCHE, 2021; POWER; TAYLOR, 2011b; RODRIGUES, 2020; TROMBINI; VALARINI, 2023). Esse novo conjunto de estudos buscou compreender os processos de mudança e a atuação das instituições de controle, especialmente da chamada *accountability legal* (DA ROS, 2019) e das redes de instituições de controle — conhecida como *web accountability*.

A rede brasileira de instituições de controle caracteriza-se por uma relação complexa e interdependente que inclui burocracias diversas, desde as instituições do sistema de Justiça (aqui compreendidas como judiciário, ministério público e polícias) a órgãos específicos de controle da administração pública (como os tribunais de contas, autoridades anticorrupção e afins). Essa rede se estrutura no âmbito do Executivo com órgãos como a Polícia Federal, o Conselho de Controle de Atividades Financeiras (Coaf), a Controladoria Geral da União (CGU) e a Receita Federal. No Legislativo, o Congresso Nacional dispõe do Tribunal de Contas da União (TCU) e também pode convocar eventuais Comissões Parlamentares de Inquérito (CPIs).

Além dos Poderes Executivo e Legislativo, os órgãos pertencentes ao sistema de Justiça, tanto federal quanto estadual, como os Tribunais

Regionais Federais e Tribunais de Justiça Estaduais, os Ministérios Públicos, os tribunais eleitorais e órgãos de controle das instituições judiciais, como o Conselho Nacional do Ministério Público (CNMP) e o Conselho Nacional de Justiça (CNJ), desempenham um importante papel. Este último arranjo institucional refere-se ao que a literatura denomina como controle judicial.

Esse tipo de controle, quando aplicado à corrupção, adota um conceito formal de interesse público posto no âmbito do ordenamento jurídico. Parte-se da premissa de que o Judiciário deve exercer controle sobre a administração pública, tendo em vista um sistema de leis e regulamentos interpretados à luz de uma jurisprudência constituída pela magistratura. O controle judicial é exercido no campo do Direito, de acordo com os preceitos de neutralidade e universalização derivados da interpretação jurídica de códigos, estatutos e regulamentos (AVRITZER; FILGUEIRAS, 2011, p. 18).

Esse sistema engloba tanto a atuação em matéria de controle da administração pública quanto em matéria de justiça criminal. Até o início dos anos 2000, o controle judicial do combate à corrupção no Brasil era feito principalmente no campo cível, com o emprego da Lei de Improbidade Administrativa (Lei nº 8.429/1992), cujo ator central era o Ministério Público, enquanto órgão de *accountability* horizontal no sistema político brasileiro (ARANTES et al., 2010, p. 143). Essa atuação se mostrou pouco eficaz — e em resposta a tal tratamento houve, junto ao fortalecimento das instituições, o deslocamento do controle judicial da corrupção da esfera cível para a criminal (ARANTES, 2011b).

Ainda sobre o controle judicial em sentido amplo, as instituições que ganharam maior relevância nos estudos sobre corrupção foram o Ministério Público Federal (MPF) e a Polícia Federal, em especial pelos efeitos das megaoperações anticorrupção no sistema político brasileiro. O fortalecimento do MPF ao longo dos anos, com ganhos de autonomia (LONDERO, 2021), aumentou gradualmente sua capacidade de fiscalização, investigação e propositura de ações civis públicas e criminais. Da Ros e Taylor (2022) apontam que esses efeitos abrangeram o Ministério Público como um todo, tanto na esfera federal quanto na estadual, de modo que essas diversas mudanças institucionais — incluindo disposições constitucionais que garantiram gerência orçamentária, bem como a independência institucional de sua atuação e mudanças na forma como o procurador-chefe é escolhido (KERCHE, 2009) — contribuíram para o aumento de atuação dos promotores de Justiça e procuradores da República.

A instituição ampliou a sua capacidade de processar a corrupção por diversos outros motivos, incluindo a crescente independência do procurador-geral, a promulgação de novas leis, as mudanças na jurisprudência dos tribunais, a modernização dos processos criminais, a especialização de varas em lavagem de dinheiro, o aumento da discricionariedade em questões criminais, o fortalecimento da capacidade da Polícia Federal e a capacidade de criar forças-tarefa (KERCHE; MARONA, 2022; LONDERO, 2021; MARONA; KERCHE, 2021).

Uma ampliação sem precedentes da discricionariedade dos membros do Ministério Público e dos integrantes da Polícia Federal, na sequência acompanhada da crescente capacidade do Poder Judiciário, compõem o vetor institucional desse processo (KERCHE; MARONA, 2022, p. 23). Nesse arranjo institucional complexo, baseado na interação entre PF, MP e o Judiciário, este último ainda recebe, por parte da literatura, um papel menor nas análises, apesar da importância de sua atuação, ora como gargalo ou parte final do fluxo do sistema de Justiça, ora desempenhando papel central como coordenador das demais instituições.

Muito embora nas democracias representativas as cortes atuem como mecanismos de *accountability*, em nosso caso de estudo elas vão muito além, revestindo-se de verdadeiro papel de política criminal, entendida como conjunto de ações e procedimentos criados pelo Estado e pela sociedade em resposta ao fenômeno criminal (DELMAS-MARTY, 2004).

Não raro a atuação judicial implica em persecução criminal, o que em tese não seria uma novidade; a novidade é o fato de essa atuação judicial extrapolá-la. Ou seja, a justiça, ao especializar suas estruturas para o julgamento de determinados tipos de crimes, tais como corrupção e lavagem de dinheiro, altera a dinâmica de ação dos atores da rede de instituições de controle. Assim, os tribunais deslocam-se do papel de arena de processamento de casos para o de atores de formulação e implementação de uma política criminal, que remodela as atribuições de instituições de persecução em razão do território e matéria. Dessa forma, atuam ora como formuladores de uma política própria (política judicial), ora como formuladores incidindo diretamente na política criminal mais ampla.

Se há lacunas em relação à consideração das cortes como formuladoras de política criminal, são também recentes as discussões da literatura sobre corrupção que discorrem sobre o peso que tem a autonomia das burocracias judiciais na promoção de mudanças endógenas nas próprias estruturas da Justiça.

Descrito como originalmente inoperante em relação à temática — dentre várias razões, pelo baixo número de casos em julgamento, seguido de um número muito pequeno de condenações, a despeito de um aumento nos casos de corrupção — aos poucos o Judiciário federal sofreu um conjunto de medidas que transformaram esse quadro: ampliação de cargos, aumento vertiginoso de salários, ampliação das estruturas, expansão do número de varas, mudanças que atingiram em equiparação também o órgão ministerial (DA ROS; TAYLOR, 2022). O Judiciário, representando o último elo desse encadeamento institucional, apresenta-se como a instituição reativa cuja efetividade no processo de *accountability* dependeria das instituições precedentes, especialmente da qualidade dos casos encaminhados pelo MPF (ARANHA, 2017).

Apesar de comum na análise de outros fenômenos criminais (OLIVEIRA; MACHADO, 2018), pesquisas sobre fluxo processual como método para aferir casos de corrupção ainda são menos usuais. Os trabalhos de Levcovitz (2014) e de Aranha (2015) foram os primeiros a mapear a atuação dessas instituições por meio de uma análise de fluxo longitudinal em um conjunto de casos, determinando desde sua ocorrência até o percentual de casos que progridem aos estágios subsequentes. Aranha reforça a posição de que, apesar da melhoria das instituições de *accountability* horizontal desde a redemocratização — com ampliação da autonomia do MP, maiores recursos e mais pessoal por parte da PF, e missão precípua de auditoria e prevenção à corrupção por parte da CGU — nenhuma dessas instituições responde sozinha ou concentra todos os passos que envolvem o ciclo da *accountability*, que inclui monitoramento, investigação e sanção. A credibilidade e a efetividade da rede dependem, assim, da qualidade das relações estabelecidas entre os diferentes componentes do sistema. Destaca-se nessa área a grande pesquisa coordenada por Costa, Machado e Zackseski (2016) sobre a investigação e a persecução da corrupção e dos delitos econômicos no sistema de Justiça federal; a tese de Daiane Londero (2021), voltada às mudanças institucionais e ao diagnóstico da atuação do MPF em matéria de corrupção; além de estudos com foco na Região Sul, concernentes ao julgamento da corrupção pelo TRF4 (MADEIRA; GELISKI, 2020), e estudos voltados a descrever o tema da persecução especializada aos prefeitos (BENTO; DA ROS; LONDERO, 2020).

Mais recentemente, merece destaque a obra de Rodrigues (2020), fruto de sua dissertação de mestrado, que busca analisar a atuação da Justiça Federal na Lava Jato, mapeando o funcionamento e as peculiaridades endógenas da instituição e a definição de sua capacidade de ação em grandes operações envolvendo crimes de corrupção de alto escalão.

Abrindo espaço para o objeto deste livro, um conjunto recente de trabalhos chamam a atenção justamente para o combate judicial à corrupção através da justiça especializada. Em trabalho precursor, Da Ros (2014) investigou a especialização dos Tribunais de Justiça no julgamento de crimes de prefeitos, descrevendo os papeis das câmaras criminais do Rio Grande do Sul e da Bahia, ambas criadas na década de 1990, sendo dos primeiros casos de especialização anticorrupção adotados no Brasil. Recentemente, Da Ros e Taylor (2022) fizeram menção a outros processos de especialização em diferentes áreas de jurisdição, incluindo a lavagem de dinheiro e os crimes financeiros. Já Marona e Kerche (2021) apontaram, inclusive a partir da citação de nossos trabalhos, o papel que a especialização do judiciário federal, somada às mudanças na jurisprudência do STF (intitulado por alguns autores como Supremo Tribunal Criminal), tiveram na construção desse arcabouço institucional. Esses processos, em grande medida fruto de mudanças endógenas das próprias burocracias, como o descrito sobre a Justiça Federal a seguir, se deram no intuito de implementar as novas legislações oriundas das pressões internacionais, conforme demonstramos nos capítulos seguintes.

Antes de abordarmos propriamente o tema deste livro, a política judicial de especialização, é importante anunciarmos a especificidade da atuação da *accountability* brasileira em utilizar-se da criminalização e persecução à lavagem de dinheiro e ao crime organizado como formas de combater indiretamente a corrupção, inclusive produzindo criações institucionais específicas para esses crimes, como é o caso das varas especializadas. Como veremos a seguir, em um movimento *sui generis*, diferente mas integrado ao movimento internacional quanto à criação de agências e cortes especializadas anticorrupção, a opção brasileira foi por varas especializadas em lavagem de dinheiro e, posteriormente, em criminalidade organizada.

1.2. Argumento da obra

A literatura define as cortes especializadas anticorrupção como a atuação de "juízes, cortes, divisão de uma corte, ou tribunal que é substancialmente especializado (ainda que não necessariamente exclusivo) no processamento de casos de corrupção" (STEPHENSON; SCHÜTTE, 2022, p. 7, tradução nossa). Ainda que o olhar sobre as cortes enquanto instituições anticorrupção seja recente, o fenômeno da especialização judicial não o é. Desde a década de 1970, Baum (1977, 1990, 1994, 2009, 2011, 2014) vem se dedicando a entender esse fenômeno, que transcende a esfera criminal, podendo cobrir desde o direito do consumidor, da infância e juventude, dos povos originários, até temas como violência doméstica, corrupção, lavagem de dinheiro e crime organizado. A partir dessa definição, temos o conceito de especialização como fenômeno que demanda a criação de uma burocracia com *expertise* para atuação em matérias específicas.

Nosso foco neste livro é compreender, no Brasil, os movimentos de criação, desenvolvimento e desmantelamento de varas especializadas no processamento de casos de lavagem de dinheiro pela Justiça Federal e, posteriormente, a criação nos Tribunais de Justiça estaduais de estruturas especializadas para o julgamento de crimes cometidos por organizações criminosas. O estudo está alicerçado em duas hipóteses, uma primária e outra rival, que incidem sobre a autoria do processo de política pública — *policy making* judicial — da especialização. A hipótese primária sustenta que a especialização é concebida e impulsionada pelos tribunais, como ação política de suas burocracias (política judicial), em um movimento *bottom-up*. Já na hipótese rival, parte-se do pressuposto de que a especialização é resultado da atuação dos Poderes Executivo e Legislativo, que concentram o poder de agenda e de difusão de toda a política criminal, em um movimento *top-down*.

É preciso esclarecer que nossa defesa quanto ao protagonismo judicial em relação à especialização não desconsidera os critérios de competência quanto a esta ser realmente uma prerrogativa do Poder Judiciário. Ocorre que a literatura costuma entender a especialização como decorrente de uma política criminal mais ampla, cujos desenvolvimentos no Executivo culminaram na ENCCLA[2] e cujos desdobramentos legislativos implicaram em uma série de novas leis ou na reestruturação de leis existentes. Nossa defesa é a de que o Judiciário, ao criar a política de especialização, contribuiu não apenas para as mudanças institucionais internas, mas também para os movimentos mais amplos na política criminal anticorrupção vigente no Brasil a partir do início dos anos 2000.

Em relação à hipótese rival, considerando que no Brasil os projetos de lei que alteram a estrutura dos tribunais e de suas varas judiciais são de iniciativa privativa do próprio Poder Judiciário, o movimento de criação, seja por lei ou ato de gestão, será sempre decorrente dos próprios tribunais. Contudo, nossa hipótese não se limita a esses pressupostos, mas aponta um movimento de indução do Executivo e do Legislativo para a criação de estruturas especializadas, a exemplo das Varas de Violência Doméstica, decorrentes de uma política nacional de combate à violência de gênero; das Varas da Infância e Juventude, resultantes de uma política de proteção à criança e ao adolescente; ou das Varas Colegiadas de Crime Organizado, regulamentadas em 2012 pela Lei Federal nº 12.694/2012 (BRASIL, 2012b).

---

[2] ENCCLA — Estratégia Nacional de Combate à Corrupção e à Lavagem de Dinheiro, abordada em detalhes no subcapítulo 5.5. A política de especialização em rede: a ENCCLA e os movimentos legislativos.

As hipóteses dialogam com a literatura recente sobre o combate à corrupção no Brasil em sentido amplo. Esse conjunto de trabalhos dedica-se à compreensão do desenvolvimento da rede de *accountability* pelas lentes teóricas da mudança institucional, uma perspectiva que costuma apontar para uma mescla entre fatores de ordem exógena e endógena. Da Ros e Taylor compreendem a mudança como um produto tanto proativo quanto reativo, resultado ora da atuação política dos governos, ora como resposta à pressão popular; da mesma forma que exógeno e endógeno, o primeiro em resposta à incorporação de compromissos internacionais e o segundo envolvendo inovações organizacionais das próprias burocracias (DA ROS; TAYLOR, 2022). Já Marona e Kerche (2021; KERCHE; MARONA, 2022) também apostam no papel da burocracia para as mudanças institucionais, sem deixarem de reconhecer o papel da indução governamental — no que são corroborados por Abramovay e Lotta (2022) quando descrevem toda uma agenda robusta do Ministério da Justiça que, conectada à reforma do Judiciário e à alteração da legislação criminal, voltava-se ao combate à corrupção e à lavagem de dinheiro.

Nosso estudo busca testar as duas hipóteses sobre o protagonismo das burocracias judiciais ou dos atores dos Poderes Executivo e Legislativo a partir do método de rastreamento de processos (*process tracing*), propondo para esta análise a difusão — entendida como o processo pelo qual uma política pública ou uma inovação é concebida por determinado ator e pelo qual as escolhas de uma política em uma unidade são influenciadas pelas escolhas das políticas de outras — como o mecanismo causal capaz de explicar a especialização judicial e seu posterior desmantelamento, decorrente da agenda internacional com foco na macrocriminalidade e da atuação da burocracia judicial brasileira.

1.3. Organização do livro

O livro está organizado a partir da seguinte estrutura: após esta introdução, o capítulo seguinte apresenta a abordagem teórica adotada para o estudo da especialização judicial no Brasil, de modo a estabelecer os marcos conceituais empregados para examinar o papel dos tribunais nos processos de políticas públicas, especialmente enquanto atores de formulação e implementação. Sob esse aspecto, são desenvolvidos os conceitos de política judicial e de especialização dos tribunais, seja como fenômeno ou como política pública. O capítulo subsequente apresenta a abordagem metodológica, apresentando o método de *process tracing*, descrevendo o mecanismo causal de difusão e suas diferentes partes, capazes de explicar a criação e o desmantelamento da especialização judicial federal e estadual. Os outros capítulos são voltados ao estudo de caso da especialização judicial brasileira de combate à lavagem de dinheiro, à corrupção e ao crime organizado, de modo que o caso é explicado sob o contexto da agenda internacional, da trajetória da política da Justiça Federal, das políticas dos Tribunais de Justiça estaduais, e, por fim, do movimento de desmantelamento da política judicial federal.

No capítulo da agenda internacional são contextualizados os principais movimentos de organismos e países na adoção de tratados e convenções visando a combater a lavagem de dinheiro, a corrupção e o crime organizado, e na criação de agências e de cortes especializadas como instituições para o enfrentamento desse tipo de criminalidade.

O capítulo seguinte, sobre o exemplo brasileiro, examina o caso da política judicial de especialização na Justiça Federal, descrevendo a incorporação da agenda internacional e a criação e implementação da especialização, bem como a legitimação da política por parte dos tribunais superiores e os movimentos da Justiça Federal relativos à ENCCLA, com as alterações legislativas subsequentes e o uso da especialização como política brasileira na agenda internacional anticorrupção.

O penúltimo capítulo da obra apresenta um modelo teórico capaz de examinar o processo de difusão de políticas de especialização, com foco no papel das burocracias judiciais na criação de varas especializadas em crime organizado nos Tribunais de Justiça dos estados.

Já o último capítulo descreve a reversão do modelo de varas especializadas em lavagem de dinheiro, revelando o movimento mais recente do ciclo do *policy making* judicial de especialização, o desmantelamento.

Por fim, apresentamos algumas conclusões.

2.

ABORDAGEM TEÓRICA: A ESPECIALIZAÇÃO COMO *JUDICIAL POLICY*

A escolha do referencial deste livro deve-se à pretensão em aprofundar os debates teóricos entre Judiciário e políticas públicas. Como nosso interesse prioritário é compreender processos de mudança institucional em políticas judiciais, alguns conceitos e modelos de análise terão papel essencial nessa tarefa. Temos defendido (MADEIRA et al., 2019; MADEIRA; GELISKI, 2021) que o conceito de política judicial (*judicial policy*) tem essa função de estabelecer os liames necessários para compreender como as cortes fazem e estão envolvidas em processos de políticas públicas, não apenas do ponto de vista da implementação, quando tribunais decidem sobre determinadas políticas públicas, mas também do *policy making*, uma vez que desenvolvem as próprias políticas para a gestão e organização dos tribunais.

O debate entre Judiciário e políticas públicas (TAYLOR, 2007, 2008) é um eixo consagrado da *judicial politics*, ou da *law and politics*, especialmente na literatura em língua inglesa (BAUM, 2011, 2014; HELMKE; RÍOS-FIGUEROA, 2011; INGRAM, 2017; INGRAM; KAPISZEWSKI, 2019; KAPISZEWSKI; SILVERSTEIN; KAGAN, 2013; KAPISZEWSKI; TAYLOR, 2008; RÍOS-FIGUEROA; STATON, 2009; RÍOS-FIGUEROA; TAYLOR, 2006; SHAPIRO; SWEET, 2002), tanto voltada ao contexto americano, quanto aos estudos ao redor do mundo. No caso latino-americano, a discussão que envolve Judiciário e políticas públicas alcançou um grande protagonismo, sendo possível estabelecer uma espécie de cronologia de ascensão e queda do papel das cortes e sua capacidade em promover políticas sociais e, portanto, mudança social (HELMKE; RÍOS-FIGUEROA, 2011; INGRAM; KAPISZEWSKI, 2019; MENDEZ; O'DONNELL; PINHEIRO, 1999; SIEDER; SCHJOLDEN; ANGELL, 2005). Mais recentemente, há preocupação da literatura em avançar na conceituação da judicialização de políticas públicas como a crescente utilização do sistema de Justiça, "não para a resolução de conflitos políticos (*politics*), mas para o questionamento de falhas ou omissões na produção de políticas públicas (*policies*) por parte do Executivo, ou inação ou falhas do Legislativo no que tange à produção de normas legais" (OLIVEIRA, 2019a, p. 18).

2.1. Política judicial e especialização judicial

A política judicial foi concebida como o processo de implementação de decisões judiciais da Suprema Corte pelo próprio sistema de Justiça. Os primeiros esforços para descrever as propriedades do *policy making* judicial podem ser, em síntese, divididos em esforços para compará-lo ao *policy making* não judicial e em esforços por compará-lo a outras funções judiciais — sendo estas classificadas em valores, metas, motivações e intenção consciente dos juízes; escopo pretendido e impacto da decisão de políticas públicas; e conteúdo legal e constitucional das decisões (WELLS; GROSSMAN, 1966, p. 289). Baum buscou ir além, examinando-a como um processo organizacional, no qual a decisão por não aderir à Suprema Corte não era aberrante, mas sim parte da independência de juízes de cortes inferiores, que poderiam segui-la ou não, dependendo das condições favoráveis. O estudo da implementação residia justamente na análise das forças positivas que levavam juízes a tomar ações indicadas por seus superiores (BAUM, 1976, p. 91).

Para que a implementação ocorresse nesses moldes, era necessária uma transmissão clara de diretivas de um superior para um subordinado, do qual esperava obter um comportamento em certas políticas. A congruência entre políticas desejadas e aquelas tomadas pelas cortes inferiores dependia da efetividade da comunicação de cima para baixo no sistema. Assim, o primeiro elemento decisivo nesse sentido era a clareza das diretivas, a fim de diminuir ambiguidades que acarretariam sérias consequências na aplicação de políticas públicas. Segundo Baum (1976, p. 94), a comunicação representaria a principal fonte de problemas potenciais no processo de implementação.

Diferentemente dessa abordagem, a política judicial enquanto escolha de ação dos tribunais sobre sua atuação, gestão e administração, também pode ter sua implementação determinada pelas condições descritas acima. Entendemos que a difusão geralmente transmite ideias (RISSE-KAPPEN, 1995), mas que ela pode também difundir desenhos e modelos de implementação de políticas públicas. No caso das políticas judiciais, o processo de difusão pode-se diferenciar pelo ator que a difunde (se endógeno, pela própria burocracia judicial; se exógeno, pelos Poderes Executivo e Legislativo), pela estratégia de implementação (determinada por custos econômicos e políticos) ou pela motivação de sua adesão (problema social/socioeconômico alvo da política pública).

Nosso interesse principal nesta obra é buscar examinar a especialização judicial como um tipo de política criminal dos tribunais e seus processos de mudança institucional que promoveram políticas públicas judiciais ao longo dos últimos vinte anos. Neste contexto, fundamentados nos debates teóricos de especialização judicial, passando às teorias de mudança institucional em políticas públicas e privilegiando a literatura sobre difusão e *policy dismantling*.

2.1.1. Especialização judicial

A especialização das cortes é conceituada pela literatura como uma concentração de juízes individuais no julgamento de uma variedade limitada de casos; ou casos de um campo específico concentrados entre um limitado número de juízes, indicando ora uma concentração de casos, ora concentração de juízes. A indicação de juízes para ouvir certos tipos de casos pode ser temporária ou permanente

(BAUM, 2011). Algumas especializações judiciais são determinadas por uma constituição ou por legislação. Algumas são estabelecidas pelos próprios tribunais, na maioria das vezes por ação administrativa dentro de um tribunal específico (BAUM, 2014). Pode resultar também de demandas externas, muitas vezes alimentadas pela forma como casos específicos são tratados ou avançam, podendo ser fruto de pesquisas ou da especialização prévia em outros órgãos do sistema de Justiça (GRAMCKOW; WALSH, 2013).

Assim como a literatura de políticas públicas destaca o peso da identificação de um determinado problema público ou da demanda para o seu enfrentamento como uma das etapas iniciais do processo de criação de políticas, no caso da especialização o interesse em adotar um procedimento mais específico também exerce esse papel fundamental no movimento de criação de tribunais especializados. Em outras palavras, alterar a substância de uma política judicial pode advir de interesses privados ou governamentais, em que *policymakers* do Legislativo e do Executivo costumam conceber as cortes especializadas como mais atrativas que as generalistas (BAUM, 2011).

Em vários países a especialização surge no intuito de melhorar o processamento judicial em casos mais complexos ou que exijam conhecimentos especiais além da lei, como falências, questões ambientais ou de saúde mental. Ela pode se apresentar de diferentes formas: seja como um sistema judicial ou tribunal separado, seja como uma divisão dentro de um tribunal, com alocação de juízes e outras burocracias por tempo determinado ou indeterminado (GRAMCKOW; WALSH, 2013; STEPHENSON; SCHÜTTE, 2022).

No caso da lavagem de dinheiro, da corrupção e do crime organizado, como vimos nos capítulos anteriores, a literatura internacional tem avançado no mapeamento das novas experiências (STEPHENSON; SCHÜTTE, 2016, 2022) seguindo o caso mais bem conhecido da Indonésia (BUTT, 2017, 2009a, 2009b, 2011; BUTT; SCHÜTTE, 2014; MADEIRA; GELISKI, 2021).

Cortes especializadas anticorrupção são criadas pelas mesmas razões que agências anticorrupção, quais sejam: insular casos de corrupção de sistemas corruptos já existentes e construir *expertise* para lidar com casos complexos. Muito embora as agências sejam devidamente conhecidas da literatura (QUAH, 2010; SOUSA, 2010), a criação de cortes especializadas no combate à corrupção é pouco investigada, havendo pouca ou nenhuma literatura sobre o porquê da criação e sobre a forma como elas atuam em comparação às cortes regulares ou generalistas (BUTT; SCHÜTTE, 2014, p. 603-604; STEPHENSON; SCHÜTTE, 2016, 2022).

A especialização no Judiciário foi sempre considerada exceção, devido ao predomínio de uma crença em juízes generalistas como um atributo essencial aos tribunais — situação diferente dos outros ramos governamentais, nos quais a especialização era tida como a regra, e mesmo valorizada (BAUM, 2011). No entanto, cada vez mais o fenômeno tem se difundido como uma forma de aliviar as pressões de carga de trabalho sobre juízes generalistas (MILLER; CURRY, 2009), amparando-se na crença na maior eficiência e uniformização promovida por cortes especializadas, chamando a atenção de grupos de interesse e principalmente dos próprios integrantes do judiciário. A virtude da *expertise* também é apontada por Baum como uma das principais justificativas para a especialização, e impacta diretamente no recrutamento dos juízes que serão responsáveis por cada área:

> [...] Se os juízes buscam interpretar bem a lei, a *expertise* os ajuda a escolher a melhor interpretação. Se eles procuram fazer uma boa política pública, a *expertise* os ajuda a identificar os resultados do caso e doutrinas jurídicas que melhor definem uma boa política conforme a definem. Acredita-se amplamente que a alta concentração de juízes produz maior *expertise* e, portanto, resultados políticos de maior qualidade, da mesma forma que parece acontecer em outras organizações (CURRIE; GOODMAN, 1975, p. 67-68; DREYFUSS, 1990, p. 380; BRUFF, 1991, p. 330). Além disso, a especialização pode levar à seleção de juízes que já são especialistas na área de um tribunal, tanto por meio da autosseleção quanto do uso da *expertise* como critério de escolha de juízes (BAUM, 2011, p. 33, tradução nossa).

Os defensores da especialização consideram a eficiência, a *expertise* e a uniformidade como seus principais benefícios (GRAMCKOW;

WALSH, 2013). A uniformidade implica em minimizar os conflitos na interpretação da lei; a eficiência é resultado da repetição de tarefas e rotinas, e da familiaridade com os mesmos tipos de casos; enquanto a *expertise* melhora a qualidade das decisões, porque juízes especialistas sabem mais sobre o campo em que decidem os casos, seja pela experiência prévia, seja pela adquirida no tribunal especializado (BAUM, 2009).

Apesar de muitas vezes resultar da atuação de grupos de interesse, que buscam a satisfação de determinados objetivos, a especialização judicial também conta com o apoio dos magistrados, dadas as vantagens institucionais (orçamento e afins) e a satisfação no reconhecimento da carreira, seja com ganhos na promoção de seus interesses ou de sua imagem.

Já sob o escopo do desenho institucional, a especialização costuma ter implicações em dois níveis: em grande escala, implica em alterações de legislações e da estrutura geral das cortes; em pequena escala, implica nos critérios de seleção dos casos e no recrutamento de juízes que estarão em determinada posição.

Apesar da apologia à especialização, a literatura aponta uma série de efeitos adversos que podem decorrer da uniformização e da concentração de casos em poucas cortes ou juízes. Por exemplo, a falta de decisões diversas e a insularidade podem impactar na política, na *compliance* em relação a decisões de tribunais superiores, bem como resultar em julgamentos enviesados (BAUM, 2011, p. 36). Ela também pode, contrariando as expectativas sobre seus efeitos, produzir ineficiências quando esses tribunais têm poucos casos (BAUM, 2014). O risco do tratamento diferenciado em determinados casos ou em relação a litigantes específicos, com juízes familiarizados e em engajamento mais informal e preferencial com esses atores, é também apontado pela literatura (GRAMCKOW; WALSH, 2013). Há, ademais, efeitos de mudança no conteúdo ideológico das políticas e sobre a substância da política judicial, consequências decisivas em políticas públicas da área; para além de efeitos desconhecidos a longo prazo, como uma mudança na missão e na boa intenção inicial. Outro aspecto salientado diz respeito ao *status* e importância obtidos por juízes especializados, que, para além da recalcitrância em relação aos tribunais superiores, podem se tornar fontes de descontentamento dentro do próprio judiciário (GRAMCKOW; WALSH, 2013).

Com efeito, a concentração dos juízes em um mesmo tipo de caso pode limitar o foco e levar a uma visão restrita da lei, fazendo-os assim desconsiderarem novas tendências legais e sociais que se refletem em outras áreas do Direito (GRAMCKOW; WALSH, 2013). Sobre essa dimensão, que relaciona diretamente a especialização com a política judicial, Baum aponta a capacidade daquela em mudar o conteúdo ideológico desta, incidindo sobre questões teóricas e normativas, tendo efeitos na substância da política judicial, levando ao favorecimento de determinados interesses (BAUM, 2011). Segundo o autor, a motivação em moldar a substância da política judicial tem sido apontada como uma das mais importantes causas da especialização.

> Por sua vez, o poder de um único tribunal e de um conjunto de juízes para moldar a lei pode afetar suas decisões. Uma razão é que o tribunal se torna um foco de atenção para os grupos de interesse que se preocupam com a lei no campo de trabalho do tribunal. Mais sutilmente, a consciência dos juízes de sua importância em um campo pode moldar suas percepções de seu papel e, finalmente, suas escolhas (BAUM, 2011, p. 8, tradução nossa).

Estudos sobre a influência potencial da especialização na tomada de decisão judicial buscam investigar a presença de votação ideologicamente consistente por parte de juízes em casos salientes. Miller e Curry (2009) chamam a atenção para a importância de se averiguar os efeitos da ideologia em relação à experiência e à *expertise*, partindo da evidência de que "quando se trata de áreas técnicas e altamente especializadas do Direito, a consistência ideológica da tomada de decisões judiciais também pode ser influenciada pela familiaridade do juiz com as complexidades de assuntos jurídicos obscuros" (MILLER; CURRY, 2009, p. 840, tradução nossa).

Os autores apontam que "a *expertise* especializada em áreas técnicas do Direito deveria, de fato, levar os juízes a avaliar os casos em termos mais ideológicos" (MILLER; CURRY, 2009, p. 844, tradução nossa), uma vez que "um juiz especialista em um determinado campo possui conhecimento mais amplo sobre as minúcias jurídicas relevantes do que um não especialista em situação semelhante e, talvez mais importante, provavelmente está mais bem equipado para aplicar seu esquema ideológico a cada caso individual" (MILLER; CURRY, 2009, p. 844, tradução nossa).

Dentre outros riscos estão a seleção de juízes restritos a atores já imersos no campo em função da *expertise*, insularidade e autoridade (menor submissão a cortes superiores). Nesse sentido, a *expertise* e o reconhecimento dos juízes especializados acabam por ferir a dinâmica hierárquica presente nos tribunais, uma vez que subordinados altamente especializados tendem a responder com menos autoridade aos seus superiores do que os generalistas, porque se consideram mais instruídos do que os generalistas acima deles. Além disso, a *expertise* também pode levar à assertividade, levando-os a tomar decisões abrangentes que alteram substancialmente a política, o que em si pode não ser um efeito negativo, dada a sua capacidade de melhorar as políticas públicas (BAUM, 2009).

Baum (2011) aponta que as decisões de juízes que possuam um conhecimento restrito ao objeto da especialização podem ser piores. Por terem pouca familiaridade com outros campos do Direito que poderiam informar o julgamento, eles muitas vezes desenvolvem uma visão estereotipada a respeito dos casos, produzindo decisões de qualidade menor do que aquelas de juízes generalistas. O autor sustenta que os efeitos da especialização na tomada de decisão dos juízes são maiores quando estes são designados permanentemente para determinados tipos de casos (BAUM, 2009).

Chamando a atenção para a possibilidade de sujeição de juízes especialistas a grupos de interesse e a interesses políticos (governamentais ou antigovernamentais), Baum identifica que a concentração de juízes e processos também pode estimular a seleção de juízes já imersos na área de atuação de um tribunal, pois sua suposta *expertise* é vista como qualificação para o cargo (BAUM, 2011, p. 35). Ao mesmo tempo, essa imersão dos juízes em um assunto relativamente restrito pode levar ao aumento da influência de grupos de interessados que, por sua vez, ampliam sua atuação sobre a seleção e sobre as experiências desses juízes. A explicação está em que "se um único tribunal decide todos os casos que afetam um interesse em um determinado nível judicial, os representantes desse interesse têm boas razões para buscar influência no processo de seleção" (BAUM, 2011, p. 37, tradução nossa), assim como podem buscar influenciar as decisões desses juízes.

Gramckow e Walsh (2013, p. 3) apontam para os riscos de um "relacionamento muito próximo com um determinado grupo de advogados e grupos de interesse que estão envolvidos em casos especiais, especialmente se esses grupos forem relativamente pequenos e se os juízes servirem nessa função especial exclusivamente e por um período prolongado".

Por outro lado, há aspectos positivos na interação dos próprios integrantes do Judiciário com advogados e litigantes, como a possibilidade de cooperação para a resolução de processos e a participação em outros ramos da política (principalmente no Legislativo) na busca pelos suportes legais necessários aos interesses da política judicial:

> Aqueles que elaboram políticas e fazem escolhas em relação à especialização judicial podem ser influenciados por uma variedade de grupos interessados. Grupos que têm um interesse direto nos casos são os buscadores mais óbvios de influência. Pessoas com interesses mais amplos no funcionamento dos tribunais também podem participar das decisões. [...] E quando os legisladores fazem escolhas sobre a especialização, os juízes podem desempenhar um papel significativo na moldagem dessas decisões (BAUM, 2011, p. 42, tradução nossa).

Gramckow e Walsh (2013) sintetizam os principais limites e perigos da especialização no que tange à independência e imparcialidade do juiz; à exposição à ingerência do Executivo em almejar resultados por meio dos tribunais especializados; à unidade do Judiciário; as potenciais desigualdades no acesso à Justiça pela concentração geográfica da especialização; às perdas da formação e visão generalista, levando a decisões de menor qualidade a longo prazo; à perda de flexibilidade no desenvolvimento legal se os julgamentos forem proferidos sempre pelo mesmo número limitado de pessoas.

Ou seja, a especialização pode pôr em risco justamente uma das principais premissas quanto ao papel da independência judicial para as democracias: que instituições judiciais independentes teriam a capacidade de promover e manter o bem-estar humano, estabilizar os regimes democráticos e proteger os direitos humanos como uma condição necessária para uma revolução nos direitos (RÍOS-FIGUEROA; STATON, 2009), incluindo-se em uma dimensão institucional relacionada à prevenção de arbitrariedades dos governos, em uma dimensão individual ligada à correção de práticas discriminatórias na aplicação da lei, e em uma dimensão social relacionada com a estabilidade social (RÍOS-FIGUEROA; STATON, 2014).

Em relação à tomada de decisão para a especialização, esta pode se dar de forma externa aos tribunais, com os poderes Executivo e Legislativo participando via edição de legislações, ou interna. As motivações dependem dos diferentes grupos de interesse envolvidos com a especialização, sendo que os processos podem ser motivados por orientações econômicas, por arranjos preexistentes, dando-se vasta relevância para os processos de difusão (BAUM, 2011, p. 49).

Quanto ao interesse dos próprios juízes, além da substância da política judicial e das virtudes da especialização, contam objetivos relacionados à satisfação no trabalho, levando-os a dedicar esforços a casos que consideram importantes e interessantes em detrimento de casos despidos dessas características. Juízes participam da adoção e são particularmente interessados na manutenção das estruturas especializadas, especialmente se esta aumentar recursos orçamentários (BAUM, 2011, p. 54).

A difusão é responsável pelo crescimento da especialização judicial, uma vez que a existência de certas cortes especializadas tem encorajado a criação de cortes adicionais. O fenômeno da difusão pode se dar geograficamente ou mesmo com a transposição de uma área a outra — o que demonstra a flexibilidade das estruturas, que podem ser adotadas em diferentes contextos, uma vez estabelecidas previamente (BAUM, 2011, p. 211).

Os mecanismos de difusão geralmente presentes são o aprendizado e a emulação. Na difusão por aprendizado, as evidências de uma política bem-sucedida adotada em outras localidades leva a sua adoção, enquanto na emulação a mera existência basta para a adoção, sem levar em conta os efeitos da política, partindo da máxima de que a especialização judicial é uma solução potencial para novos problemas identificados por empreendedores políticos. Há, contudo, os riscos de que uma especialização não alcance os efeitos que motivaram sua adoção, ou de que afete a política judicial de maneira imprevista (BAUM, 2011).

Nesse sentido, a especialização na justiça criminal é um fenômeno bastante interessante pela difusão do modelo e disseminação como solução para vários problemas, geralmente envolvendo relações entre interesses governamentais e resultados esperados em relação a casos criminais. Os tribunais especializados tentam conciliar os ideais e objetivos de tratamento e bem-estar (amplamente definidos) com práticas punitivas e responsabilizadoras de controle do crime (HANNAH-MOFFAT; MAURUTTO, 2012). Sendo muitas vezes oriunda do interesse dos governos, dado o objetivo de combater o crime, a especialização na justiça criminal geralmente conta com ampla aceitação da sociedade, recebendo um apoio consensual, principalmente das elites. De parte dos juízes criminais também é bem aceita, dada a crença em uma missão, que funciona como justificativa central na criação das cortes especializadas.

Todavia, a relação de apoio entre governo, funcionários públicos e juízes pode não ser assim tão linear, dado que muitas vezes a especialização pode não atender aos interesses do governo, especialmente se levarmos em conta os tipos de tribunais especializados em razão de sua missão:

> Os tribunais especializados que foram criados para combater o crime de forma mais eficaz podem ser categorizados com base em duas orientações alternativas. Alguns desses tribunais têm recebido a missão de tratar com mais seriedade determinados delitos, principalmente pela imposição de sanções mais rigorosas. Outros tribunais tiveram a missão de chegar às causas profundas do crime por meio do tratamento dos infratores, em vez de simplesmente impor sanções. Um terceiro conjunto de tribunais incorporou elementos substanciais de ambas as missões (BAUM, 2011, p. 96, tradução nossa).

Na justiça criminal, os movimentos mais importantes foram aqueles que favoreceram os tribunais "socializados" durante a Era Progressista do início do século XX e os tribunais de "resolução de problemas" no período desde os anos 1980. Ambos os movimentos foram esforços para tornar os tribunais mais eficazes no combate ao crime e aos problemas sociais que lhe são subjacentes. Cada um desses movimentos procurou mudar os resultados dos processos criminais, mas de uma forma mais complexa do que seria simplesmente impor sanções mais rigorosas aos infratores (BAUM, 2014).

As cortes de socialização características de eras progressivas marcaram o surgimento de varas em violência doméstica, infância e adolescência, entre outras, partindo da confiança, ancorada no welfarismo penal, na capacidade do conhecimento científico e da técnica para resolver problemas sociais para além da edição de uma sentença judicial.

Denominadas como *problem-solving courts*, iniciativas anteriores, especialmente em países com experiências em cortes juvenis, de drogas, refletem a manutenção dessa premissa anterior, com os tribunais especializados motivados por objetivos terapêuticos e preventivos e contando com relacionamentos com grupos comunitários locais para criar uma nova gama de interações entre tribunal e infrator (HANNAH-MOFFAT; MAURUTTO, 2012). Os tribunais especializados ou de resolução de problemas foram concebidos como uma forma alternativa de administração da justiça, contando com a ajuda de agências comunitárias em um esforço para alterar formas crônicas e recorrentes de comportamento criminoso. A partir da atuação de equipes multidisciplinares, esses tribunais combinam conhecimentos jurídicos, terapêuticos e assistenciais com práticas regulatórias e estratégias não punitivas (HANNAH-MOFFAT; MAURUTTO, 2012).

Em contraponto a essas iniciativas, outras experiências, como cortes especializadas em drogas, armas, em crime organizado e corrupção, são típicas de eras de demanda punitiva, em que não se acredita na reabilitação, por implicarem em maior severidade e rigor punitivo, e maior cooperação entre os participantes, sem limites claros entre a atuação de promotores, juízes e defensores.

> Como resultado, esses tribunais são consistentes com as atitudes da sociedade que enfatizam a punição em detrimento da reabilitação, e apelam para grupos que pensam que certas ofensas não recebem atenção adequada do sistema de Justiça criminal (BAUM, 2011, p. 116, tradução nossa).

Nesses casos, a criação vem amparada na insatisfação quanto ao tratamento do crime por parte de juízes que devem cumprir sua missão:

> Uma fonte de insatisfação com a maneira como os tribunais lidam com casos criminais é a percepção de que eles são muito brandos ao lidar com um tipo específico de crime. Entre as possíveis respostas está a criação de uma unidade judiciária para esses casos, dando-lhe a missão de tratar os réus com maior severidade. A própria criação de tal unidade pode sinalizar para seus participantes que eles devem levar esses casos a sério. Às vezes, um juiz que parece inclinado à severidade é escolhido para presidir a unidade, dando alguma garantia de que a missão do tribunal será cumprida (BAUM, 2014, p. 288, tradução nossa).
>
> A ideia era designar um ou mais juízes para os casos que envolviam um delito, a fim de impor sanções mais severas às pessoas que cometiam aquele delito e, assim, fortalecer o efeito dissuasor da lei. Tribunais desse tipo só poderiam ser bem-sucedidos se os juízes que os compunham estivessem comprometidos com sua missão, e os administradores judiciais que designavam juízes para unidades às vezes mostravam considerável engenhosidade na identificação de juízes apropriados (BAUM, 2014, p. 289, tradução nossa).

Tal qual os demais tribunais especializados, as cortes criminais de *problem solving*, e anteriormente as cortes de socialização, se difundem justamente pelo entusiasmo e pela suposta (na maioria das vezes não confirmada) indicação de sucesso. Por combinar objetivos liberais e conservadores, ambas conquistam o apoio de pessoas com visões políticas divergentes. O apoio das elites, assim como da mídia, é central.

> O padrão temporal na adoção de tribunais especializados em direito penal mostra como as tendências do pensamento social podem moldar a mudança institucional. Tribunais juvenis, tribunais de mulheres e tribunais de relações domésticas refletiam o pensamento dos progressistas sobre como lidar com problemas sociais. Os tribunais de resolução de problemas das últimas duas décadas refletem um desconforto amplamente compartilhado sobre o quão bem o sistema de Justiça criminal lida com as causas profundas do comportamento criminoso (BAUM, 2011, p. 132, tradução nossa).

A durabilidade das estruturas especializadas é variada, segundo a literatura, com uma tendência à perda do ímpeto da missão inicial em caso de prolongamento. A visão quanto à atrofia das missões organizacionais não é privilégio dos tribunais especializados, sendo uma característica de processo que acomete as burocracias em geral.

> Com o tempo, os juízes que começam com grande entusiasmo pela missão de seu tribunal podem perder um pouco desse entusiasmo. Isso é especialmente verdadeiro quando a missão exige que os juízes deem atenção cuidadosa e extensa a réus individuais, como fazem os tribunais para dependentes químicos e os tribunais de saúde mental. Esse tipo de missão pode cansar os juízes, assim como pode acontecer com as pessoas que trabalham em agências de serviço social (BAUM, 2014, p. 293, tradução nossa).

É o modelo das cortes de *problem solving* (CASEY; ROTTMAN, 2005; COLLINS, 2020; DORF; FAGAN, 2003) que nos interessa prioritariamente nesse livro. Buscamos traçar os mecanismos que explicam a adoção e as mudanças em termos de criação, expansão, difusão e desmantelamento do modelo de políticas judiciais especializadas, com particular atenção à trajetória brasileira de mobilização da burocracia judicial e sua relação com a implementação e formulação de políticas públicas.

2.1.2. Política judicial e os processos de políticas públicas

Retomamos o conceito de política judicial apresentado no início do capítulo, entendendo-a ora como resultado da implementação de decisões dos tribunais ou como ação política de gestão dos próprios tribunais e sua burocracia. A partir dos anos 1960, estudiosos de políticas públicas passaram a discutir as respostas dadas às políticas judiciais (*judicial policies*) por outras cortes e por atores não judiciais encarregados de traduzir essas políticas em ação (CANON; JOHNSON, 1999). Também foi nessa década que a análise de políticas públicas se voltou aos estudos sobre os processos e modelos de implementação, culminando na estruturação de um novo subcampo de conhecimento, que teve seu ponto de fundação estabelecido nas obras "*Implementation*" de Pressman e Wildavsky (1984) e "*The missing link*" de Hargrove (1975).

Uma categoria analítica importante na discussão desses modelos de implementação é a de burocracia. Uma característica que proporciona às burocracias centralidade nos processos políticos é a *expertise*, derivada do recrutamento meritocrático ou da experiência adquirida no cargo. Nesse sentido, os burocratas influenciam o desenvolvimento das políticas por meio de três canais: fornecimento de conselhos para a tomada de decisão política, capacidade de execução de decisões e discricionariedade para executá-las (ROURKE, 1984).

O conjunto de habilidades burocráticas gera a autonomia, que, por um lado, é requisito para o funcionamento desse tipo de organização e, por outro, é fonte de inquietação quanto à possibilidade de que essas organizações se tornem não gerenciáveis e autorresponsivas: "um medo constante na política moderna é que a burocracia se torne a elite do poder e domine o processo governamental no qual ela deveria atuar num papel subordinado (ROURKE, 1984, p. 14, tradução nossa).

Em relação especificamente às políticas judiciais, o tema da implementação data de 1976, quando Lawrence Baum publicou "*Implementation of judicial decisions: an Organization Analysis*" (BAUM, 1976), buscando sintetizar o quadro de estudos que na década anterior vinham analisando o processo de implementação das decisões da Suprema Corte americana, fornecendo informação empírica considerável sobre as respostas de decisões judiciais dadas a políticas públicas.

Inicialmente restrita à acepção de política judicial enquanto decisão dos tribunais, e tocando em aspectos específicos como a subordinação ou não de tribunais inferiores em relação a decisões de tribunais superiores, a noção de implementação das políticas abarcava a ideia de impacto judicial, traduzido no cumprimento das sentenças dos tribunais. Apesar dessa gênese associada às decisões, a política judicial também se estende à dinâmica da ação política de gestão dos tribunais, uma vez que a política deve ser aceita e implementada em toda a estrutura judicial, dos tribunais superiores às cortes inferiores (instâncias iniciais).

A partir da década de 1950, a ação de políticas públicas das cortes e seu papel de *policy making* passaram a ser entendidos como centrais para compreender a atuação dos tribunais superiores, em especial, em trabalhos focados na Suprema Corte americana. As teorias da época enfatizavam a interação e as motivações da ação judicial, sem examinar os elementos da formação da política. Wells e Grossman (1966, p. 289) apontam que a função de políticas públicas da corte vinha sendo ignorada por duas principais razões: uma preocupação centrada na produção da doutrina e uma adoção de métodos de pesquisa inadequados para esse tipo de análise.

A partir do final da década de 1980, os estudos sobre *policy making* judicial e implementação de políticas públicas imbricam-se gradativamente, destacando-se os efeitos que um tem sobre o outro. Ao estudar o comportamento judicial dos tribunais, Reid (1988) identificou na interação entre as políticas judiciais e a sua implementação que, em determinadas áreas, os tribunais inferiores têm competência não só para interpretar, mas também para implementar políticas públicas.

Diferentes modelos foram desenvolvidos para entender a dinâmica de interação entre os diferentes tribunais. No modelo hierárquico, a Suprema Corte, no topo da pirâmide, desenvolve políticas que seriam rotineira e obedientemente implementadas por cortes inferiores — enfatizando assim o modo como cortes aplicam decisões que produzem pouca ou nenhuma controvérsia dentro ou fora do processo judicial. Por outro lado, modelos opostos consideram que a discricionariedade pode muito bem caracterizar o comportamento das cortes inferiores, que podem reformular a política original, modificando as determinações da Suprema Corte.

Nesta seção compreendemos dois importantes aspectos teóricos necessários para o exame do caso dos tribunais especializados. Em primeiro lugar, que a política judicial pode advir tanto de uma decisão quanto de uma ação política de autogestão da burocracia judicial. Em segundo lugar, que a interação entre a implementação e a formulação da política judicial são produtos da atuação e relação entre tribunais superiores e inferiores; um movimento endógeno de criação de políticas judiciais.

Na próxima seção, apresentaremos dois quadros teóricos fundamentais para compreender os movimentos de mudança institucional dos tribunais: difusão e desmantelamento de políticas.

2.2. Teorias de políticas públicas: entre a inovação e a circulação de políticas

Este quadro de análise irá explorar a mudança em políticas públicas, tratando da circulação e difusão de ideias, destacando o papel da inovação para a criação de políticas (COÊLHO, 2021; COÊLHO; CAVALCANTE; TURGEON, 2016; GONNET, 2016; ROGERS, 2003) e o seu oposto, que provoca tanto a retração quanto a própria morte da política. Este processo, pouco explorado pela literatura, ocorre quando o polo tradicionalmente positivo assume uma posição negativa, resultando no desmantelamento de políticas públicas (BAUER; KNILL, 2012, 2014).

A complexidade dos processos de políticas públicas exige lentes especiais para entender os movimentos de criação, implementação e extinção. Com as políticas de especialização judicial, isso não é diferente: a razão para explorarmos esses dois quadros teóricos deve-se ao interesse em compreender por que e como essa política judicial foi criada e vem sofrendo mudanças ao longo do tempo, respondendo a conjunturas endógenas e exógenas, que podem levar tanto à difusão do modelo para outros tribunais, quanto ao próprio desmantelamento.

2.2.1. Difusão de políticas públicas de especialização judicial

Políticas públicas são criadas por diferentes mecanismos. Dentre os modelos teóricos voltados a explicar como problemas públicos encontram soluções (KINGDON, 2002), a difusão aparece como um fenômeno ainda pouco explorado pela literatura nacional e promissor para compreender como políticas resultam em desenhos institucionais muito similares, mesmo em sistemas de justiça marcados pelo federalismo e pela cisão entre jurisdições federais e estaduais.

Pensar em como políticas públicas se difundem e de que maneira determinadas políticas chegam a países, estados, governos e municípios ainda é um fenômeno de análise recente, principalmente quando olhamos para casos específicos como o Brasil.

A difusão aparece em várias fases do ciclo das políticas públicas, da abertura da agenda, formulação à implementação, revelando-se como processo multifacetado oriundo de determinantes externos (redes formais e informais de interação, com localização geográfica) e internos (atributos políticos e institucionais), mecanismos como emulação, coerção (*top-down*), competição política, aprendizado (*social learning*), atuação de empreendedores políticos, comunidades epistêmicas, associações profissionais e redes transnacionais (COÊLHO, 2016, 2021). Discussões mais recentes têm tratado da circulação e difusão de ideias (STONE; OLIVEIRA; PAL, 2019).

O processo pelo qual as escolhas de determinada política pública em uma unidade é influenciado pelas escolhas das políticas de outras unidades pode ser conceituado como difusão de políticas públicas (BRAUN; GILARDI, 2006; DOBBIN; SIMMONS; GARRETT, 2007; GILARDI, 2016; MAGGETTI; GILARDI, 2016). O processo de difusão é entendido como um movimento gradual de adoção de alguma inovação, que adquire velocidade e tende à retração, o que para Weyland (2005) assemelha-se a uma "onda". Nos exemplos investigados pela literatura, encontramos difusão entre estados e entre países, dentre os quais há estudos sobre transferência de renda e sua disseminação em países em desenvolvimento (GONNET, 2016).

Rogers (2003, p. 5, nossa tradução) define difusão como "o processo pelo qual uma inovação é comunicada através de certos canais ao longo do tempo entre os membros de um sistema social". Um número cada vez maior de políticas públicas que são formuladas para determinadas localidades se espalham para outros lugares. Cabe então indagar: como ocorre essa difusão? Quais mecanismos e fatores explicam esse processo? Por que programas se difundem? E o que é difundido?

A inovação, segundo Rogers (2003), é uma ideia, uma prática ou objeto que é percebido como novo por um indivíduo ou outra unidade cujo aspecto "novidade" é expresso em termos de conhecimento, persuasão ou decisão de adoção. Ele assume que a difusão envolve um grau "desejável" de adoção, já que alguns irão adotá-la e outros não. Além disso, a mesma inovação pode ser desejável para uma unidade e indesejável para outras, dependendo da sua situação. Neste sentido, Rogers (2003) divide os atores do processo de difusão em: inovadores, ou seja, aqueles que concebem a inovação; primeiros adotantes da política; primeira maioria, isto é, atores que são influenciados pelos processos de circulação da política; maioria tardia, que é influenciada quando a política está estabelecida; e adotantes tardios — conservadores, grupo que apresenta maior resistência à implementação da inovação. O gráfico abaixo representa a distribuição esperada do número de atores que adotam a política ao longo do tempo (Figura 1).

Figura 1. Distribuição de adotantes ao longo do tempo (difusão de inovação)

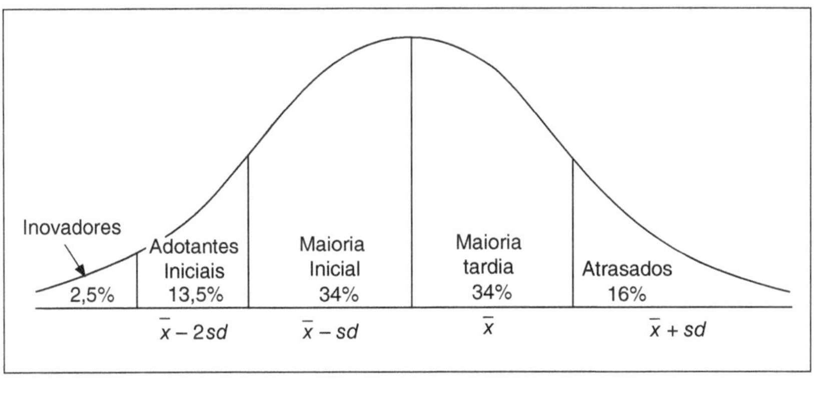

Fonte: extraído da obra de Rogers (2003, fig. 7-2, nossa tradução).

Rogers (2003) caracteriza a difusão como um sistema centralizado quando há um número pequeno de funcionários/especialistas que tratam dessa difusão, e descentralizado quando as redes horizontais entre os "clientes" são o principal mecanismo pelo qual as inovações se espalham. Em relação a esse movimento de interação de atores ao longo do tempo no processo de difusão, Rogers (2003) trabalha com a caracterização dos adotantes em movimento crescente, em que a difusão se define pela curva de adoção em formato de S (*S-Shaped Curve of Adoption and Normality;* ver Figura 2).

Figura 2. Curva em formato S da adoção e da normalidade

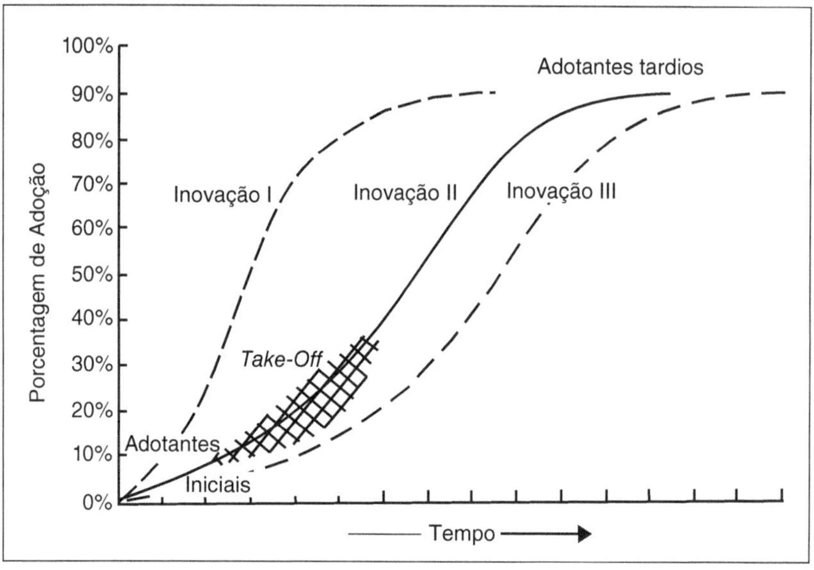

Fonte: extraído da obra de Rogers (2003, fig. 1-1, nossa tradução).

Essa distribuição ao longo do tempo permite visualizar o papel e classificar os atores na adoção e circulação da inovação. Segundo Rogers (2003, p. 272), os indivíduos podem ser classificados, de acordo com suas ações nesse processo, como progressistas, experimentais, conservadores, entre outros rótulos. Dentre esses modelos, que explicam como políticas são criadas e copiadas entre instituições e governos, destacam-se aqueles associados à atuação e interação das burocracias públicas nas arenas do jogo político. A política das burocracias, não premida pelos constrangimentos e tempos eleitorais, é feita pelos atores que compartilham crenças sobre o papel da instituição, associando essa missão de desenvolvimento institucional às dinâmicas de trajetória e carreiras profissionais (PETERS, 2010).

Nesse caso, adota-se a premissa de que agências e suas burocracias podem criar e difundir políticas públicas. Para tanto, esta seção apresentará a abordagem teórica necessária ao estudo da difusão do fenômeno da especialização enquanto uma política judicial.

Como vimos em seção anterior deste capítulo, faz parte também da ideia de política judicial a ação de tribunais e cortes na formulação e implementação de políticas públicas concebidas internamente e atinentes à administração e gestão dessas instituições, de modo a alterar suas estruturas organizacionais, ampliar e realocar quadros de recursos humanos, definir orçamentos e demais ações que dizem respeito a sua agenda de atuação — sejam eles motivados por demandas externas, como é o caso da adaptação de estruturas quando há mudanças legislativas, sejam pelas próprias escolhas judiciais, no que concerne àquilo que essas burocracias concebem como missão (PETERS, 2010).

A difusão de políticas é marcada por diversos mecanismos que podem explicar como as inovações circulam ao longo do tempo de acordo com o comportamento dos atores da difusão. Há diferentes abordagens da literatura que elencam os fatores que influenciam o processo de difusão, tais como determinantes internos e externos, mecanismos de aprendizado, competição política, coerção e emulação, ação coordenada e descoordenada, e o papel de agentes e de fatores estruturais (COÊLHO, 2016, p. 39).

Coêlho (2016) aponta que outra classe de explicação para o fenômeno da difusão centra-se no papel dos atores — em oposição ao fator estrutural, que privilegia resultados históricos de políticas, o aparato institucional de governo no qual estas serão implementadas e a proximidade geográfica com unidades pioneiras. As explicações centradas nos atores investigam a difusão pela atuação de agentes especialistas que vendem soluções políticas para problemas sociais.

Apesar de aparentemente opostos, é fundamental compreender esses processos como entrelaçados: "os agentes podem interpretar e mudar a estrutura para possibilitar sua ação" (COÊLHO, 2016, p. 43), ou então, dada essa improbabilidade, "a ação do agente é privilegiada porque um conjunto de obstáculos é devidamente solucionado no tempo a partir de um planejamento prévio por parte dos atores interessados" (COÊLHO, 2016, p. 43). Neste caso, a transferência de políticas se daria através de estruturas, enquanto a de modelos, através da atuação dos agentes.

Tendo em conta nosso olhar sobre microprocessos de difusão entre instituições (neste caso de políticas judiciais, mas não restritos a elas), descrevemos as abordagens com maior capacidade explicativa, que são os mecanismos de aprendizado, de coerção e de emulação.

O mecanismo de difusão por aprendizagem define-se como um processo no qual os formuladores de políticas atualizam crenças sobre os efeitos de uma política através da observação da experiência de outros (MESEGUER, 2006). Através desse mecanismo, "as políticas que mais se difundem são aquelas que já foram testadas em vários governos e atingiram graus satisfatórios de eficiência, eficácia e efetividade social. Uma segunda questão explora as condições em que as políticas de um governo geram aprendizado para atores políticos e burocracias de outros governos" (COÊLHO, 2016, p. 46).

A difusão considera o processo de adesão, desenvolvimento e mudança das políticas como produto do aprendizado (*social learning)* (FREEMAN, 2006). O aprendizado pode decorrer da adequação dos objetivos da política, da compreensão dos instrumentos para sua melhor execução ou da mudança decorrente de processos de disputa na arena política e das interações Estado-sociedade (*policy networks*) que moldam ou são moldadas por ideias (HALL, 1993).

Através do aprendizado, as burocracias podem mudar a sua concepção de melhores práticas relacionadas às suas atividades e à política que implementam. A literatura sobre administração pública e burocracia aponta que as ideias sobre uma política podem mudar de diferentes formas, seja pela crença de seus atores na missão institucional daquele órgão (WILSON, 1989), seja pela discricionariedade ao adequar a atividade daquela instituição ao objetivo da política pública. Peters (2010, p. 198) aponta que uma vez que "os servidores públicos permanecem em seus cargos por mais tempo do que os políticos, teoricamente eles poderiam, ao longo do tempo, alterar as políticas da maneira que bem entendessem, mas as concepções dos servidores públicos sobre uma boa política também estão sujeitas a mudanças ao longo do tempo".

No estudo da difusão por aprendizado, o aspecto da agência é central, uma vez que são os indivíduos — no curso da interação, em grupos, em redes, em comunidades e organizações — que aprendem. No entanto, é preciso ter em conta que o aprendizado ocorre em condições de interdependência complexa, na qual pensamentos e ações mudam [em] contextos ou ambientes, havendo reinterpretações também no processo de implementação da política:

> Isso significa que as políticas públicas e os ambientes em que operam estão engajados em um processo de adaptação mútua ao longo do tempo, o que significa, por sua vez, que "a (I)implementação é abalada de sua ancoragem cognitiva segura em objetivos anteriores e consequências futuras" (Pressman e Wildavsky, 1984, xvii). A implementação não é sobre conseguir o que você queria, mas... sobre o que você aprendeu desde então a preferir (BROWNE, WILDAVSKY, 1983 apud FREEMAN, 2006, p. 383, tradução nossa).

Já a emulação pode ser entendida como a adoção voluntária, portanto não coercitiva, baseada na lógica *follow the leader* (JONES, 1989a, 1989b), em que a difusão de ideias parte de um grupo de inovadores que se difere dos demais por ter a missão de pôr em prática suas ideias (COÊLHO, 2016). Através da emulação, há um processo de imitação de outros modelos, em termos simbólicos e normativos, perseguindo "objetivos de política sem influência ideológica, geográfica ou econômica", com os adotantes circulando "entre si as práticas de gestão, o que indicaria que a inovação experimenta um processo de aprendizado no tempo" (COÊLHO, 2016, p. 47-48).

A abordagem teórica proposta nesta seção dá conta dos movimentos de criação, implementação e expansão de políticas públicas ao longo do tempo — no caso deste livro, das políticas judiciais. Se os processos de difusão cobrem os mecanismos pelos quais as políticas passam por expansão e pelas quais as inovações se perpetuam, seja por fatores endógenos e exógenos ou por dinâmicas das interações dos atores, a seguir trataremos especificamente sobre um dos processos que podem ser difundidos, o desmantelamento de políticas públicas.

2.2.2. O desmantelamento das políticas

Surgida na tentativa de compreender as mudanças em políticas públicas em contextos de austeridade fiscal, a perspectiva do *policy dismantling* (BAUER; KNILL, 2012, 2014; BAUER; KNILL; TOSUN, 2008; JORDAN; BAUER; GREEN-PEDERSEN, 2013; KNILL et al., 2020) é importante por subsidiar teoricamente a investigação das mudanças recentes na política judicial anticorrupção, lavagem de dinheiro e crime organizado, que implicam em retração do modelo. Tal qual os autores da teoria, entendemos que a partir da análise empírica do desmantelamento teremos condições de oferecer novos *insights* sobre o fenômeno.

A pesquisa sobre o desmantelamento de políticas tem o potencial de explicar "uma subcategoria particular e, em muitos aspectos, singularmente complicada de mudança de política, onde o desejo político de se esconder é particularmente forte" (JORDAN; BAUER; GREEN-PEDERSEN, 2013, p. 803, tradução nossa). Os autores propõem justamente a importância de um diálogo maior entre os padrões gerais de mudança e outras fases do processo de *policy making*, tais como a difusão de políticas públicas — por isso nosso interesse em compreender o fenômeno a partir desses dois quadros teóricos.

De acordo com Bauer e Knill (2014), a política de desmantelamento pode ser definida como:

> "uma mudança de política que reduz o número de itens de política, bem como o número de instrumentos de política aplicados em uma área específica, e/ou reduz sua intensidade. Pode envolver mudanças nesses elementos centrais da política e/ou pode ser alcançado manipulando as

capacidades dos atores para implementá-las e supervisioná-las" (BAUER; KNILL, 2014, p. 34).

Os autores justificaram a sua criação teórica pela disparidade entre modelos voltados a explicar a expansão de políticas em comparação ao entendimento sobre desmantelamento. Justificam que, com exceção do campo da política social, onde a contenção do Estado de bem-estar social tem sido uma questão viva desde a década de 1980, a literatura vinha falhando em compreender os principais padrões de desmantelamento e as preferências de corte.

Para investigar o desmantelamento, Bauer et al. (2012) apresentam um quadro capaz de compreender as fontes das preferências políticas, as estruturas de oportunidades, as estratégias de desmonte e seus efeitos no *status* da política. Os autores lançam as seguintes questões de pesquisa, fundamentais para este projeto:

> "Em que condições podemos esperar ajustes ou transformações das políticas existentes? Por que algumas políticas permanecem em vigor apesar de sua eficácia limitada, enquanto outras são alteradas? As políticas seguem um caminho sequencial de desenvolvimento ao longo do tempo? Por que as políticas mudam às vezes de forma incremental e às vezes radicalmente?" (BAUER; KNILL, 2012, p. 30, tradução nossa).

A fim de identificar instâncias de desmantelamento de políticas, Jordan, Bauer e Green-Pedersen (2013) distinguem duas dimensões: a densidade de políticas e a intensidade de políticas.

A densidade de políticas refere-se à medida em que uma determinada área de política é abordada por atividades governamentais. Em outras palavras, ela mede a extensão da penetração regulatória de uma determinada política pública. Para avaliar as mudanças na densidade de políticas ao longo do tempo, Bauer e Knill (2012) sugerem dois indicadores: o número de políticas e o número de instrumentos de política aplicados, referindo-se a estes dois indicadores como "densidade de políticas" e "densidade de instrumentos".

Em contraste com a densidade, o conceito de intensidade de políticas mede o rigor e a generosidade das políticas. Uma diminuição na intensidade da política indica que uma jurisdição está intervindo com menor intensidade em uma determinada área temática, normalmente como resultado da aplicação de estratégias de desmantelamento de políticas. Para medir as mudanças na intensidade das políticas, diferenciamos entre intensidade substancial e formal (BAUER; KNILL, 2012).

A intensidade substancial refere-se ao nível e ao alcance da intervenção governamental. Já a intensidade formal refere-se principalmente aos fatores que afetam a probabilidade de que requisitos substanciais sejam efetivamente alcançados. A este respeito, tanto as capacidades administrativas como os procedimentos administrativos são de particular importância (BAUER; KNILL, 2012).

O quadro teórico de *policy dismantling* desenvolve quatro estratégias de desmantelamento como tipos ideais que diferem em suas dimensões principais, variando na medida em que uma decisão política de desmantelar é tomada ou não de forma ativa e consciente (BAUER; KNILL, 2014).

Iniciemos pela estratégia mais sutil, de baixa visibilidade: o desmantelamento por omissão. Trata-se daquele que se dá sem uma decisão de desmantelamento, por exemplo abstendo-se de ajustar os níveis existentes às mudanças nas condições externas, como inflação ou redução de custos das políticas. Essa estratégia geralmente garante baixa visibilidade porque a ausência de qualquer decisão atrai menos atenção política do que debates altamente politizados sobre o desenho de planos e métodos concretos para desmantelar uma determinada política. O desmantelamento por omissão é a estratégia de desmantelamento político mais difundida (BAUER; KNILL, 2012).

O segundo tipo, o desmantelamento por deslocamento de arena, embora carregue uma decisão de desmonte ativa, ainda recebe baixa visibilidade. Esta estratégia caracteriza-se pelo deslocamento deliberado das decisões de desmantelamento para outra arena política. "Isso pode significar manipular as bases organizacionais ou procedimentais de uma política em uma dada arena para alterar direitos de participação ou características organizacionais que provavelmente produzirão efeitos desmanteladores, mudando assim o jogo político em torno de determinadas medidas" (BAUER; KNILL, 2012, p. 44, tradução nossa). Outra forma de mudança seria:

> transferir toda a política (possivelmente com um orçamento diferente) para uma arena diferente, como outro nível de governo (ou seja, descentralização) ou para agências (recém-estabelecidas). Embora o deslocamento de arena geralmente implique que as decisões de desmantelamento sejam realmente tomadas (embora em um nível institucional diferente), isso pode não ser óbvio para os atores que se beneficiam da política em questão. Assim, os custos de desmantelamento não podem ser atribuídos diretamente aos políticos (BAUER; KNILL, 2012, p. 44, tradução nossa).

O terceiro tipo, o desmantelamento por ação simbólica, embora tenha alta visibilidade, não carrega nenhuma decisão de desmantelamento. "Esta estratégia procura garantir que qualquer intenção de desmantelamento seja clara e diretamente atribuída aos decisores políticos" (BAUER; KNILL, 2012, p. 44–45, tradução nossa). As intenções de desmantelar são declaradas deliberadamente, pois são recompensadoras em termos de preferências para os atores políticos, muito embora essas declarações políticas não produzam resultados, permanecendo simbólicas, geralmente em razão de constrangimentos institucionais.

A última estratégia, de desmantelamento ativo, apresenta alta visibilidade com forte e clara preferência ao desmantelamento. Nela, "os políticos não apenas querem ser vistos como desmanteladores, mas realmente querem desmantelar as políticas existentes" (BAUER; KNILL, 2012, p. 45, tradução nossa). Este tipo de

> "desmantelamento pode ser recompensador, não apenas por causa de demandas políticas, mas também porque os políticos estão ideologicamente convencidos de que o desmantelamento é a solução mais adequada. Ao mesmo tempo, a percepção de poucos constrangimentos institucionais pode facilitar a adoção desta estratégia" (BAUER; KNILL, 2012, p. 45, tradução nossa).

O desmantelamento de políticas indica uma direção contrária à mudança de política. Ao contrário da expansão de políticas, o desmantelamento está associado ao término de políticas ou instrumentos, ou à redução do rigor, ou generosidade da calibração dos instrumentos. Uma mistura de macrocondições prevalecentes, oportunidades e restrições institucionais e fatores situacionais podem influenciar a escolha dos políticos — e no nosso caso neste projeto, dos burocratas judiciais — pela estratégia de desmantelamento.

Quadro 1. Estratégias e efeitos do desmantelamento de políticas

Tipo de Desmantelamento	Efeitos
Por omissão (*By default*)	Não ajuste de intensidade substancial.
Mudança de arena (*Arena shifting*)	Transferência/Delegação (descentralização, agenciamento) de responsabilidades políticas integrais; manipulação da intensidade formal, ou seja, das capacidades de execução, capacidades administrativas e requisitos processuais.
Ação simbólica (*Symbolic action*)	Anúncio de uma redução na densidade ou intensidade da política; políticas de reetiquetagem; consultas de comissionamento/relatórios de avaliação.
Desmantelamento ativo (*Active dismantling*)	Redução da densidade política, ou seja, abolição de políticas ou instrumentos; redução na intensidade substancial.

Fonte: tradução nossa do quadro 2.3. – "Table 2.3 Dismantling strategies and their expected effects" – da obra de Bauer e Knill (2012, p. 46).

A cada estratégia de desmantelamento corresponde um tipo de efeito. No desmantelamento ativo, uma redução total da densidade ou, pelo menos, uma redução substancial da intensidade. No desmantelamento por ação simbólica,

> "deve-se esperar todo tipo de anúncios e 'conversas baratas' sobre o desmantelamento de políticas, instrumentos e redução de configurações,

ou a re-rotulagem de organizações e agências que implementam ou aplicam programas específicos e afins. A questão aqui é que os governos vão querer parecer que estão consolidando os orçamentos públicos e aumentando a eficiência dos programas de gastos, sem realmente cortar tanto" (BAUER; KNILL, 2012, p. 46, tradução nossa).

Um não ajuste de intensidade substancial é o principal efeito encontrado na estratégia de desmantelamento por omissão, enquanto no deslocamento de arena a expectativa é quanto à delegação, redesenho, transferência de responsabilidade a outras arenas, ou mesmo manipulação das capacidades administrativas e outros requisitos processuais de uma determinada política. "Também o subfinanciamento de certas administrações responsáveis por determinados regimes de apoio direto (subsídios de desemprego, abonos de família e afins) pode eventualmente (e deliberadamente) conduzir a uma deterioração da prestação de serviços" (BAUER; KNILL, 2012, p. 46, tradução nossa).

2.3. Quadro teórico da política judicial de especialização

Neste capítulo apresentamos o debate teórico sobre os processos de criação, difusão e desmantelamento de políticas judiciais especializadas, estabelecendo os mecanismos que podem explicar as transformações internas e externas das instituições judiciais no campo do controle da corrupção. O quadro abaixo sintetiza os principais eixos de análise, chaves teóricas e descrição dos conceitos.

Quadro 2. Chaves teóricas do estudo sobre Especialização Judicial

Eixo de Análise	Chave Teórica	Descrição
Política Judicial	Decisão Judicial como Política Pública	As decisões proferidas pelas cortes podem alterar ou influenciar o desenho das políticas públicas judicializadas.
	Ação Política de Gestão	Atos de gestão ou políticas institucionais dos tribunais que alteram a estrutura, a organização ou modo de atuação de seus burocratas.

Eixo de Análise	Chave Teórica	Descrição
Especialização Judicial	Fenômeno	Movimento de concentração de juízes para o processamento e o julgamento de casos específicos em uma estrutura limitada e direcionada a determinado problema público. Criação de uma burocracia especializada com *expertise* para atuação em demandas específicas.
	Política Pública	Criação de estruturas especializadas para o julgamento de determinados casos e problemas públicos, a exemplo de casos envolvendo infância e juventude, falência, fraude fiscal, violência doméstica, corrupção etc.
Processo das Políticas	Difusão de Políticas	Processo pelo qual as escolhas de determinada política pública em uma unidade são influenciadas pelas escolhas das políticas de outras unidades.
Mudança Institucional	Desmantelamento	Mudança de política que reduz o número de itens de política, o número de instrumentos de política aplicados e/ou sua intensidade em uma área específica. Pode envolver mudanças nesses elementos centrais da política e/ou pode ser alcançado manipulando as capacidades dos atores para implementá-las e supervisioná-las.

Fonte: Elaboração própria.

Esses quatro eixos teóricos subsidiaram a análise empírica do caso brasileiro. No próximo capítulo, apresentamos a abordagem metodológica a partir da qual operacionalizamos esse modelo teórico.

3.

ABORDAGEM METODOLÓGICA: RASTREANDO PROCESSOS DA ESPECIALIZAÇÃO JUDICIAL

Este livro aplica o método de *process tracing*, utilizado com o objetivo de descrever mecanismos que ligam causas a resultados em um caso histórico específico: no nosso caso, a especialização judicial federal e estadual como resultado de um mecanismo de difusão com diferentes partes.

Sustentamos que o método adotado é de um *process tracing* aprofundado, com o mecanismo causal teoricamente descompactado como um sistema, com vistas a entender como o processo realmente funciona, uma vez que "os elementos centrais de um mecanismo causal são descompactados teoricamente e estudados empiricamente na forma de rastros deixados pelas atividades associadas a cada parte do processo" (BEACH; PEDERSEN, 2019, p. 13, tradução nossa). Tal qual explicado pelos autores, quando "o rastreamento tem o objetivo de desenvolver uma explicação abrangente de um resultado histórico particularmente interessante", não há motivos para discorrer sobre os princípios de seleção do caso, dada a sua relevância.

Entendemos que o processo descortinado pelo método é mais do que a apresentação da sequência descritiva dos fatos ocorridos em um caso, dado que o *process tracing* rastreia processos causais desencadeados por causas vinculadas a uma relação produtiva. No entanto, a análise da narrativa é fundamental para que se chegue, posteriormente, a um nível de abstração capaz de reduzir a análise às partes do mecanismo. As narrativas, na forma de série de eventos, embora não explicitem os vínculos causais, servem como um primeiro passo para sugeri-los, permitindo a identificação de eventos-chave e partes críticas que serão o primeiro estágio de teorização de um mecanismo (BEACH; PEDERSEN, 2019, p. 87).

3.1. O caso brasileiro da especialização judicial: hipóteses e mecanismo causal

No Brasil, os movimentos de criação, de implementação e desmantelamento de varas especializadas no processamento de casos de lavagem de dinheiro pela Justiça Federal e posteriormente a criação de estruturas especializadas para o julgamento de crimes cometidos por organizações criminosas nos Tribunais de Justiça dos estados podem ser analisados a partir do quadro teórico proposto no capítulo anterior, qual seja: a concepção da especialização como política judicial, enquanto ação política de gestão dos tribunais; da especialização enquanto conceito dual, tanto como fenômeno institucional, quanto como política dos tribunais; da difusão como lente de análise do movimento de promoção da criação, implementação e desmantelamento de políticas públicas.

A preocupação com o enfrentamento da macrocriminalidade associada à lavagem de dinheiro, ao crime organizado e à corrupção expandiu-se a partir da década de 1990, ganhando especial relevância nos anos 2000, sendo marcada por diversos compromissos firmados com outros países e organismos internacionais no âmbito da agenda anticorrupção. Embora a agenda internacional tenha uma especial relevância na influência da produção legislativa e de políticas criminais, no caso brasileiro a internalização dessa agenda e a criação de estruturas especializadas se deu, em grande medida, em decorrência da atuação das burocracias do sistema de Justiça criminal federal, que impulsionaram mudanças significativas nesse plano nas últimas décadas.

De 2014 a 2022, esse movimento da burocracia ganhou relevância nacional a partir do destaque dado a uma das maiores operações de combate à corrupção e à lavagem de dinheiro, a controversa Operação Lava Jato. Dentre os inúmeros instrumentos e estruturas institucionais que receberam visibilidade, para o bem e para o mal, as varas federais especializadas no julgamento de casos de lavagem de dinheiro foram uma das principais estruturas mencionadas ao longo dos últimos nove anos de repercussão dessa operação (em especial a 13ª Vara Federal de Curitiba).

Apesar do destaque recente, enquanto política de especialização judicial, as varas criminais para o processamento e julgamento dos crimes de lavagem de capitais nos Tribunais Regionais Federais têm origem no início dos anos 2000. A especialização enquanto política judicial não foi concebida por uma agenda exclusiva do Executivo-Legislativo, mas gestada pelo próprio Poder Judiciário Federal a partir de um processo de mobilização da burocracia judicial e sua concepção de como a política deveria ser executada. Essa política foi disseminada nos diferentes Tribunais Regionais Federais, passou por diversas alterações, chegando inclusive ao Poder Judiciário estadual.

Alicerçado nesse contexto, a hipótese primária sustentada nesta obra é a de que o processo de política pública (*policy making* judicial) da especialização advém da mobilização de seus burocratas que, ao longo do tempo, moldaram a política ao seu interesse — não só a política interna dos tribunais, mas também a política criminal mais ampla, incidindo tanto no plano do Executivo quanto do Legislativo federais. Enquanto a hipótese primária tem como mecanismo a difusão por aprendizado e emulação entre instituições e burocracias, a hipótese rival aponta que o processo de especialização é reflexo direto da implementação de regras e políticas de combate à macrocriminalidade formuladas pelos Poderes Executivo e Legislativo. Em síntese, contrariando a hipótese rival que implicaria em um movimento *top-down* (em que há precedência dos atores de alto escalão da política, com ambição de planejamento, controle e direcionamento das políticas públicas), a hipótese primária adota como perspectiva que o movimento de especialização foi *bottom-up*, isto é, quando a formulação e a implementação das políticas judiciais são concebidas a partir da discricionariedade dos próprios atores da burocracia judicial, que as moldaram de acordo com a sua necessidade, o seu interesse e missão institucional.

Partindo dessas hipóteses, o quadro abaixo descreve os elementos essenciais do caso da especialização, elencando como causas a agenda internacional com foco na macrocriminalidade e a atuação da burocracia judicial federal brasileira. A sequência de acontecimentos encadeados no quadro acaba por resultar na especialização judicial, na difusão e no seu posterior desmantelamento.

Figura 3. O caso brasileiro da especialização judicial

CAUSA

Agenda internacional com foco na tríade da macrocriminalidade

&

A atuação da burocracia judicial

Adesão e internalização dos tratados internacionais

Criminalização dos delitos relacionados à lavagem de dinheiro e crimes financeiros

Incorporação da agenda por burocracias judiciais federais:

- Juízes criminais vinculados a casos de corrupção e lavagem de dinheiro, dada a baixa efetividade do sistema de Justiça, percebem a necessidade/oportunidade para mudanças institucionais;
- Juízes participam de fóruns internacionais através dos quais ideias são compartilhadas (recomendações da OCDE e GAFI sobre agências independentes e especialização são difundidas para a comunidade legal em países do Sul Global);
- Estudos e Mobilizaçã do CJF para a especia-lização federal;

Criação da política judicial através da Resolução 314/2003 do CJF para a criação das varas federais especializadas em crimes contra o Sistema Financeiro Nacional e de Lavagem de Dinheiro

Integrada à agenda de reforma judicial, o Ministro da Justiça enxerga a mobilização das instituições de *accountability* como uma oportunidade para criar uma política nacional contra a corrupção e a lavagem de dinheiro, levando à criação da ENCCLA (2003), com vistas à constituição e fortalecimento da rede de *accountability*

Implementação das varas especializadas nos Tribunais Regionais Federais a partir de 2003

Ampliação da agenda de especialização para enfrentamento da criminalidade organizad na Justiça Federal através da Resolução nº 517/2006 voltada aos crimes contra o Sistema Financeiro Nacional, de Lavagem de Dinheiro e às organizações criminosas

Ingresso da especialização como política para os judiciários estaduais. Papel centralizador do CNJ através da Recomendação nº 3/2006 para criação de varas especializadas estaduais para o combate ao crime organizado	Em 2009, o Supremo Tribunal Federal reconhece a legitimidade das varas especializadas em lavagem de dinheiro. A partir desse ponto, as resoluções de especialização passam a ser dos TRFs, ou seja, há uma dispersão do controle e direção da especialização	Atores participantes da ENCCLA (Judiciário, MP, Receita, Coaf, CGU, PF e outras instituições) decisivos para a propositura de mudanças legais que incorporassem as recomendações das instituições internacionais à legislação brasileira	Parlamento aprova mudanças legislativas com a Lei das Varas Colegiadas para julgamento 2012 – Nova Lei de Lavagem de Dinheiro

			RESULTADO
Em 2012, o STF reconhece a legitimidade dos Tribunais Estaduais para especializarem as suas varas (julga como constitucional a lei que criou a vara especializada para combate das organizações criminosas)	2013 – Lei de combate ao crime organizado 2013 – Lei Anticorrupção 2013 – Resolução nº 273/2013 (Crime contra o Sistema Financeiro Nacional, Lavagem de Dinheiro, Organizações Criminosas) — posterior à lei de organizações criminosas (incorporação das disposições legislativas no âmbito das resoluções e estruturas especializadas)	2014 – Eclosão dos casos da Lava Jato 2018 – Crise da Lava Jato e início da reestruturação da política judicial federal	Especialização judicial para combate à tríade da macrocriminalidade & Desmantelamento da política judicial

Fonte: Elaboração própria.

É preciso esclarecer que, conforme identificado pela leitura do quadro, o fenômeno investigado nesta obra envolve pelo menos dois grandes processos, o relativo à especialização judicial federal e o outro relativo às estaduais (desmembrado, este último, em 27 casos correspondentes a cada estado da federação, que não serão objeto de processos de rastreamento individual, mas serão compreendidos como caso único, desencadeado em uma sequência de ondas). Para além dessa ressalva, o primeiro processo, da especialização federal, será descrito priorizando a criação e desenvolvimento das varas especializadas, percorrendo, ao final da obra, movimentos de desmantelamento da política. Esse esclarecimento serve para situar o leitor quanto à dificuldade de descrever um fenômeno que opera em variados níveis, cujos mecanismos podem apresentar redundância entre algumas partes críticas.

Dito isso, a figura abaixo ilustra as partes principais do mecanismo causal de difusão da especialização judicial, composto pelas seguintes etapas: aprendizado; legitimação; persuasão; e emulação.

Figura 4. Mecanismo causal de difusão no caso da especialização judicial

<table>
<tr><th rowspan="3">CAUSA</th><th colspan="5">Mecanismo Causal – Processos de Difusão</th><th rowspan="3">RESULTADO</th></tr>
<tr><th colspan="5">Interação (feedback loop)</th></tr>
<tr><th colspan="2">(1)
Aprendizado</th><th>(2)
Legitimação</th><th>(3)
Persuasão</th><th>(4)
Emulação</th></tr>
<tr><td rowspan="3">Agenda internacional com foco na tríade da macrocriminalidade

&

A atuação da burocracia judicial</td><td>Incorporação da agenda por burocracias judiciais e a criação de uma política de especialização do CJF</td><td>Implementação da política judicial de especialização federal e criação da ENCCLA</td><td>Tribunais superiores reconhecem a legitimidade das varas especializadas</td><td>Incorporação da especialização como política do Conselho Nacional de Justiça</td><td>Adoção de varas especializadas pelos Tribunais de Justiça e reestruturação de varas federais</td><td rowspan="3">Especialização Judicial para combate à tríade da macrocriminalidade

&

Desmantelamento da política judicial</td></tr>
<tr><td>Aderem e regulam</td><td>Criam e Implementam</td><td>Reconhecem</td><td>Aderem</td><td>Orientam</td></tr>
<tr><td>Burocracias Judiciais</td><td>TRFs</td><td>STJ e STF</td><td>TJs e AL dos estados</td><td>CNJ</td></tr>
</table>

Fonte: Elaboração própria.

Os processos de especialização e sua difusão não possuem uma linearidade entre as partes que os compõem, mas retroalimentam-se em uma dinâmica de interação na qual os movimentos de aprendizado ocorrem simultaneamente com os processos de emulação de políticas públicas, ao passo que os tribunais federais e estaduais se especializam em diferentes ondas. No decorrer da implementação, essas políticas estão sujeitas ao crivo das arenas política e judicial, que podem legitimar ou questionar a sua legalidade dentro do sistema político e jurídico brasileiro. Em outras palavras, as diferentes partes do mecanismo causal de difusão podem ocorrer simultaneamente. Para fins didáticos, optou-se por descrever cada uma das partes separadamente, a fim de traçar melhor a sua definição.

A primeira parte do mecanismo causal corresponde ao processo de aprendizado relacionado à difusão de políticas, que se concentra no ator envolvido na política e na sua capacidade de divulgação para a formulação, implementação e desmantelamento. A aprendizagem é um processo no qual os formuladores de políticas atualizam as crenças sobre os efeitos de uma política específica observando a experiência de outros (MESEGUER, 2006). Nesse contexto, a difusão de políticas está relacionada ao estabelecimento da agenda pública, aos debates sobre os modelos de política e às instâncias decisórias. A partir da perspectiva multiprocessual, o estudo da difusão das políticas das varas especializadas deve combinar a visão dos mecanismos que influenciam a difusão da política pelos tribunais e governos, e a análise dos atores e do contexto de mobilização para implementar tais políticas.

A agência é um aspecto central do estudo da difusão através da aprendizagem, pois os indivíduos aprendem enquanto interagem em grupos, redes, comunidades e organizações. No entanto, é importante considerar que a aprendizagem ocorre em condições de interdependência complexa, nas quais pensamentos e ações mudam e são alterados por contextos ou ambientes — o que implica que o processo de implementação de políticas pode ser reinterpretado (FREEMAN, 2006). Com o aprendizado, as burocracias podem mudar sua concepção de melhores práticas. As ideias podem mudar pela confiança dos atores na missão institucional (WILSON, 1989) ou pela intenção em adaptar as suas atividades para atingir seus objetivos.

A segunda parte do mecanismo refere-se à legitimação de políticas públicas pelos tribunais, correspondendo àquilo que a literatura conhece como uma das interações mais tradicionais da relação entre o Judiciário e as políticas públicas: a judicialização de políticas (KAPISZEWSKI; TAYLOR, 2008; MADEIRA, 2014; MADEIRA; GELISKI, 2017; OLIVEIRA, 2019b; SIEDER; SCHJOLDEN; ANGELL, 2005; TAYLOR, 2008). Aqui se entende esse conceito como o movimento de deslocamento de disputas da arena política para a arena judicial. Nesta parte não estamos falando em criação ou implementação, mas na validação por parte dos tribunais superiores de políticas e práticas criadas em outras instâncias, neste caso, de instâncias judiciais. Aí reside a novidade do processo, uma vez que, em se tratando de política judicial, os tribunais superiores também exercem seu papel tal qual em outros setores de políticas públicas. Retomando as duas acepções de política judicial apresentada nas seções anteriores, aqui se está trabalhando com a ideia de política judicial como decisão dos tribunais, que têm a capacidade de alterar as políticas públicas, e a ideia de política judicial como política pública judicializada.

A terceira parte do mecanismo se refere à persuasão, entendida como o processo em que órgãos ou instâncias superiores, que exercem um papel de coordenação ou regulamentação da referida área de políticas, convencem instituições que lhes são subordinadas a adotarem experiências e políticas localmente. Em nosso caso, as instâncias superiores do Poder Judiciário podem persuadir pela adoção e generalização de políticas de especialização judicial tanto em tribunais federais quanto estaduais. Confunde-se com processos de coerção, caracterizados por Coêlho (2016, p. 48) como o "uso de pressões políticas de uma instituição sobre outras no sentido de aplicação de sanções em caso de não adoção de uma política". No entanto, dada a autonomia concedida às instâncias judiciais, não se verifica no caso da persuasão judicial mecanismos de *enforcement* tradicionalmente presentes nos processos de políticas públicas, como restrições orçamentárias, repasses de verbas, entre outros; muito embora estes possam estar presentes como benefícios pela adoção.

Já a quarta parte do mecanismo corresponde a processos de emulação, entendida como uma adoção voluntária na qual as ideias são transferidas de um grupo de inovadores para outros (COÊLHO, 2016). Através da difusão por emulação, outros modelos podem ser imitados simbólica e normativamente. Nesse processo, quem imita persegue "objetivos políticos sem influência ideológica, geográfica ou econômica". Eles compartilham "práticas de gestão entre si, o que indicaria que a inovação passa por um processo de aprendizado ao longo do tempo" (COÊLHO, 2016, p. 47–48).

É importante referir que as partes do mecanismo descritas acima costumam ser identificadas tradicionalmente em processos de criação de políticas, mas em nosso caso, também se verificam nos processos de desmantelamento. Tal qual os processos de criação, os processos de desmantelamento também ocorrem em razão dos mesmos mecanismos descritos acima, seja por aprendizado, seja pela deslegitimação dos tribunais superiores, seja pela persuasão, ou mesmo pela emulação.

3.2. Evidências e pesos no rastreamento de processos

Antes de discorrer sobre as evidências e os processos de avaliação que caracterizam cada uma das partes, chegamos ao momento em que o mecanismo construído teoricamente precisa ser testado empiricamente, seguindo a literatura de *process tracing*:

> O nível teórico de avaliação de evidências é onde raciocinamos sobre as impressões digitais empíricas que o processo gerador de evidências de atividades de mecanismos (ou partes deles) pode deixar em um determinado contexto. É uma especulação sobre quais impressões digitais teríamos que encontrar (certeza teórica) e se existem explicações alternativas para encontrar uma impressão digital (unicidade teórica) (BEACH; PEDERSEN, 2019, p. 155, tradução nossa).

O nível teórico descrito por Beach e Pedersen (2019, p. 156) está associado ao quadro teórico apresentado nas seções anteriores e correspondendo ao mecanismo causal da especialização judicial e suas quatro partes: aprendizado, legitimação, persuasão e emulação. O nível empírico, por outro lado, pode ser construído por meio de uma narrativa de eventos, da imersão e sondagem que permitem encontrar fatos empíricos que indiquem a operação de um mecanismo. A partir da identificação desses elementos, idas e vindas em conjecturas plausíveis vão dando luz ao mecanismo e suas partes, permitindo avaliar se o material encontrado se apresenta como evidência.

Neste estudo, a construção da linha do tempo foi delineada na Figura 5, "O caso brasileiro da especialização judicial", em que identificamos como causas da especialização judicial um processo de incorporação da agenda internacional e de interação da burocracia judicial. Seguindo a literatura de *process tracing* (BEACH; PEDERSEN, 2019; COLLIER, 2011; RICKS; LIU, 2018), passamos para a operacionalização do mecanismo causal de difusão, destacando as fontes, evidências e seu peso para cada uma das partes que o compõem.

A Figura 5 acima ilustra o mecanismo causal da especialização que assenta a hipótese primária deste estudo, qual seja, a centralidade da atuação das burocracias judiciais na criação, implementação das políticas de especialização para o combate à macrocriminalidade, concebidas por elas (*bottom-up*). Embora apresentando níveis variados de certeza e singularidade isoladamente (BEACH; PEDERSEN, 2019), as evidências postas em conjunto, seguindo a lógica bayesiana (FAIRFIELD; CHARMAN, 2022), permitiram o mapeamento e reconstrução da trajetória da política, para além dos testes da hipótese primária e rival e de cada uma das partes que compõem o mecanismo causal.

Buscamos testar as hipóteses a partir dos fundamentos de inferência bayesiana para pesquisa qualitativa. A inferência atribui "probabilidades anteriores a hipóteses rivais salientes. Essas probabilidades *a priori* representam nosso grau racional de crença (ou confiança) na veracidade de cada hipótese levando em conta todo o conhecimento inicial relevante, ou informação de fundo (I), que possuímos. Simbolicamente, representamos a probabilidade anterior para a hipótese H como P(H|I)" (FAIRFIELD; CHARMAN, 2022, p. 158, tradução nossa). As nossas proposições prévias da abordagem teórica em relação às hipóteses primária e rival são:

- **Proposição A:** especialização judicial.
- **Proposição B:** existência da política judicial.

- **Hipótese primária – HP** (*Bottom-Up*)**:** a especialização é concebida e impulsionada pelos tribunais, como ação política de suas burocracias (política judicial).
- **Hipótese rival – HR** (*Top-down*)**:** a especialização, embora promovida pelos tribunais, é reflexo da atuação dos Poderes Executivo e Legislativo, que concentram o poder de agenda e de difusão de toda a política criminal.

Seguindo o modelo descrito por Fairfield e Charman (2022, p. 158, tradução nossa), o teste destas hipóteses pode ser transcrito de modo que a "probabilidade condicional P(A|B) representa o grau racional de crença que devemos manter na proposição A, dada a proposição B — isto é, quão provável é A se considerarmos a proposição B como verdadeira". A fórmula abaixo ilustra a probabilidade de que a hipótese primária se confirme, dada a presença de evidência oriunda da teoria de base (I), contraposta pelas novas evidências (E) que foram sendo coletadas ao longo da pesquisa.

$$P(H|EI) = P(H|I) \times P(E|HI)/P(E|I).$$

Nesta notação, o P(H|EI) representa "a probabilidade posterior de H dada a evidência E e informações básicas I", enquanto "P(H|I) é a probabilidade anterior oferecida acima, e P(E|HI) é a probabilidade da evidência — a probabilidade de observar a evidência E se a hipótese é realmente verdadeira" (FAIRFIELD; CHARMAN, 2022, p. 158, tradução nossa). No caso em estudo, partimos do pressuposto de que ambas as hipóteses primária (HP) e rival (HR) têm, *a priori*, a mesma probabilidade de explicarem a especialização, ou seja, P(HP) = P(HR) = 0,5. Considerando o mecanismo proposto e suas diferentes partes, as evidências trazidas pela literatura e pela pesquisa empírica, atualizamos as probabilidades referentes à hipótese primária (HP), identificando que a criação e a difusão política de especialização advêm de um movimento *bottom-up* da própria burocracia judicial.

Figura 5. Fontes e evidências do mecanismo causal de difusão no caso da especialização judici

CAUSA	Mecanismo Causal – Processos de Difusão Interação (*feedback loop*)					RESULTADO
	(1) Aprendizado		(2) Legitimação	(3) Persuasão	(4) Emulação	
Agenda internacional com foco na tríade da macrocriminalidade & A atuação da burocracia judicial	Incorporação da agenda por burocracias judiciais e a criação de uma política de especialização do CJF	Implementação política judicial de especialização federal e criação da ENCCLA	Tribunais superiores reconhecem a legitimidade das varas especializadas	Incorporação da especialização como política do Conselho Nacional de Justiça	Adoção de varas especializadas pelos Tribunais de Justiça e reestruturação de varas federais	Especialização Judicial para combate à tríade da macrocriminalidade & Desmantelamento da política judicial
Fonte	Entrevista, Documentos, Normas	Entrevista, Documentos, Normas	Decisões Judiciais, Entrevistas	Entrevistas, Normas	Documentos, Entrevistas, Normas, Notícias	
Evidência	E1, E3, E5, Resoluções CJF, Relatórios dos Mecanismos de Revisão Internacional (*peer review*)	E5, E2, E3, E7, E9, E10, resoluções TRFs, relatórios da ENCCLA	E2, E6, E7, E10, decisões do STF e STJ	E2, E3, E7, E10 Resoluções CNJ	E3, E2, E6, E7, E9, E10, E11, E12 Resoluções e Projeto de Lei	
Peso da evidência	Entrevista (BS/AS, BS/AC)*, Documentos (AS, AC), Normas (AS, AC)	Entrevista (AS, BC), Documentos (BS, BC), Normas (AS, AC)	Entrevista (BS, BC), Decisão Judicial (AS, AC)	Entrevista (AS, AC), Normas (AS, AC)	Entrevista (AS/BS, AC/BC)**, Documentos (AS/BS, AC/BS), Normas (AS/BS, AC/BC)**, Notícias (AS, AC)	

Notas: BS = Baixa singularidade; AS = Alta singularidade; BC = Baixa certeza; AC = Alta certez

* No caso da primeira parte do mecanismo de aprendizado, as evidências têm pesos diferente para as duas proposições. Em relação à incorporação da agenda internacional, as entrevista apresentam baixa evidência, enquanto são altas para criação da política de especialização. Já a normas referem-se exclusivamente ao movimento de criação.

** No caso da emulação, as evidências têm pesos diferentes para o processo de criação e especializa ção de varas estaduais de combate ao crime organizado e à lavagem de dinheiro e para o process de desmantelamento das varas federais. Todas as evidências associadas ao processo são forte no caso do desmantelamento, as evidências são todas fracas, com baixa singularidade e baix certeza. Ressalta-se que as notícias são utilizadas como fonte apenas na especialização estadua

Fonte: Elaboração própria.

Segundo Beach e Pedersen, a certeza "deve ser lida aqui como a probabilidade de que a evidência seja encontrada se a hipótese for verdadeira, enquanto a singularidade descreve a probabilidade esperada de encontrar a evidência prevista com explicações alternativas da evidência" (BEACH; PEDERSEN, 2019, p. 180, tradução nossa). Em nosso caso, a certeza e singularidade das evidências em cada uma das partes do mecanismo revelam-se pela soma das fontes (FAIRFIELD; CHARMAN, 2022). Nesse sentido, a fraqueza supostamente presente em uma única entrevista é contraposta pela evidência obtida pela soma de várias peças de entrevistas tomadas em conjunto. Da mesma forma, o peso dessa evidência é corroborado pela triangulação com outros documentos e normas que, também tomados em conjunto, contribuem com a força do argumento teórico sustentado na hipótese primária.

De forma geral, buscou-se entender a especialização e seu desmonte como um produto da interação das quatro partes que compõem o mecanismo causal, da seguinte forma: *Especialização* = $M_{aprendizado}(1) + M_{legitimação}(2) + M_{persuasão}(3) + M_{emulação}(4)$. Essa relação de processos testou qual foi o movimento de criação das varas, seja da própria burocracia judicial (*bottom-up*) ou advindo dos poderes Legislativo e Executivo (*top-down*). Na Figura 5, apresentamos os pesos de cada evidência para as diferentes partes do mecanismo causal, de modo que a relação entre as premissas teóricas e o grau de certeza e singularidade alteram as probabilidades de confirmar a hipótese primária (HP) deste trabalho. Seguindo o modelo de Bayes, as relações são expressas da seguinte forma:

- $PM1_{\text{AGENDA INTERNACIONAL}}$ = Entrevistas (15) * Documentos (40) * Normas (45)
- $PM1_{\text{POLÍTICA DE ESPECIALIZAÇÃO}}$ = Entrevistas (30) * Documentos (20) * Normas (50)
- PM2 = Entrevistas (20) * Decisões Judiciais (80)
- PM3 = Entrevistas (60) * Normas (40)
- $PM4_{\text{VARAS ESTADUAIS}}$ = Entrevistas (20) * Documentos (20) * Normas (40) * Notícias (20)
- $PM4_{\text{DESMANTELAMENTO}}$ = Entrevistas (60) * Normas (40)

A análise do aprendizado associado à incorporação da agenda internacional ($PM1_{AGENDA\ INTERNACIONAL}$) é realizada a partir da relação entre as evidências empíricas como entrevistas, documentos e normas, em que o elemento com maior peso para exame desta parte do mecanismo se concentra nos documentos (relatórios dos mecanismos de revisão de tratados internacionais e nas normas de criação de varas especializadas que mencionam as normas internacionais). Já as entrevistas apresentam baixa singularidade e certeza, ao passo que dão indicativos dos movimentos adotados pelas burocracias judiciais nesses processos.

Em relação ao aprendizado relativo à criação das varas especializadas ($PM1_{POLÍTICA\ DE\ ESPECIALIZAÇÃO}$), a principal fonte são as normas enquanto evidências concretas da formulação e dos modelos adotados pelos atores. No caso das entrevistas, elas dão conta de como os processos de elaboração e desenhos das políticas se deram e quais elementos foram centrais na trajetória da especialização. Nesta relação, os documentos apresentam baixa evidência, uma vez que são indicativos do movimento de ingresso das varas especializadas na agenda nacional, porém sem precisar a autoria (a exemplo dos documentos da ENCCLA, os quais mencionam as varas federais especializadas, porém não indicam a origem, servindo tanto para confirmar a hipótese primária como a rival).

A segunda parte do mecanismo (PM2), composta pela legitimação da política de especialização pelos tribunais superiores, foi evidenciada de maneira a provar alta singularidade e certeza pela análise de decisões judiciais do STF e do STJ, enquanto a soma de diferentes peças de entrevistas nos forneceu evidências fracas deste processo.

Na parte do mecanismo correspondente à persuasão (PM3), a resolução do CNJ sobre as varas estaduais de combate ao crime organizado e as diferentes entrevistas nos forneceram fortes evidências quanto à incorporação da especialização como política do Conselho Nacional de Justiça. Neste aspecto, as evidências deram conta tanto do movimento de atuação da burocracia judicial federal na proposição e disseminação da política para os tribunais estaduais, quanto dos diferentes contextos locais em que esta especialização era demandada por parte, principalmente, de atores de instituições como os Ministérios Públicos.

Quanto à análise da emulação, verificamos em relação à criação de varas estaduais em crime organizado ($PM4_{VARAS\ ESTADUAIS}$) a presença de vários tipos de evidência (entrevistas, resoluções, projetos de lei e notícias) com alta singularidade e certeza; já em relação ao desmantelamento das varas federais especializadas ($PM4_{DESMANTELAMENTO}$), consideramos fracas as evidências, compostas prioritariamente de entrevistas e algumas poucas resoluções.

Essas descrições dos pesos das evidências para cada parte do mecanismo de difusão expressam como o mapeamento da trajetória dessas políticas judiciais e a sua análise foi realizado, a fim de testar se o processo de política pública — *policy making* judicial — da especialização advém dos seus burocratas. Nos capítulos seguintes apresentamos a descrição e análise de cada uma das partes do mecanismo de difusão que resultou na especialização judicial, iniciando pela agenda internacional, passando pela experiência brasileira, cujos desdobramentos levaram à disseminação de varas federais especializadas em lavagem de dinheiro e varas estaduais especializadas em crime organizado, chegando ao movimento recente de desmantelamento das primeiras iniciativas. A leitura desses próximos capítulos deve ser feita tendo em conta esse quadro metodológico, considerando esses diferentes pesos de evidência discriminados aqui.

4.

AGENDA INTERNACIONAL E A ESPECIALIZAÇÃO DE TRIBUNAIS[3]

Neste capítulo contextualizamos a agenda internacional de combate à corrupção e os movimentos internacionais de criação de agências e de cortes especializadas para o enfrentamento desse tipo de criminalidade. Antes de examinar propriamente o caso brasileiro, objeto dos capítulos seguintes, foi preciso discorrer sobre a conjuntura associada à política de especialização do Judiciário brasileiro, qual seja, a introdução da corrupção, lavagem de dinheiro e crime organizado como problemas públicos comuns à comunidade internacional.

Esses três tipos criminais serão tratados aqui como crimes interconectados, cuja presença mobiliza um arranjo específico de instrumentos legais e instituições para o seu enfrentamento, e denominados como tríade da macrocriminalidade. Apesar das cortes especializadas não serem novidade para a literatura sobre política judicial, no campo do combate à corrupção isso não se repete, sendo que esses estudos apontam que apenas 27 dos 193 Estados que compõem as Nações Unidas adotam esse tipo de instituição (STEPHENSON; SCHÜTTE, 2016, 2022).

---

[3] Este capítulo reúne e amplia as discussões sobre o contexto internacional da agenda de combate à corrupção e à lavagem de dinheiro publicadas nos últimos anos pelos pesquisadores em GELISKI ([*s. d.*]), e em MADEIRA e GELISKI (2021).

Gráfico 1. Número total de cortes anticorrupção existentes no mundo (1979-2023)

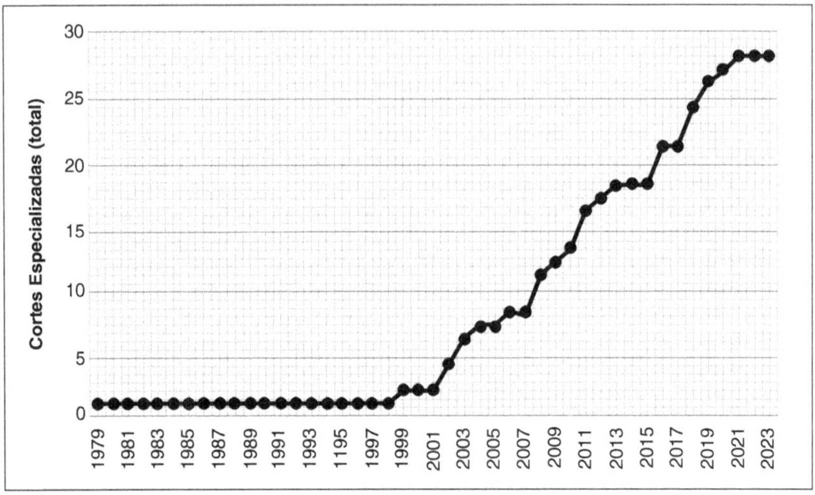

Fonte: Elaboração própria a partir do levantamento de Stephenson e Schütte (2016, 2022).

Neste livro propomos a inclusão do Brasil nesse conjunto de países, a partir da política da Justiça Federal, assim como já defendemos em outro trabalho (MADEIRA; GELISKI, 2021). Para isso, apresentamos a agenda internacional anticorrupção, o contexto do sistema internacional de combate a esse tipo de criminalidade e seus atores, e, por fim, discorremos sobre as cortes anticorrupção.

4.1. A tríade da macrocriminalidade na agenda internacional: corrupção, lavagem de dinheiro e crime organizado

Em 1996 a Organização dos Estados Americanos (OEA) adotou a Convenção Interamericana contra Corrupção. Mais de vinte anos depois da edição dessa primeira convenção, o problema da corrupção persiste no Brasil e no mundo, com grandes casos transpassando as fronteiras dos países latino-americanos; a exemplo da Operação Lava

Jato ou escândalos envolvendo o desvio de verbas públicas destinadas às políticas de combate à pandemia de Covid-19 (BECHARA; SMANIO; GIRARDI, 2019; FARZANEGAN; HOFMANN, 2021). Apesar disso, as últimas décadas foram caracterizadas pela expansão de instrumentos internacionais de combate à corrupção, passando pela atuação de organizações regionais a bancos de desenvolvimento multilateral (GRIGORESCU, 2017; SEILER; MADIR, 2012).

A Convenção Interamericana contra a Corrupção (*Interamerican Convention Against Corruption* – IACAC), a Convenção de Combate ao Suborno de Oficiais Estrangeiros em Transações Internacionais da OCDE (Convenção Antissuborno da OCDE ou Convenção da OCDE) e a Convenção de Combate à Corrupção das Nações Unidas (*United Nations Convention Against Corruption* – UNCAC) constituem o quadro legal do Sistema Internacional Anticorrupção aplicável à América Latina (GUERZOVICH; MICHELE, 2010; TOURINHO, 2018). A ideia de um Sistema Internacional Anticorrupção emergiu da concepção de que as normas e políticas internacionais são um produto da ação coletiva, produto da Comunidade Internacional Anticorrupção (MUNGIU-PIPPIDI, 2015). A dinâmica de interação destes atores envolve a cooperação entre Estados para a adoção de reformas anticorrupção e de sistemas de monitoramento da implementação de convenções internacionais (mecanismos de revisão) (GUERZOVICH; MICHELE, 2010; ROSE-ACKERMAN; PALIFKA, 2016).

Com vistas a demonstrar a primeira parte do mecanismo causal de difusão, relativa à incorporação da agenda internacional pelo Brasil e pela sua burocracia judicial, este capítulo apresenta a inclusão da corrupção e da lavagem de dinheiro na agenda internacional, introduzindo os conceitos básicos para entender o Sistema Internacional Anticorrupção, suas instituições e atores, as dinâmicas legislativas e o processo de difusão de cortes especializadas.

4.2. A agenda internacional e a corrupção

"[A] corrupção solapa a legitimidade das instituições públicas e atenta contra a sociedade, a ordem moral e a justiça, bem como contra o desenvolvimento integral dos povos". O preâmbulo da

Convenção Interamericana contra a Corrupção (BRASIL, 2002a) destaca os efeitos da corrupção na democracia e no desenvolvimento dos Estados. Em outros termos, considera a corrupção como um fenômeno complexo que afeta as mais diversas dimensões estatais, incluindo o sistema político, sua organização administrativa e suas instituições de controle (AVRITZER; FILGUEIRAS, 2011).

Apesar da relevância desse tema na atualidade, a corrupção como problema público começou a figurar na agenda internacional apenas no final da década de 1990, no período de transição democrática nos países do Sul Global, especialmente nas regiões da América Latina e do Sudeste Asiático (GUERZOVICH; MICHELE, 2010; LORA, 2007; MADEIRA; GELISKI, 2021). No caso latino-americano, a redemocratização foi marcada por múltiplas políticas de reforma do Estado, com uma agenda voltada a repensar o papel das instituições estatais e os problemas econômicos enfrentados na região, em consonância com os movimentos de empoderamento e fortalecimento das instituições do sistema de Justiça (HAMMERGREN, 2007).

Durante este período houve um senso compartilhado de cautela entre alguns países para abordar essa temática e os mecanismos de controle da corrupção na região, argumentando que "uma forte campanha anticorrupção na região poderia indeterminar as transições para a democracia ao enfatizar que as democracias são corruptas" (GUERZOVICH; MICHELE, 2010, p. 195, tradução nossa). Apesar dessas preocupações, o tema ganhou relevância na região, paralelamente a outros movimentos internacionais, como o combate à lavagem de dinheiro, ao tráfico internacional de drogas e ao crime organizado transnacional (TOURINHO, 2018).

Antes da entrada formal da corrupção na agenda internacional, os Estados Unidos adotaram o *Foreign Corrupt Practices Act* (FCPA) em 1977; foi a primeira norma a criminalizar "o suborno de funcionário público estrangeiro para obter ou reter negócios" (GUERZOVICH; MICHELE, 2010, p. 210). Em 1997, inspirados na FCPA, a Organização para a Cooperação e Desenvolvimento Econômico (OCDE) aprovou a Convenção sobre o Combate à Corrupção de Funcionários Públicos Estrangeiros em Transações Comerciais Internacionais (conhecida como Convenção ou Convenção Antissuborno da OCDE). Foi a segunda convenção internacional aprovada.

Segundo Rose-Ackerman e Palifka (2016), a corrupção aparece em uma relação triangular com o crime organizado e a lavagem de dinheiro, na qual as práticas criminosas se alimentam umas das outras. Essa relação simbiótica também acaba aparecendo em convenções e tratados internacionais, em especial no âmbito das Nações Unidas, como na Convenção das Nações Unidas contra o Tráfico Ilícito de Entorpecentes e Substâncias Psicotrópicas em 1988 (Convenção de Viena) e a Convenção das Nações Unidas contra o Crime Organizado Transnacional em 2003 (Convenção de Palermo). A ligação entre o controle da lavagem de dinheiro e o combate ao crime organizado e à corrupção aparece em tratados internacionais que inicialmente abordavam a questão das drogas ilícitas, passando para outros tipos de crimes, como terrorismo e captura do Estado (ROSE-ACKERMAN; PALIFKA, 2016).

Voltando ao contexto latino-americano, podemos destacar alguns instrumentos internacionais essenciais incidentes sobre essa tríade da macrocriminalidade (MUNGIU-PIPPIDI, 2015, p. 188; ROSE-ACKERMAN; PALIFKA, 2016, p. 508; ROTH, 2010):

Quadro 3. Instrumentos Internacionais Essenciais da literatura Anticorrupção (América Latina)

Ano	Abreviações	Instrumento/Descrição
1988	Convenção de Viena	Convenção Contra o Tráfico Ilícito de Entorpecentes e Substâncias Psicotrópicas
1989	GAFI	Grupo de Ação Financeira contra a Lavagem de Dinheiro
1996	IACAC	Convenção Interamericana contra Corrupção
1997	Convenção da OCDE Convenção Antissuborno da OCDE	Convenção sobre o Combate à Corrupção de Funcionários Públicos Estrangeiros em Transações Comerciais Internacionais
2000	UNTOC Palermo Convention	Convenção das Nações Unidas contra o Crime Organizado Transnacional
2003	UNCAC	Convenção das Nações Unidas contra Corrupção

Fonte: Elaboração própria a partir da literatura anticorrupção de Mungiu-Pippidi (2015, p. 188) e Rose-Ackerman e Palifka (2016, p. 508).

Sobre os objetivos das normas internacionais, Mungiu-Pippidi (2015) destaca que:

> Esses acordos visam abordar a corrupção de três maneiras: primeiro, superando os problemas de ação coletiva que podem limitar a cooperação nos esforços para aumentar as restrições internacionais à corrupção; em segundo lugar, desenvolvendo e codificando normas legais anticorrupção internacionalmente; e terceiro, promovendo e estabelecendo restrições legais e normas de boa governança em nível nacional (MUNGIU-PIPPIDI, 2015, p. 187).

Ainda que décadas atrás houvesse uma "limitada atenção à corrupção como questão internacional" (GUERZOVICH; MICHELE, 2010, p. 194, tradução nossa), são significativos os efeitos alcançados com a incorporação desses tratados internacionais no nível doméstico. Um exemplo desse processo de mudança é a criação de órgãos especializados e leis nacionais para combater a corrupção, a lavagem de dinheiro e o crime organizado, a exemplo das agências anticorrupção e das cortes especializadas (MADEIRA; GELISKI, 2021).

Essas três abordagens dos tratados internacionais retomam a ideia de um sistema internacional anticorrupção que se concentra no fortalecimento da cooperação entre os países, harmonização de normas para criminalizar a corrupção e difundir ideias e modelos de políticas em diferentes regiões. As seções a seguir exploram o papel da comunidade internacional e das políticas de especialização destinadas a combater a corrupção.

4.3. Sistema internacional de combate à corrupção e suas dinâmicas

O Direito Internacional é um conjunto de regras definidas por diferentes atores que os vinculam uns aos outros (SIMMONS, 2010, p. 187). Os tratados internacionais são apenas um dos muitos exemplos de formas de interação nas relações internacionais. No campo das políticas anticorrupção, a relação entre Estado, organizações governamentais internacionais e sociedade civil se dá por meio de projetos de financiamento de Instituições Financeiras Internacionais (por exemplo, Banco Mundial, Bancos Multilaterais de Desenvolvimento), recomendações de grupos temáticos e forças-tarefas (por exemplo, GAFI), campanhas políticas e pesquisas promovidas pela sociedade civil, ou através da constituição de redes profissionais para além do Estado.

Da década de 1990 para cá foi crescente o número de "acordos multilaterais de combate à corrupção firmados envolvendo Estados, organismos internacionais e diversos atores não estatais, como empresas multinacionais e organizações da sociedade civil" (MUNGIU-PIPPIDI, 2015, p. 187, tradução nossa). Em relação a essa perspectiva relacional, a literatura descreve três principais estratégias de uma abordagem internacional anticorrupção: fornecimento de informações; ações internacionais para controlar a corrupção; e projetos e programas anticorrupção (ROSE-ACKERMAN, 2013).

A primeira estratégia está relacionada à ação dos formuladores de políticas públicas nacionais (*policy makers*) em coletar informações de diferentes fontes para mensurar o problema que será enfrentado pelas ações e políticas anticorrupção.

A segunda estratégia envolve esforços para complementar as políticas domésticas e construir uma compreensão global da corrupção. O elemento principal aqui é o papel desenvolvido pelos tratados na difusão de políticas por meio da comunidade internacional (MOROFF, 2019; SIMMONS, 2010; TOURINHO, 2018). A internalização das normas globais anticorrupção envolve a criminalização da corrupção na legislação interna dos países, a adoção de medidas para prevenir e reprimir a corrupção e a adequação dos meios de cooperação jurídica.

A internalização dos tratados nas legislações nacionais pode assumir duas formas: primeiro, por meio de mecanismos de emulação e legitimação, com as normas internacionais influenciando diretamente na reformulação das legislações nacionais dos países, servindo como modelo institucional e de estímulo a boas práticas; e segundo, por meio da coerção, com a implantação de sistemas de monitoramento da implementação das convenções, no caso, os mecanismos de *peer review* previstos nas convenções internacionais (TOURINHO, 2018). Os mecanismos de revisão por pares visam monitorar a implementação das políticas previstas nos tratados internacionais, tornando-se instrumentos vitais para coletar dados sobre as políticas e instituições anticorrupção domésticas.

> Mecanismos de monitoramento e revisão por pares, por exemplo, são uma forma típica de "coerção consentida". Os tratados internacionais anticorrupção incluíram revisão por pares ou mecanismos de monitoramento de implementação, como o MESICIC da OEA, o IRM da UNCAC e o Grupo de Trabalho sobre Suborno da OCDE, que pressionam os Estados Partes a mudanças institucionais (TOURINHO, 2018, p. 10, tradução nossa).

O exemplo acima destaca um dos principais instrumentos criados pelas convenções internacionais para monitorar e avaliar a implementação, cumprimento e eficácia das políticas anticorrupção sob o escopo do Direito Internacional. Simmons (2010, p. 199) conceitua a implementação como a "integração de regras internacionais no Direito e nas instituições domésticas", mesmo que seu cumprimento e eficácia sejam restringidos pela forma como cada "sistema jurídico absorve as obrigações jurídicas internacionais".

A capacidade de implementação de normas internacionais está relacionada ao processo de aprovação legislativa de cada país (TOURINHO, 2018), bem como ao estímulo à existência de instituições e redes que possam apoiar e mobilizar a arena política para a adoção de tais normas e políticas. Como redes e instituições de apoio, podemos citar as redes profissionais e estatais.

No caso brasileiro, a Estratégia Nacional de Combate à Corrupção e à Lavagem de Dinheiro (ENCCLA) é um exemplo de articulação para políticas anticorrupção, atuando como mobilizadora dos órgãos de segurança pública (KERCHE; MARONA, 2022; MARONA; KERCHE, 2021). Enquanto estrutura que agrega diferentes instituições do sistema de Justiça e órgãos de persecução penal, a ENCCLA surgiu em 2003 como um espaço de articulação e cooperação entre burocracias envolvendo organismos internacionais, dentre eles o

GAFI e suas recomendações (ABRAMOVAY; LOTTA, 2022), conforme veremos no próximo capítulo.

Já a última estratégia apontada por Rose-Ackerman (2013) compreende o papel de desenvolvimento institucional promovido por Instituições Financeiras Internacionais, doadores internacionais e Organismos Governamentais Internacionais em geral, além da implementação de programas e políticas anticorrupção, como os relacionados a princípios de governança, integridade nas compras públicas e acesso à informação — promovendo assim agendas de reforma do Estado.

Nesta seção, apresentamos as três estratégias relacionadas à internalização das normas internacionais anticorrupção. A seguir trataremos do papel da criminalização da lavagem de dinheiro, entendido este crime como elo entre a corrupção e o crime organizado.

4.4. A lavagem de dinheiro como elo da tríade da macro-criminalidade

O combate à corrupção foi intensificado na agenda internacional ao longo das últimas décadas, devido ao crescimento da preocupação com o tráfico internacional de entorpecentes, aliando esforços da comunidade internacional para combater abusos financeiros sistêmicos, crimes financeiros e lavagem de dinheiro. Esta última prática decorre da globalização dos mercados e do desenvolvimento de novas tecnologias, sendo necessário um quadro de referência para combatê-la (MUGARURA, 2011, p. 175), uma vez que se estabelece como um crime de ligação entre a corrupção e o crime organizado (ROTH, 2010).

No caso brasileiro, é central entender como as instituições judiciais conceberam o enfrentamento da tríade da macrocriminalidade nas duas últimas décadas a partir da incorporação gradual dessa agenda internacional pela burocracia judicial — o que resultou na própria política judicial de especialização voltada à lavagem de dinheiro como forma de atuação na investigação, persecução e julgamento não só da lavagem de dinheiro, mas também da corrupção e do crime organizado. Esse movimento será descrito nos próximos capítulos. Nesta etapa, nossa intenção é evidenciar como a expansão dessa agenda se traduziu por meio da codificação, tendo como marco inicial a Convenção Contra o Tráfico Ilícito de Entorpecentes e Substâncias Psicotrópicas de 1988, conhecida como Convenção de Viena. O enfoque na corrupção e especificamente na lavagem de dinheiro marcou a preocupação inicial dos países com o tráfico de drogas e as substâncias psicotrópicas, sendo a conceituação e a securitização do tema tratados como prioridade a partir desse momento.

A atuação de organizações criminosas transnacionais como atores engajados no tráfico de drogas, especialmente em regiões de fronteira, aparecia diretamente relacionada a esses problemas. Com a caracterização desses grupos, passou-se a dar mais atenção ao combate ao crime organizado, considerado como ameaça ao bem-estar, à estabilidade dos regimes democráticos e à sobrevivência dos Estados (MUGARURA, 2011, p. 175).

A partir dessa conjuntura, esse problema entrou na agenda internacional: criou-se normas conceituando o crime e estabeleceu-se instrumentos para sua persecução, incluindo a cooperação interestatal e assistência legal mútua, assim como arranjos de extradição e reforço de mecanismos para a identificação de lucros oriundos de crimes pregressos à lavagem.

A Convenção de Viena de 1988 foi considerada o marco da atuação dos organismos internacionais na persuasão dos países para a aprovação de legislações necessárias para criminalização do tráfico de drogas e dos mecanismos de financiamento desse crime, incluindo a lavagem de dinheiro, uma vez que ela "é usada por grupos do crime organizado em todo o mundo para ocultar a existência de renda ilícita (bem como sua fonte e uso)" (ROTH, 2010, p. 58–59, tradução nossa). De um modo geral, a criminalização deveria incluir uma lista ampla de condutas que conectassem tráfico de drogas com produção, cultivo, posse, gerenciamento e financiamento de operações. Adicionalmente, cada signatário da convenção deveria considerar formalmente a lavagem de dinheiro, cujos padrões estabeleciam uma séria ofensa internacional, como uma ofensa criminal no Direito interno (MUGARURA, 2011, p. 176).

Um ponto crucial relativo aos tratados internacionais e o seu mandado de criminalização foi a busca pela harmonização das políticas criminais nos diferentes países signatários da Convenção de Viena. Isso resultou, anos mais tarde, na criação dos mecanismos de revisão e acompanhamento das convenções que versavam sobre corrupção. Os debates provenientes da Convenção de Viena apontaram o papel relevante das cortes domésticas no enfrentamento à lavagem de dinheiro e seus crimes conexos.

Em relação ao sistema financeiro, a convenção criou um quadro de referência para minar os esforços daqueles que movimentavam dinheiro internacionalmente, amparados pelas regras de segredo e confidencialidade dos bancos (MUGARURA, 2011, p. 177), sugerindo que os bancos abolissem o segredo bancário e tornassem seus registros disponíveis aos tribunais, facilitando os procedimentos de persecução desses crimes. Estimulou-se os países a participarem de acordos de confisco bilaterais e multilaterais para aumentar a efetividade dos meios de enfrentamento do tráfico transnacional – fronteiriço – e de outras demandas e atividades relacionadas (MUGARURA, 2011).

Outro marco normativo relacionado à tríade da macrocriminalidade foi a Convenção das Nações Unidas contra o Crime Organizado Transnacional de 2000, conhecida como a Convenção de Palermo, já mencionada neste capítulo. No Brasil, ela foi internalizada no sistema jurídico nacional apenas em 2004, por meio do Decreto n. 5.015, de 12 de março de 2004 (BRASIL, 2004a), e gerou efeitos importantes para o sistema judicial brasileiro, especificamente para a especialização. Esse movimento de incorporação da agenda internacional no âmbito interno dos países visou, por meio das convenções, padronizar as legislações criminais, harmonizando os modos de enfrentamento da criminalidade organizada (CALDERONI, 2010).

Sobre a lavagem de dinheiro, Mugarura (2011, p. 179, tradução nossa) afirma que ela "é parte integrante do empreendimento do crime organizado transnacional e é utilizada como estratégia para alcançar dois objetivos fundamentais: é utilizada para evitar a detecção e captura dos criminosos que planejam e executam esquemas de lavagem de dinheiro; também é usada para aumentar o aproveitamento dos produtos ilícitos do crime". A convenção e seus esforços enfatizam que este é um problema que não pode ser tratado de maneira isolada pelos países:

> Os esforços dos países em relação ao crime organizado transnacional são indicativos do fato de que os grupos criminosos transnacionais não podem ser administrados unilateralmente por um país. Portanto, é imperativo que a criminalização da participação em grupos criminosos organizados e o desenvolvimento de uma estrutura de AML levem em consideração o contexto mundial no qual os criminosos operam. Embora a Convenção de Viena acima tenha sido a primeira estrutura AML adotada, ela agora foi substituída pela Convenção de Palermo contra Crimes Organizados Transnacionais de 2000 (MUGARURA, 2011, p. 179, tradução nossa).

Os crimes financeiros e de lavagem de dinheiro tornaram-se temática recorrente de muitos organismos multilaterais e regionais, a exemplo do grupo *Financial Action Task Force* (FATF), conhecido no Brasil como Grupo de Ação Financeira contra a Lavagem de Dinheiro e o Financiamento do Terrorismo (GAFI). O GAFI é um ator central do Regime Internacional Antilavagem de Dinheiro (*Anti-money laundering* – AML), liderando a gerência de grupos internacionais de combate à lavagem, seja pelo acompanhamento da situação dos países ou pela edição de recomendações. O grupo dialoga com outros organismos internacionais, tais quais a OCDE, a Organização dos Estados Americanos e a Organização das Nações Unidas, estando vinculado aos principais tratados internacionais de combate à macrocriminalidade, respectivamente: a Convenção Antissuborno da OCDE; a Convenção Interamericana contra Corrupção – OEA; e as Convenções de Viena (1988), de Palermo (2000) e de Mérida (2004).

O GAFI é um grupo intergovernamental com mandato especializado para o desenvolvimento de políticas e práticas contra a lavagem de dinheiro em escala global. Foi estabelecido no ano de 1987 em Paris, por países como Alemanha, Canadá, Estados Unidos, Itália, Japão e Reino Unido, no âmbito do G7 (Grupo dos Sete, que reúne os países mais desenvolvidos e industrializados do mundo).

Atualmente, o GAFI é composto de 39 países membros, dentre os quais o Brasil, além de ter dois países com *status* de observadores e uma série de associações membras e observadoras. O grupo tem sede na OCDE, sendo independente desta. Dentro do Regime Internacional Antilavagem de Dinheiro (AML), o grupo é a principal organização associada a essa temática, tendo como papel o acompanhamento de políticas antilavagem implementadas em diferentes países e a edição de recomendações que visam sugerir práticas a serem adotadas pela comunidade internacional.

As recomendações editadas pelo GAFI não são obrigatórias, não tendo força de tratado internacional. Contudo, algumas podem se tornar obrigatórias em decorrência da pressão da comunidade internacional. Um exemplo de recomendação mandatória é a exigência de que os países criminalizem lavagem de dinheiro e requeiram às instituições financeiras que implementem procedimentos transparentes. Este poderia ser um indicativo da permeabilidade da agenda internacional entre as burocracias judiciais brasileiras, levando em conta a persuasão desses órgãos internacionais.

O GAFI também realiza avaliações *in loco* nos países, bem como constrói, a partir das recomendações, estratégias de promoção de políticas e técnicas de contenção das práticas de lavagem e ocultação de dinheiro. As 40 recomendações do GAFI para os países que o compõem podem ser agrupadas em quatro objetivos: criminalização da lavagem de dinheiro; apreensão e confisco de produto de lavagem de dinheiro; relatórios sobre transações suspeitas; e cooperação internacional para investigação, persecução e extradição de suspeitos de crimes (MUGARURA, 2011, p. 186). O principal objetivo do GAFI é a promoção de *compliance* – adesão e cumprimento – de suas recomendações, de modo a desenvolver uma cultura e infraestruturas normativas e institucionais de combate à lavagem de dinheiro (MUGARURA, 2011, p. 182).

Foram a Convenção das Nações Unidas sobre Lavagem, Investigação, Apreensão e Confisco de Produtos do Crime em 1990, também conhecida como Convenção de Estrasburgo, e as recomendações do GAFI que permitiram estender o movimento de criminalização para outras categorias de crimes antecedentes – conexos à lavagem de dinheiro, principalmente, corrupção e crime organizado (MUGARURA, 2011, p. 182).

As mudanças associadas à política antilavagem de dinheiro, seja no contexto internacional ou nacional, deram-se em diferentes gerações ou ondas, nas quais o crime de lavagem de dinheiro estava relacionado a um conjunto de práticas criminosas específicas. Em um primeiro momento, relacionado ao narcotráfico e às organizações criminosas transnacionais, dada a sua magnitude em muitos países. Ao longo do tempo, os países foram expandindo a lista de delitos relacionados à lavagem de dinheiro, como o financiamento do terrorismo, a corrupção, crimes contra a administração pública, e, mais recentemente, incorporaram a investigação de fundos resultantes de qualquer atividade ilegal (COX, 2014).

Esse movimento de ampliação do conceito de lavagem de dinheiro e do escopo de sua atuação é um dos pontos centrais do porquê consideramos a política de especialização da Justiça Federal no Brasil como um modelo de corte anticorrupção (MADEIRA; GELISKI, 2021; STEPHENSON; SCHÜTTE, 2016, 2022).

4.5. As agências e cortes especializadas anticorrupção no mundo

Ainda nos anos 1990, marco inicial da agenda anticorrupção, surgiram novos atores no âmbito das redes de controle e do sistema de Justiça de diferentes países: as agências especializadas anticorrupção e as cortes anticorrupção (KUVVET, 2021; MADEIRA; GELISKI, 2021; SOUSA, 2010; STEPHENSON; SCHÜTTE, 2016, 2022).

As Agências Anticorrupção (ACA) têm como características serem públicas, duráveis, com missão de combater a corrupção e reduzir a estrutura de oportunidades através de medidas preventivas e repressivas (SOUSA, 2010, p. 5). As primeiras instituições surgiram na Ásia, em Cingapura e Hong Kong, logo depois do declínio do período colonial. Essas agências independentes se expandiram de países em desenvolvimento para países desenvolvidos, de sociedades em transição para democracias consolidadas, geralmente em razão ou posteriormente a escândalos — tornando-se, assim como o combate à corrupção, um esforço global (SOUSA, 2010).

> As ACAs nascem muitas vezes de um amplo consenso político num contexto de escândalo e crise, o que ajuda a explicar a curta existência de alguns destes órgãos e/ou a sua limitada capacidade de entrega de resultados. Após o fracasso percebido dos órgãos convencionais de aplicação da lei (polícia, tribunais, procuradores-gerais etc.), as ACAs são frequentemente consideradas pelos governos, doadores e organizações governamentais internacionais (IGOs) como a resposta institucional definitiva à corrupção (SOUSA, 2010, p. 6, tradução nossa).

A criação das agências, como arquitetura institucional e grande estratégia de combate à corrupção, responde a recomendações de instituições mundiais. No entanto, seu formato e efetividade variam muito de país para país. Se por um lado há um mimetismo, pelo fato de as ACAs serem produto de padrões específicos de desenvolvimento legal e institucional, por outro cada experiência torna-se única, uma vez que variam os poderes concedidos, o escopo de ação, os recursos, os requerimentos de *accountability* (SOUSA, 2010).

Apesar da difusão desse modelo, e independentemente do formato, há constrangimentos impostos às agências que resultam em inefetividade: dificuldades técnicas, culturais e estatutárias, limites à obtenção de dados e obstáculos no estabelecimento de boas relações com a esfera política resultam em discrepância entre a expectativa e os resultados obtidos (SOUSA, 2010). Além desses fatores, Quah (2010) lista a falta de interesse político e os contextos desfavoráveis a esse tipo de política pública e a medidas confiáveis anticorrupção.

Um segundo modelo institucional, menos conhecido e consolidado, são as cortes especializadas anticorrupção. Ainda que a especialização não seja um fenômeno novo na literatura de estudos judiciais, como vimos no capítulo teórico, tem-se pouca produção examinando esses cortes. Em um levantamento realizado de 2016 a 2022, foram mapeadas a existência de cortes anticorrupção em 26 países diferentes: Filipinas, Paquistão, Nepal, Quênia, Bangladesh, Burundi, Croácia, Montenegro, Macedônia do Norte, Uganda,

Eslováquia, Sérvia, Camarões, Malásia, Palestina, Senegal, Botsuana, Madagascar, Tanzânia, Tailândia, Sri Lanka, Ucrânia, Albânia, Serra Leoa, Zimbabwe, Armênia.

Figura 6. Modelos de cortes especializadas anticorrupção pelo mundo

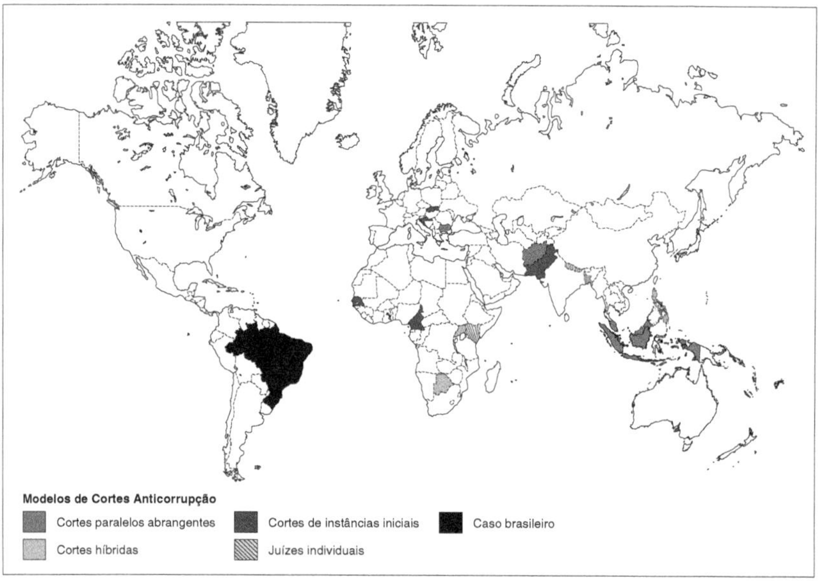

Fonte: Elaboração própria a partir dos casos classificados por Stephenson e Schütte (2016, 2022).

Essas instituições judiciais especializadas podem ser classificadas ora como cortes independentes, ora como departamentos especializados dentro de instituições formais de justiça. Cortes de combate à corrupção têm surgido em vários países, geralmente em decorrência de recomendações internacionais e pressões por reformas legais, como inovações institucionais, criadas pelas mesmas razões que agências anticorrupção: insular casos de corrupção de sistemas corruptos já existentes e construir *expertise* para lidar com casos complexos (BUTT; SCHÜTTE, 2014, p. 603–604).

Assim como a literatura geral sobre especialização judicial (BAUM, 2009, 2011, 2014; GRAMCKOW; WALSH, 2013), explorada no capítulo teórico deste livro, Stephenson, Schütte (2016, 2022) identificam três fatores que podem levar à criação de cortes anticorrupção: a eficiência, a integridade e a *expertise*. De modo geral, a criação de cortes especializadas nesta matéria permitiria uma maior eficiência na persecução de casos pelo sistema de Justiça dos países.

Sobre a eficiência, os autores apontam que a existência de cortes especializadas permite a criação de um corpo técnico de juízes voltados a atuar exclusivamente em casos de corrupção, de modo a padronizar procedimentos e gerar ganhos de *expertise* por parte da burocracia judicial. Esse fator reflete também no desenho institucional dos próprios tribunais, de modo que a especialização deve considerar o número de magistrados que atuam nas estruturas especializadas e a definição da jurisdição desses tribunais — isto é, quais casos atendem e quais os níveis em que a especialização ocorre, seja em primeiro grau (tribunais locais) ou em sede recursal (cortes de apelação) (STEPHENSON; SCHÜTTE, 2016, 2022). Já a integridade, explicam, está associada ao insulamento das cortes especializadas dentro do sistema de Justiça e à adoção de mecanismos próprios de recrutamento de magistrados. Em relação ao desenho institucional, esse fator pode ser ilustrado pela expansão geográfica da competência destas cortes anticorrupção. A *expertise*, por fim, está associada às cortes especializadas como estrutura de treinamento e qualificação dos burocratas, a fim de que possam conduzir adequadamente a persecução da corrupção. Quanto ao desenho institucional, traduz-se em termos de gerenciamento de recursos humanos e constante atualização da burocracia (STEPHENSON; SCHÜTTE, 2016, 2022).

Em diálogo com a literatura internacional (MADEIRA, GELISKI, 2021 apud STEPHENSON; SCHÜTTE, 2022, p. 8, tradução nossa), reafirmamos neste livro a inclusão da experiência brasileira no âmbito geral das cortes anticorrupção, dada a similaridade nos desenhos e formas de atuação, sem desconsiderar a observação de Schutte quando aponta que nossas "descobertas não contradizem o foco diferente desses tribunais na lavagem de dinheiro — com a corrupção sendo apenas um possível crime antecedente entre muitos outros".

Acreditamos poder situar a especialização judicial no âmbito do segundo tipo de instituições: departamentos especializados dentro das instituições formais de justiça. Diferem, portanto, das cortes especializadas independentes, surgidas justamente para insular casos de corrupção de sistemas de justiça corruptos, mas justificam-se pela necessidade de *expertise* para lidar com casos complexos (BUTT; SCHÜTTE, 2014).

Como vimos sustentando desde a introdução desta obra, o fato de no Brasil a especialização incidir sobre os crimes de lavagem de dinheiro e crime organizado — e não propriamente sobre corrupção — não invalida a consideração de nossa experiência como um caso de corte especializada anticorrupção, uma vez que a tríade da macrocriminalidade, objeto central da agenda anticorrupção, está devidamente atacada pelas construções legislativas e institucionais do sistema de Justiça criminal federal e estadual brasileiro.

5.

O CASO BRASILEIRO DA ESPECIALIZAÇÃO: A INOVAÇÃO E O APRENDIZADO DA JUSTIÇA FEDERAL

Neste capítulo examinamos o caso da política judicial de especialização na Justiça Federal testando as hipóteses primária (HP) e rival (HR) em relação ao movimento de criação de varas especializadas no processamento e julgamento de casos de lavagem de dinheiro — seja por iniciativa da própria burocracia em um processo *bottom-up* de política públicas (HP), ou decorrente da atuação dos poderes Legislativo e Executivo, em um processo *top-down* (HR). É importante retomar a equação relativa ao mecanismo causal de difusão deste estudo, apresentado no capítulo metodológico, que entende a especialização de seguinte forma: $\textit{Especialização} = M_{\text{aprendizado}}(1) + M_{\text{legitimação}}(2) + M_{\text{persuasão}}(3) + M_{\text{emulação}}(4)$.

Neste capítulo descrevemos e apresentamos evidências relativas às partes (1) e (2) do mecanismo, versando respectivamente sobre a incorporação da agenda internacional e a política de especialização pela Justiça Federal, incluindo sua implementação pelos TRFs; bem como sobre a atuação dos tribunais superiores na legitimação da implementação das varas especializadas e os movimentos da Justiça Federal relativos à ENCCLA, às alterações legislativas e ao uso da especialização como política brasileira na agenda internacional anticorrupção.

5.1. A agenda internacional e os processos de criminalização da macrocriminalidade

Antes de abordarmos a história das varas especializadas em lavagem de dinheiro, é preciso contar a trajetória dessa política judicial no Brasil iniciando pela edição da primeira Lei de Lavagem de Dinheiro, Lei Federal nº 9.613 de 1998, como parte de um movimento de ampliação da criminalização e de combate ao financiamento do narcotráfico, do tráfico de armas e do crime organizado transnacional, incidindo também sobre os crimes contra a administração pública, aqui entendidos como práticas corruptivas, e os crimes contra o sistema financeiro nacional.

Muitas das construções legislativas e institucionais nas duas últimas décadas no Direito Penal brasileiro buscaram dar respostas ou implementar recomendações de organismos internacionais. Em um contexto de expansão punitiva (GARLAND, 2008), o Estado brasileiro avançou sobre áreas até então pouco tuteladas, destacando-se "as inovações na legislação ocorridas a partir do ano 2000 que imprimiram maior rigor na punição dos três principais crimes que seriam objeto das grandes operações voltadas à corrupção, dentre elas a Operação Lava Jato: corrupção, lavagem de dinheiro e participação em organização criminosa" (RODRIGUES, 2020, p. 42).

Embora a corrupção fosse o foco prioritário dessa agenda internacional, os crimes de corrupção ativa e passiva continuaram os mesmos previstos pelo Código Penal de 1940, com duas modificações feitas em 2003 que agravaram sua punição. Por outro lado, a lavagem de dinheiro e o crime organizado foram os tipos penais sobre os quais se debruçou o legislador com vistas a um endurecimento, que incorporasse ao Direito pátrio regras produzidas em fóruns internacionais, o que se refletiu em alterações no cenário judicial ao longo das últimas décadas (RODRIGUES, 2020).

Quanto a esses dois tipos penais, a sua trajetória diverge ao longo dos anos. No caso da lavagem de dinheiro, a legislação inicialmente foi concebida com foco na macrocriminalidade, especialmente associada ao tráfico de drogas, restringindo os casos em que a persecução penal da lavagem poderia ser realizada por ter um rol limitado de crimes associados a essa prática. Nos anos de 2001 a 2003, incorpora-se os crimes praticados por "particular contra a administração pública estrangeira", nos moldes da Convenção da OCDE sobre suborno de oficiais estrangeiros, e do crime de financiamento do terrorismo, ainda que não tipificado à época, seguindo as recomendações do GAFI. Apesar desse movimento de incorporação desses novos crimes na Lei de Lavagem de Dinheiro, seguindo a agenda internacional, o terrorismo só foi considerado crime em 2016, com o advento da Lei Federal nº 13.260 de 2016.

A Lei de Lavagem de Dinheiro, original de 1998, foi novamente alterada com a Lei Federal nº 12.683 de 2012, conhecida como "Nova Lei de Lavagem". A mudança revogou o rol taxativo de crimes antecedentes, viabilizando assim a persecução e, consequentemente, a condenação por lavagem associada a todo e qualquer tipo penal.

É possível identificar três fases relativas à preocupação com o crime de lavagem de dinheiro associado à corrupção: uma primeira fase é caracterizada pela preocupação com a expansão e com combate ao narcotráfico em organismos internacionais especializados como o FAFT-OCDE (GAFI)[4]; uma segunda fase associa a lavagem de dinheiro ao financiamento do terrorismo; enquanto em uma última fase há abertura para outros crimes antecedentes e associados (COX, 2014).

O quadro a seguir apresenta as principais alterações no rol de crimes antecedentes nas legislações de lavagem de dinheiro brasileiras.

---

[4] Essa relação com o tráfico de drogas está presente na exposição de motivos da primeira lei de lavagem de dinheiro: "As primeiras legislações a esse respeito, elaboradas na esteira da Convenção de Viena, circunscreviam o ilícito penal da 'lavagem de dinheiro' a bens, direitos e valores à conexão com o tráfico ilícito de substâncias entorpecentes ou drogas afins. Gravitavam, assim, na órbita da 'receptação' as condutas relativas a bens, direitos e valores originários de todos os demais ilícitos que não foram as espécies típicas ligadas ao narcotráfico. Essa orientação era compreensível, visto que os traficantes eram os navegadores pioneiros nessas marés da delinquência transnacional e os frutos de suas conquistas não poderiam ser considerados como objeto da receptação convencional" (BRASIL, 1996, ponto 15).

Quadro 4. Alterações da Lei de "Lavagem de Dinheiro" (artigo primeiro)

<table>
<tr><th>Lei nº 9.613, de 3 de março de 1998.</th><th>Lei nº 10.467, de 11 de junho de 2002.</th><th>Lei nº 10.701, de 9 de julho de 2003.</th><th>Lei nº 12.683, de 9 de julho de 2012.</th></tr>
<tr><th>1998</th><th>2002</th><th>2003</th><th>2012</th></tr>
<tr><td colspan="3">Art. 1º Ocultar ou dissimular a natureza, origem, localização, disposição, movimentação ou propriedade de bens, direitos ou valores provenientes, direta ou indiretamente, de crime:</td><td>Art. 1º Ocultar ou dissimular a natureza, origem, localização, disposição, movimentação ou propriedade de bens, direitos ou valores provenientes, direta ou indiretamente, de infração penal.</td></tr>
<tr><td colspan="3">I – de tráfico ilícito de substâncias entorpecentes ou drogas afins;</td><td rowspan="8">Todos os incisos foram revogados</td></tr>
<tr><td colspan="2">II – de terrorismo;</td><td>II – de terrorismo e seu financiamento;</td></tr>
<tr><td colspan="3">III – de contrabando ou tráfico de armas, munições ou material destinado à sua produção;</td></tr>
<tr><td colspan="3">IV – de extorsão mediante sequestro;</td></tr>
<tr><td colspan="3">V – contra a Administração Pública, inclusive a exigência, para si ou para outrem, direta ou indiretamente, de qualquer vantagem, como condição ou preço para a prática ou omissão de atos administrativos;</td></tr>
<tr><td colspan="3">VI – contra o sistema financeiro nacional;</td></tr>
<tr><td colspan="3">VII – praticado por organização criminosa.</td></tr>
<tr><td></td><td colspan="2">VIII – praticado por particular contra a administração pública estrangeira (arts. 337-B, 337-C e 337-D do Decreto-Lei n.º 2.848, de 7 de dezembro de 1940 – Código Penal).</td></tr>
</table>

Fonte: Elaboração própria a partir de Brasil (1998, p. 10; 2002b, 2003, 2012a).

Com as alterações, a nova legislação passou a deixar totalmente aberto o rol de infrações penais antecedentes, permitindo a incriminação por qualquer disposição normativa — inclusive contravenções penais além de crimes. É importante mencionar que, juntamente a essas mudanças, a edição de outras legislações como a Lei de Organizações Criminosas (Lei nº 12.850/2013) e a tipificação de crimes contra a administração pública (artigos 312 a 359-H do Código de Penal brasileiro, Decreto-lei nº 2.848/1940) vieram compor a grande teia do controle penal nesta área.

Seguindo o movimento internacional de compromisso de combate ao crime organizado, em especial a Convenção de Palermo de 2004 (Convenção das Nações Unidas contra o Crime Organizado Transnacional), a legislação brasileira elaborou o conceito de organização criminosa, definindo um novo crime e ampliando "a possibilidade de criminalização das associações criminosas (quadrilha/ /bando, previsto originalmente no Código Penal de 1940 [comentário da autora]), que não são estruturadas com a mesma sofisticação das organizações criminosas" (RODRIGUES, 2020, p. 44).

Quadro 5. Legislação brasileira e tratados internalizados sobre Corrupção, Crime Organizado e Lavagem de Dinheiro

Ano ema	Tratados Internalizados	Legislação Nacional
995		*Crime Organizado* • Lei nº 9.034/1995 (Dispõe sobre a utilização de meios operacionais para a prevenção e repressão de ações praticadas por organizações criminosas).
998		*Lavagem de Dinheiro* • Lei nº 9.613/1998 (Dispõe sobre os crimes de "lavagem" ou ocultação de bens, direitos e valores; a prevenção da utilização do sistema financeiro para os ilícitos previstos nesta Lei; cria o Conselho de Controle de Atividades Financeiras – Coaf, e dá outras providências).
000	*Corrupção* • Decreto nº 3.678/ 2000 (Promulga a Convenção sobre o Combate da Corrupção de Funcionários Públicos Estrangeiros em Transações Comerciais Internacionais, concluída em Paris, em 17 de dezembro de 1997).	

Ano Tema	Tratados Internalizados	Legislação Nacional
2002	*Corrupção* • Decreto nº 4.410/2002 (Promulga a Convenção Interamericana contra a Corrupção, de 29 de março de 1996, com reserva para o art. XI, parágrafo 1º, inciso "c").	*Lavagem de Dinheiro* • Lei nº 10.467/2002 (Acrescenta o Capítul II-A ao Título XI do Decreto-Lei nº 2.848 de 7 de dezembro de 1940 – Código Pena e dispositivo à Lei nº 9.613, de 3 de març de 1998, que "dispõe sobre os crimes d 'lavagem' ou ocultação de bens, direito e valores; a prevenção da utilização do Sis tema Financeiro para os ilícitos previsto nesta Lei, cria o Conselho de Controle d Atividades Financeiras (Coaf), e dá outras provi dências).
2003		*Lavagem de Dinheiro* • Lei nº 10.701/2003 (Altera e acrescent dispositivos à Lei nº 9.613, de 3 de març de 1998, que dispõe sobre os crimes d "lavagem" ou ocultação de bens, direitos valores; a prevenção da utilização do sistem financeiro para os ilícitos previstos nesta Le cria o Conselho de Controle de Atividade Financeiras – Coaf, e dá outras providên cias).
2004	*Crime Organizado* • Decreto nº 5.015/2004 (Promulga a Convenção das Nações Unidas contra o Crime Organizado Transnacional). • Decreto nº 5.016/2004 (Promulga o Protocolo Adicional à Convenção das Nações Unidas contra o Crime Organizado Transnacional, relativo ao Combate ao Tráfico de Migrantes por Via Terrestre, Marítima e Aérea). • Decreto nº 5.017/2004 (Promulga o Protocolo Adicional à Convenção das Nações Unidas contra o Crime Organizado Transnacional Relativo à Prevenção, Repressão e Punição do Tráfico de Pessoas, em Especial Mulheres e Crianças).	
2006	*Corrupção* • Decreto nº 5.687/2006 (Promulga a Convenção das Nações Unidas contra a Corrupção, adotada pela Assembleia-Geral das Nações Unidas em 31 de outubro de 2003 e assinada pelo Brasil em 9 de dezembro de 2003).	

Ano Tema	Tratados Internalizados	Legislação Nacional
2012		*Lavagem de Dinheiro* • Lei 12.683/2012 (Altera a Lei nº 9.613, de 3 de março de 1998, para tornar mais eficiente a persecução penal dos crimes de lavagem de dinheiro). *Crime Organizado* • Lei nº 12.694/2012 (Dispõe sobre o processo e o julgamento colegiado em primeiro grau de jurisdição de crimes praticados por organizações criminosas; altera o Decreto-Lei nº 2.848, de 7 de dezembro de 1940 – Código Penal, o Decreto-Lei nº 3.689, de 3 de outubro de 1941 – Código de Processo Penal, e as Leis nºs 9.503, de 23 de setembro de 1997 – Código de Trânsito Brasileiro, e 10.826, de 22 de dezembro de 2003; e dá outras providências).
2013		*Crime Organizado* • Lei nº 12.850/2013 (Define organização criminosa e dispõe sobre a investigação criminal, os meios de obtenção da prova, infrações penais correlatas e o procedimento criminal; altera o Decreto-Lei nº 2.848, de 7 de dezembro de 1940 (Código Penal); revoga a Lei nº 9.034, de 3 de maio de 1995; e dá outras providências).
2019		*Corrupção, Crime Organizado e Lavagem de Dinheiro, entre outros tópicos:* • Lei nº 13.964/2019 – *Pacote Anticrime* – (Aperfeiçoa a legislação penal e processual penal).

Fonte: Elaboração própria a partir de Brasil (1995, 1998, 2000, 2002a, 2002b, 2004a, 2004b, 2004c, 2006, 2012a, 2012b, 2013b, 2019).

Esse conjunto de novas leis, somado a outras voltadas ao combate de comportamentos corruptos — dentre os quais a sonegação e a evasão fiscal, a formação de cartel e o suborno —, mais a definição de penalidades administrativas por má conduta de servidores públicos através da improbidade administrativa, além de medidas de restrição eleitoral a candidatos a cargos públicos condenados em segunda instância (DA ROS; TAYLOR, 2022), aumentaram a capacidade de fiscalização, investigação, persecução e processamento por parte das agências e das instituições do sistema de Justiça, conforme veremos na próxima seção. As mudanças institucionais na rede de *accountability* (ARANHA, 2015, 2017; ARANHA; FILGUEIRAS, 2016; ARANTES, 2015; POWER; TAYLOR, 2011b) também se mostraram centrais para o julgamento do crime de lavagem de dinheiro em associação com os demais crimes por parte da Justiça Federal, especialmente através da atuação das varas especializadas, conforme mostraremos mais adiante.

5.2. A trajetória da Justiça Federal rumo à especialização judicial

Criada pela Constituição de 1891, a Justiça Federal nos moldes atuais foi estabelecida pela Constituição de 1988, após ser abolida pelo Estado Novo e ser reinstalada com a Constituição de 1967. Condizente com a estrutura federativa que define a divisão de poderes e competências no Brasil, a estrutura jurisdicional da União divide-se entre a Justiça Federal comum, a quem compete processar e julgar ações federais de competência comum, residuais à Justiça Federal especializada, cujas matérias competem às Justiças do Trabalho, Eleitoral e Militar (COSTA; MACHADO; ZACKSESKI, 2016). Apesar de residual, Rodrigues aponta para o fato de que "houve considerável ampliação das hipóteses de atuação da Justiça Federal" (2020, p. 19). Além das demandas envolvendo questões internacionais e aquelas em que a União, suas autarquias e empresas públicas são partes ou interessadas, destacam-se as disputas sobre direitos indígenas, algumas hipóteses de graves violações de direitos humanos e demandas relacionadas a crimes contra a organização do trabalho, o sistema financeiro e a ordem econômico-financeira. É, portanto, a Justiça Federal comum que concentra todo o interesse concernente à elaboração deste livro.

Tal qual as Justiças Estaduais, a estrutura da Justiça Federal divide-se em duas instâncias: a primeira é composta por varas federais com atuação de juízes federais e a segunda é composta pelos Tribunais Regionais Federais, organizados desde 1988 em cinco e desde agosto de 2022 em seis regiões (ver Figura 7).

Figura 7. Tribunais Regionais Federais no período de 1988 a 2023

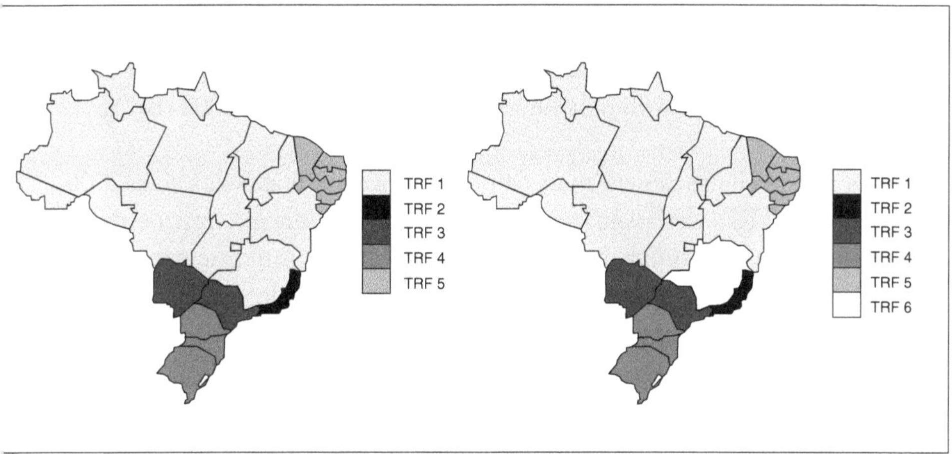

(1988-2022) (2022-2023)

Fonte: Elaboração própria na Linguagem R.

Ao longo das últimas décadas a Justiça Federal foi passando por importantes processos de expansão, dentre os quais Rodrigues (2020) destaca a ampliação de estrutura física e de recursos humanos, tanto no primeiro grau quanto nos tribunais; enquanto Costa, Machado e Zackseski (2016) destacam o papel da interiorização, da descentralização, com a estruturação dos TRFs e, objeto central deste livro, da especialização judicial. A interiorização da Justiça Federal, inicialmente concentrada nas capitais, foi um primeiro movimento de expansão concomitante à Constituição de 1988, que se deu através da criação de varas federais e Juizados Especiais Federais em cidades do interior desde 1987.

O processo de especialização no Judiciário Federal é parte essencial da história dessa Justiça no país (MATHIAS, 2009). Ele integra a política de interiorização com a criação, a partir de 1985, das varas especializadas em questões agrárias (RODRIGUES, 2020). A definição das diretrizes sobre especialização de varas federais, baseadas na justificativa da necessidade de decisões mais técnicas e precisas, era competência do Conselho da Justiça Federal (CJF), o órgão máximo de gestão e fiscalização da Justiça Federal brasileira antes da criação do Conselho Nacional de Justiça durante a reforma do Judiciário pela Emenda Constitucional 45/2004 (BRASIL, 2004d).

A especialização em matéria penal surgiu no início dos anos 2000, quando TRFs determinaram competência criminal exclusiva a determinadas varas federais através de resoluções, movimento que foi sucedido pela especialização, objeto de nosso estudo, quando a partir de 2003 "uma especialização relacionada à temática penal buscou concentrar a atuação de uma vara específica, contando com juízes federais focados apenas na instrução e no julgamento de crimes de lavagem ou ocultação de bens, direitos e valores, e contra o Sistema Financeiro Nacional" (COSTA; MACHADO; ZACKSESKI, 2016, p. 160). Essa e outras mudanças institucionais ocorridas ao longo dos últimos anos "incentivam a redefinição da atuação da Justiça Federal criminal na direção de um alinhamento com os órgãos de acusação na atuação de 'combate ao crime', em especial a corrupção e a lavagem de dinheiro" (RODRIGUES, 2020, p. 27).

Foi no âmbito do CJF que se constituiu o processo institucional que deu origem às varas especializadas em lavagem de dinheiro, sendo que o Centro de Estudos Judiciários (CEJ/CJF) desempenhou um papel importante neste processo (SORDI, 2016, p. 52). Sua criação inaugurou a pesquisa empírica na Justiça Federal, marcada pela publicação de "Uma Análise Crítica da Lei dos Crimes de Lavagem de Dinheiro" em 2001 (CONSELHO..., 2002).

A pesquisa foi realizada para estudar o contexto e a aplicação da Lei nº 9.613/1998 (BRASIL, 1998) que introduziu os crimes de lavagem de dinheiro no ordenamento jurídico brasileiro. Dispôs também sobre políticas para prevenir o uso do sistema financeiro para práticas ilegais, Lei nº 7.492/1986 – lei sobre os crimes contra o sistema financeiro nacional (BRASIL, 1986). Tanto o cenário anterior quanto o posterior à edição da lei eram de baixa efetividade, seja por desconhecimento do próprio tipo penal ou pela escassez de recursos que permitissem a investigação desse delito. Nesse sentido, os atores da Justiça Federal diretamente envolvidos com o estudo e a especialização, caracterizam esse contexto:

> A lei já estava aqui desde a década de 90 e nós não tínhamos condenação, quase não tínhamos inquérito, quase não tinha processo. Por que isso estava acontecendo? Quais são as causas? A comissão do CEJ se reuniu para saber a razão disso. Era um crime da competência da Justiça Federal — por que os juízes não apuravam? Por que não tinha inquérito e investigação sobre isso? (Entrevista 2).
>
> Por iniciativa do Conselho da Justiça Federal, foi feita uma pesquisa em relação a por que havia tão poucos inquéritos, denúncias no Ministério Público ou mesmo ações penais tramitando na Justiça Federal sem nenhuma sentença de primeiro grau condenatória ou absolutória. Evidentemente não me preocupou muito porque a lei tinha três anos, o crime era complexo. Na época ninguém tinha a experiência que se tem hoje e o resultado foi outro. Nessa pesquisa, consultou-se a Polícia Federal, o Ministério Público e a Justiça Federal. Pela primeira vez, os três atores principais envolvidos na investigação, na persecução penal e no processamento do julgamento foram ouvidos, isso em todo o Brasil. E os números eram pífios: na Justiça Federal apenas 5% ou 7% das varas criminais tinham algum inquérito em andamento, e não havia nenhuma ação penal (Entrevista 3).
>
> A lei tinha saído havia poucos anos, mas ninguém mencionava. Nós resolvemos pesquisar para ver como delegados, Ministério Público e juízes estavam entendendo a aplicação da lei. Eles não estavam entendendo, [...] eles careciam de entendimento, a lei era ruim, o crime antecedente tinha que ser tipificado para depois poder ser caracterizado como lavagem de dinheiro, havia vários empecilhos (Entrevista 1).

O relato desses atores ilustra como a burocracia judicial percebia as carências institucionais existentes naquela época e as dificuldades na implementação da legislação criminal. Nos termos da literatura sobre burocracia, esse movimento poderia ser descrito como a identificação de um problema público pelos burocratas na execução de seu papel institucional. Esse movimento está registrado no relatório dessa pesquisa, o qual apontou para deficiências na estrutura de repressão dos crimes de lavagem de dinheiro, em especial, nas dinâmicas de cooperação entre Justiça Federal, Ministério Público Federal e Polícia Federal. Tal como as percepções dos burocratas judiciais citadas, a pesquisa identificou que antes da legislação, embora houvesse indagações relacionadas ao tema, os crimes de lavagem de dinheiro e ocultação de patrimônio não eram objeto de sentenças e condenações criminais na Justiça Federal (CONSELHO..., 2002).

Essa conjuntura não era restrita à Justiça Federal — outros atores do sistema de Justiça compartilhavam a mesma visão quanto às dificuldades, à necessidade de estrutura especializada e pessoal qualificado para atuar em crimes dessa natureza. No caso da Polícia Federal, um ex-diretor-geral da instituição destacou que existia grande defasagem da Justiça em relação à polícia na época:

> Veja o quanto a polícia estava à frente da Justiça: nós conseguimos criar um processo de investigação e produção de prova, com réu preso na Justiça Federal por quinze dias, e a Justiça me pediu para que eu solicitasse prorrogação [da prisão] porque ela não teria como processá-lo e ia ter que soltá-lo. [...] Então isso chocava a Justiça, porque ela recebia num formato que não era o tradicional; mas essa geração de juízes se sentiu desafiada e incorporou aquilo. Eu comecei a entender um pouquinho de lavagem de dinheiro a partir de um inquérito — que não deu em nada por causa do despreparo da Justiça e da defesa, mas foi nesse que eu aprendi, foi discutindo competência, justiça... Eles me deram um prazo exíguo, já apostando na prescrição, e aí eu caí pra dentro. Eram onze caixas de papel. Peguei operações seletivas financeiras, porque a defesa fazia perguntas de tudo, e eu peguei na transição, no período da *vacatio legis* da Lei de Lavagem de Dinheiro. E eu fiz um relatório tal que aquele advogado que morreu, o [omitido], chegou a dizer: 'Doutor, isso aqui não é

> um relatório de inquérito, isso aqui é uma sentença'. Muito se deve a esse aprimoramento dos órgãos de fiscalização e controle, porque antes vinha uma notícia para se iniciar uma investigação com uma perícia na polícia caso a caso, que também demorava até por formalismo. Então aquilo deu velocidade, deu um ganho e deu qualidade. Antes tínhamos que correr atrás e montar. A materialidade quase vinha pronta nos últimos tempos. O grande problema é que a capacidade de investigação brasileira se manifestou primeiro no tráfico de drogas (Entrevista 4).

Esses apontamentos indicam a dificuldade na instrução, fase inicial da persecução judicial, em comparação às fases de investigação criminal e inquérito conduzidas pela Polícia Federal. Tais carências institucionais mapeadas serviram para incluir o tema na agenda do CJF, com todos os desdobramentos institucionais descritos a seguir.

Os resultados da pesquisa conduzida pelo Centro de Pesquisas Judiciais do Conselho da Justiça Federal levaram à criação de uma comissão incluindo os principais órgãos da rede de *accountability,* contando com a participação de juízes, procuradores e policiais federais, além de agentes da Receita Federal, do Banco Central e do Conselho de Controle de Atividades Financeiras (Coaf), que passaram a trabalhar em conjunto para tratar do enquadramento jurídico desses crimes (SORDI, 2016, p. 52) e a produzir sugestões institucionais como a especialização de varas federais para lidar com o tema da lavagem e, posteriormente, da criminalidade organizada.

A articulação para a criação da comissão, em decorrência da consideração sobre a importância do estudo, e as mudanças institucionais decorrentes dela tiveram como empreendedor um ministro do STJ à época, que foi quem teve a ideia de reunir não só os órgãos oficiais de atuação no sistema de Justiça, mas outras instituições que lidassem com o tema, de modo a proporem sugestões legais e de aplicação.

> Em face da pesquisa, me aconselharam a criar uma comissão dentro do Conselho da Justiça Federal para fazer análise crítica dos resultados: o que estava faltando? O que acontecia? Que iniciativa a secretaria fazia? E outras questões afins. Eu já estava na 5ª Turma há um tempinho, já tinha tido contato com palestras de lavagem de dinheiro e isso talvez

tenha sido o essencial. Pensei em criar uma comissão mais ampla do que aquela da pesquisa, reunindo informalmente no Conselho da Justiça Federal (e eu não era nem conselheiro) aquelas pessoas mais importantes que lidassem com o tema. E aí vinham da Justiça Federal, do Ministério Público Federal, da polícia, do Coaf, que tinha sido recém-criado em função do Rio, da Receita Federal, do Banco Central, que é puro financeiro, e da CVM também. [A ideia era criar] uma comissão de estudos que viria apresentar sugestões concretas, legais, legislativas e operações em relação ao crime de lavagem de dinheiro (Entrevista 3).

Enfim se chegou a uma série de medidas que poderiam contemplar esse atraso do Brasil, não só em relação à aplicação da lei, mas na visão total da lei como um artigo penal novo, complexo, transnacional, do qual nós não tínhamos nenhuma experiência prática, muito pouco de doutrina e jurisprudência quase nenhuma, por falta de aplicação (Entrevista 3).

O trabalho da comissão apontou que o grande problema para a aplicação da Lei de Lavagem de Dinheiro era a dificuldade em estabelecer a ligação entre o crime antecedente e a lavagem de dinheiro, ou seja, entre a atividade criminosa e a legalização do produto do crime. Isso se tornaria, conforme veremos mais à frente, objeto de discussões e propostas de alteração legislativa por parte desse grupo de atores, reunidos na Estratégia Nacional de Combate à Corrupção e à Lavagem de Dinheiro (ENCCLA).

Outra causa apontada para a inefetividade da lei era a dificuldade de diálogo e a necessidade de cooperação entre os órgãos da rede de instituições de controle — *web accountability* —, como Ministério Público, Justiça Federal e Polícia Federal, com a finalidade de obter provas (DIPP, 2016, p. 25).

Chegamos ali e começou: por que a Receita não passa para o Banco Central? Porque o Banco Central nunca pediu. E os dois ali, o Banco Central e a Receita. Mas então por que o Banco Central nunca pediu? Porque na verdade nunca tinham sentado para conversar. É aquela coisa, sai ofício daqui, ofício dali, as pessoas não sabiam quem eram. Aí o ministro chegou a bater na mesa: [interpreta em tom de voz exaltada] 'Como? Não é possível uma coisa dessa! E o Coaf?' O Coaf, que

> tinha que ser o órgão que alavancava tudo isso, não recebia nenhuma das informações. Aí o MP reclamava que o Banco Central apurava as coisas e não passava a notícia depois. Por quê? Porque eles puniam, aplicavam multa e [o processo] morria ali, não havia essa comunicação. Então foi a primeira coisa que se detectou: como a gente quer realmente enfrentar esse tipo de criminalidade, com todas essas peculiaridades normativas, se cada órgão detém a sua informação e não passa para os outros? Essa prática de manter a informação foi o primeiro grande paradigma que a gente teve que quebrar; a informação tem que circular. A Receita precisa saber do Banco Central, o Coaf precisa saber de todos o que está acontecendo, todo mundo tem que mandar notificação para o Coaf, então aí que começou todo esse movimento (Entrevista 2).
>
> Não se sabia nada do que se passava dentro da CVM, não tinha transparência, não tinha site para procurar, para expor os dados. Hoje, a gente entra lá e já vê os processos que estão acontecendo; na época não tinha nada. Se eles não mandassem [as informações], o MP realmente não saberia o que estava acontecendo. Então foi uma grande mudança. Foi um caminho sem volta. (Entrevista 2).

De acordo com os entrevistados, "a medida mais concreta, mais rápida dessa comissão, foi aquela que cabia exclusivamente ao Judiciário — e não foi ideia da comissão, foi ideia daqueles que compunham a comissão pelo Judiciário" (Entrevista 3). A especialização judicial foi resultado dessa articulação entre os órgãos na comissão, em um movimento endógeno de desenvolvimento institucional por parte da burocracia judicial, oriundo da elaboração de "uma série de sugestões, recomendações e ações concretas, sendo a mais importante delas a especialização das varas federais, por meio da Resolução n. 314/2003, do CJF" (DIPP, 2016, p. 24).

A ideia da especialização, como atestam os relatos, partiu dos atores do Judiciário no âmbito da própria comissão — sendo fruto não da incorporação de recomendações internacionais, mas de experiências empíricas dos próprios atores do Judiciário Federal:

> A partir dessa comissão, eles chegaram a esses resultados e entenderam que uma das recomendações da comissão era especializar a vara para

> que os juízes pudessem se dedicar, estudar melhor essa 'coisa' da lavagem de dinheiro. Porque quando você especializa, você deixa o juiz entender profundamente aquilo que ele tem que fazer. Já no caso da falta de especialização, aqueles processos que eram importantes do ponto de vista de volume de recursos envolvidos ficavam lá no meio de contrabando, desaparecia na vara, prescrevia. Foi daí que resolveram especializar a vara (Entrevista 1).

Nesse relato, destaca-se que a formação de "um corpo burocrático de *experts*" foi tanto o objetivo quanto o resultado da especialização das varas federais. Similar ao apontado pela literatura (BAUM, 2011; MILLER; CURRY, 2009; STEPHENSON; SCHÜTTE, 2022), tem-se aí um dos indicativos dessa relação cíclica, em que a demanda da especialização advém do movimento da burocracia por qualificação, cujo resultado pode levar à difusão da política.

Quanto à origem, é interessante notar que, embora os atores da especialização creditem a ideia ao processo endógeno, todas as recomendações internacionais já iam justamente no mesmo sentido. E os próprios atores apontam ser essa uma tendência global: "essas varas especializadas em lavagem de dinheiro ou em corrupção surgiram nos últimos tempos de uma tendência mundial" (Entrevista 3), reforçando assim o movimento da agenda internacional de criação de agências anticorrupção (ACA) e dos tribunais especializados, descrito nos capítulos anteriores.

Apesar dessa conexão com a agenda internacional, o discurso que prevalece é o da política de especialização como um produto das necessidades locais da Justiça Federal e da gestão das varas criminais focalizando crimes mais complexos, como a lavagem de dinheiro, em detrimento do número exacerbado de ações relativas ao crime de contrabando. Nesse sentido, uma desembargadora do Tribunal Regional Federal da 4ª Região (TRF4) descreve que:

> Ninguém foi buscar fora. Éramos três juízes ali, todos do crime [omitido], e chegamos à conclusão de que se esse crime [mais complexo, como a lavagem de dinheiro] viesse para a nossa vara, teríamos que parar tudo para estudar, para poder dar encaminhamento. Como

> vamos fazer isso dentro dessa avalanche de [processos de] contrabando? Pois o contrabando hoje representa de 30% a 40% do volume que eu tenho no meu gabinete. Não é um processo difícil, mas sempre tem um preso, que tu tens que ver se tem fiança... É um grande volume para dar conta. E além disso, tem os estelionatos... Então como teríamos estrutura? Teríamos que talvez especializar. Foi assim que nós chegamos, empiricamente. [...] A especialização nasceu assim, foi uma coisa bem empírica. Não teve muito estudo, foi fruto de uma necessidade mesmo. (Entrevista 2).

Com base nas demandas dos juízes participantes da comissão, o desenho das varas especializadas partiu da identificação dos crimes que deveriam receber especial atenção, seja por sua complexidade ou capacidade de conexão com outros delitos. De modo geral, houve um direcionamento da especialização enquanto uma política criminal de enfrentamento à lavagem de dinheiro. No entanto, uma maneira de viabilizar a especialização de um crime cujo número de ações era baixo foi conceber as competências das varas, incluindo os crimes contra o sistema financeiro nacional. Essa estratégia não se restringiu ao âmbito federal, e foi posteriormente replicada pelos estados, como veremos no caso das varas estaduais de processamento de crimes cometidos por organizações criminosas. Tal decisão de definir o desenho da política dessa forma é narrada por um dos nossos entrevistados:

> E aí se teve ideia da especialização das varas criminais no processamento e julgamento de crimes contra o sistema financeiro e lavagem de dinheiro. Por que não só lavagem de dinheiro? [Porque] não havia ações penais suficientes para especializar essas ações (Entrevista 3).

Nesse processo de formulação da política, este ator se destacou como o grande responsável pela defesa da ideia, formulação da política e posterior difusão da especialização para além da Justiça Federal. Em seu relato, aponta como a ideia da especialização foi promovida conjuntamente ao estímulo à cooperação e atuação em rede das instituições de controle e do sistema de Justiça.

> Eu levei a proposta ao Conselho da Justiça Federal. Eu era o relator, sem participar formalmente do conselho. Aí houve uma série de discussões — o pessoal não tinha conhecimento, não tinha consciência da necessidade [da especialização]; era algo que vinha para destacar o papel da Justiça Federal no combate a um crime que estava começando a se alastrar cotidianamente. Começou-se a se falar no crime de lavagem de dinheiro a todo o momento (Entrevista 3).
>
> Eu logo encampei a ideia porque é preciso que haja um conhecimento integrado, cada órgão de fiscalização, Receita, persecução penal, Ministério Público, Coaf, Justiça, cada um tinha uma parcela de conhecimento, que precisaria se completar para ter sucesso (Entrevista 3).

Ainda sobre a relevância do papel desse ator na trajetória dessa política, outros burocratas da Justiça Federal reconhecem-no como um dos principais articuladores entre o Conselho da Justiça Federal e os TRFs, a ENCCLA, o Conselho Nacional de Justiça e os Tribunais de Justiça dos estados, conforme destacamos mais à frente nesta obra.

> O ministro sempre foi muito engajado, então enquanto ele esteve no STJ, os presidentes o respeitavam. Era ele que fazia as indicações dos juízes que iam para a ENCCLA, onde ele foi homenageado inúmeras vezes, e ele também tem uma sala com nome dele no Coaf... Foi uma pessoa superimportante pra esse movimento. E ele era sempre muito querido, tratava todo mundo muito bem, então os outros órgãos se sentiam prestigiados, porque o trabalho que é feito por cada um deles é fundamental para o processo que chega aqui (Entrevista 2).

Para além desse ator, outros burocratas se destacaram no processo de construção da política de especialização, em especial os integrantes juízes de varas criminais dos TRFs da Região Sul (TRF4) e Sudeste (TRF2 e TRF3) que se envolveram diretamente com os debates sobre essa política. A participação de membros de outros tribunais reverbera posteriormente no processo de implementação das varas especializadas nos Tribunais Regionais Federais, principalmente na Região Sul. Conforme identificamos pelos relatos e documentos, foi a própria burocracia judicial que lançou ideia e que esteve desde o início tanto na comissão do CJF, quanto na montagem da ENCCLA, como veremos nas próximas seções, e que também atuou no julgamento desses processos no primeiro grau de jurisdição, tanto antes quanto depois da criação das varas especializadas — ou seja, na identificação da demanda, na formulação da política e posteriormente na sua implementação nos tribunais.

Do movimento dessa comissão surgiu a proposta da primeira resolução para a implementação de varas especializadas em lavagem de dinheiro, Resolução CJF nº 314, de 12 de maio de 2003 (CJF, 2003), marcando a primeira fase de implementação da especialização. Nela se instituiu uma política pública de reestruturação imediata dos Tribunais Regionais Federais de modo a determinar a especialização, em até 60 dias, de varas federais para processar e julgar os crimes contra o sistema financeiro nacional e de "lavagem" ou ocultação de bens, direitos e valores no âmbito das cinco regiões (CJF, 2003, art. 1º, Resolução nº 314/2003). Anos depois, em 2006, o Conselho da Justiça Federal editou outra resolução sobre a especialização dos Tribunais Regionais Federais, a Resolução CJF nº 517, de 30 de junho de 2006 (CJF, 2006), que incluiu no rol de competências das varas especializadas em lavagem de dinheiro os crimes praticados por organizações criminosas (CJF, 2006, art. 1º, Resolução nº 517/2006). Esse movimento de incorporação de matéria relacionada ao crime organizado ocorreu de forma reflexa à incorporação da Convenção de Palermo, internalizada no Brasil pelo Decreto nº 5.015, de 12 de março de 2004 (BRASIL, 2004a), que trouxe o conceito de organização criminosa (CJF, 2006, art. 1º, Resolução nº 517/2006), e à Recomendação nº 3, de 30 de maio de 2006 do Conselho Nacional Justiça (CNJ, 2006). Veremos no capítulo relativo à especialização das varas estaduais que o Conselho Nacional de Justiça foi ator central deste processo de difusão aos estados, provocado por atores da Justiça Federal via CJF e Tribunais Regionais Federais.

Com o advento da Lei Federal nº 12.850, de 2 de agosto de 2013 (BRASIL, 2013b), conhecida como Lei das Organizações Criminosas, foi introduzido no ordenamento jurídico brasileiro pela primeira vez o tipo penal "crime organizado". Em reação a esse movimento da legislação criminal, o CJF editou uma nova resolução (vigente até hoje), a Resolução CJF nº 273, de 18 de dezembro de 2013 (CJF, 2013), incorporando o conceito do crime organizado da nova lei e redesenhando o modelo de implementação das varas especializadas nos TRFs, de modo que "nas seções judiciárias onde houver três ou mais varas federais com competência criminal exclusiva, a especialização a que se referem os incisos deste artigo recairá em pelo menos duas delas, conforme o que dispuser o normativo de cada tribunal regional federal" (CJF, 2013, art. 1º, parágrafo único, Resolução nº 273/2013).

Essas três resoluções do CJF compõem o arcabouço normativo da política de especialização da Justiça Federal, servindo como indutoras da implementação de varas especializadas em todos os TRFs, conforme se verifica nos mapas abaixo.

Figura 8. Ondas de implementação da especialização judicial federal em decorrência das resoluções do CJF

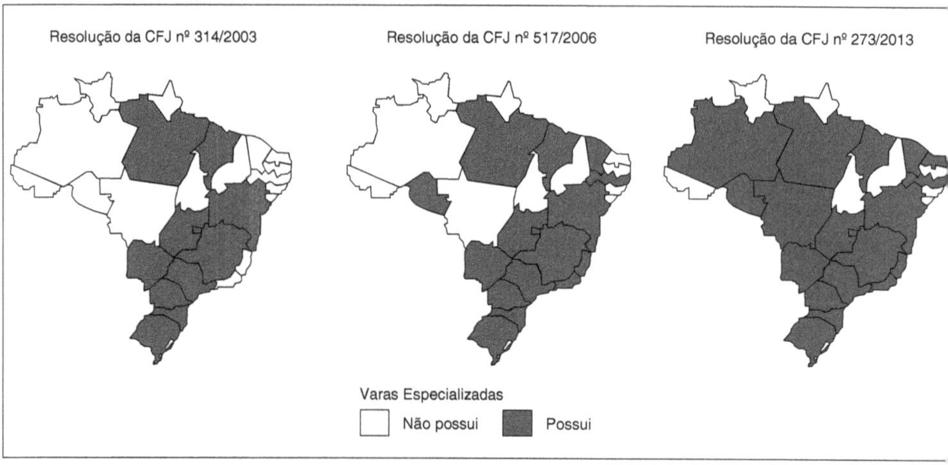

Fonte: Elaboração própria.

A seguir descrevemos o processo de implementação das varas federais especializadas e seus efeitos nos Tribunais Regionais Federais, considerando como unidade de análise as subseções judiciárias estaduais.

5.3. A implementação das varas federais especializadas

As resoluções do CJF desenharam a política de especialização judicial federal baseada na competência para processamento e julgamento de casos em razão da matéria, abrangendo, gradualmente, a competência para os crimes praticados contra o sistema financeiro nacional e os crimes de lavagem e ocultação de capitais, bens e valores — lavagem de dinheiro; e posteriormente, incluindo quaisquer crimes praticados por organizações criminosas. Além destas competências, incluiu-se nas varas a cooperação internacional em matéria penal, medidas assecuratórias, assim como crimes conexos, federais ou estaduais, relacionados aos crimes de competência originária dessas varas (MARINHO JR., 2023). Ainda sobre a competência em razão da matéria, algumas varas especializadas atraíram o processamento e julgamento dos crimes antecedentes relacionados com a lavagem de dinheiro. Relativizando a regra da *perpetuatio jurisdictionis,* por se tratar de competência em razão da matéria, a criação de uma vara especializada atribui a competência e a remessa de processos em trâmite para essas varas, não havendo prevenção de atos decisórios praticados por magistrados de varas não especializadas (MARINHO JR., 2023).

Quanto à abrangência territorial, esta foi estabelecida pelas resoluções dos TRFs que implementaram as resoluções do CJF, permitindo que a competência se estenda para além dos limites da subseção em que está situada. Pelo fato de as primeiras varas terem sido implementadas originalmente nas capitais dos estados, sua competência abrangia os crimes cometidos em todo o território da subseção judiciária (MARINHO JR., 2023). A estruturação das varas pode ser entendida como um movimento de estadualização — expansão e concentração da competência de uma vara para todo o estado — ou regionalização/interiorização — dispersão da competência especializada para mais de uma vara.

Outra interessante característica do processo de implementação[5], que descrevemos abaixo, diz respeito ao fato de que a especialização

[5] É importante ressaltar que nesta fase do texto estamos considerando a especialização a partir dos próprios tribunais, o que nem sempre corresponde ao conceito teórico definido pela literatura.

atingiu prioritariamente varas que já julgavam crimes contra o sistema financeiro e lavagem; e, por se tratar de competência em razão da matéria, crimes processados antes das especializações continuaram no seu juízo de origem. Um exemplo desse processo foi a especialização da famosa 13ª Vara Federal de Curitiba do TRF4.

Rodrigues (2020) aponta que o movimento de especialização foi movido pela concentração de atividades financeiras nas cidades em que surgiram as primeiras varas e que Curitiba foi das primeiras sedes de comarca a ter vara especializada em matéria criminal (desde 1987, amparada na Resolução 341 do CJF). Apesar de Rodrigues sustentar que esse movimento não seguiu um padrão no país, estando mais relacionado à busca de equalização do volume de processos entre as varas, o mapa abaixo indica a presença de diferentes ondas de difusão das varas especializadas nos cinco tribunais, iniciando-se pelo TRF4.

Figura 9. Varas federais especializadas no processamento e julgamento de crimes de lavagem de dinheiro

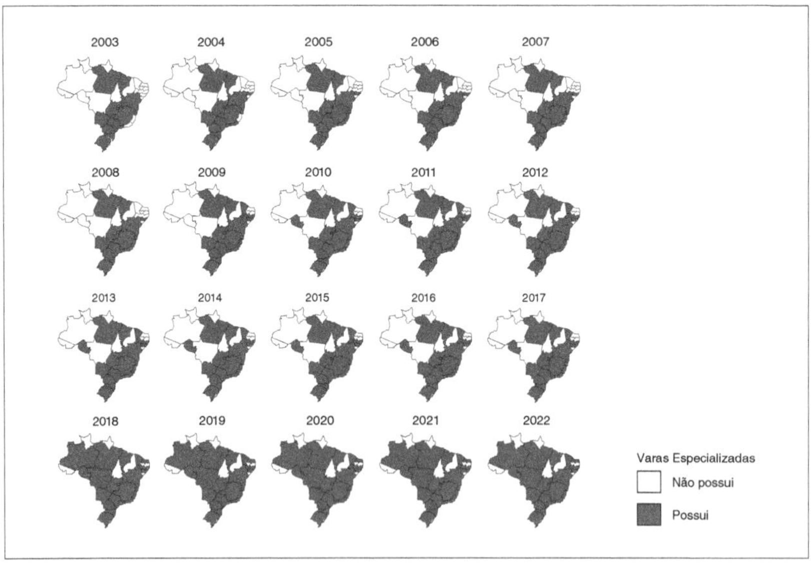

Fonte: Elaboração própria.

A implementação se iniciou pelo TRF4 de forma induzida pelo CJF, a partir da recomendação de 2003:

> Foi preciso que viesse a ordem de cima, e o ministro [...] foi chave. Não fosse ele, acho que nada disso mudaria. Ele falou: 'Para nós podermos especializar, o conselho tem que dizer que é importante, porque isso se insere na autonomia de cada tribunal. Como vamos fazer os cinco tribunais entenderem que isso é importante? O conselho tem que dizer que isso é importante'. O ministro [...] foi o grande artífice dentro do conselho. Eu estava lá na redação da recomendação, e depois a primeira regulamentação foi nossa aqui do TRF4. (Entrevista 2).

Nesta obra, relembremos, examinamos a política de especialização, buscando apontar quais atores foram os protagonistas de sua promoção e concepção. Verifica-se um movimento interessante aqui, triangular, de atuação de empreendedores da política que articularam e promoveram a agenda que, uma vez acatada pelo Conselho da Justiça Federal, retornou aos tribunais a partir do mecanismo de difusão. Cabe destacar que a fala da desembargadora do TRF4, ainda que descreva e evidencie a burocracia da Justiça Federal como promotora da política, ilustra um processo interno *top-down* dentro da própria dinâmica institucional.

Outro aspecto importante a ressaltar diz respeito à dinâmica interna dos TRFs no tocante à mudança institucional. A especialização como política judicial é uma política institucional, uma ação política de gestão dos tribunais, que precisa ser entendida como produto da deliberação coletiva, e não meramente como um ato de gestão da presidência dos TRFs. A mudança política no âmbito interno dos tribunais se dá pela edição de resoluções — em nosso caso, de resoluções que autorizam a especialização, passando primeiramente pelo pleno do Tribunal, sendo posteriormente assinadas pelo Presidente. Já a implementação é um ato de gestão deste.

A primeira resolução editada sobre as varas especializadas foi a Resolução nº 20, de 26 de maio de 2003 do TRF4 (TRF4, 2003), que especializou a 1ª Vara Federal Criminal de Porto Alegre, a Vara Federal Criminal de Florianópolis e a 2ª Vara Federal Criminal de

Curitiba, referindo-se diretamente à Resolução nº 314/2003 do CJF e às Leis nº 5.010, de 30 de maio de 1966, e nº 7.727, de 9 de janeiro de 1989, ambas sobre a competência dos TRFs de especializar suas varas. Como justificativas, a resolução alegou a dificuldade de processamento dos crimes em tela pela complexidade e peculiaridade da matéria, e a celeridade e qualificação jurisdicional advindas da medida de especialização (TRF4, 2003 preâmbulo da Resolução nº 20/2003). Em 2005, uma alteração na norma de especialização manteve a competência da 1ª Vara Federal Criminal de Porto Alegre para processar os casos de lavagem de dinheiro em todo o estado do Rio Grande do Sul (TRF4, 2005, Resolução nº 109, de 29 de setembro de 2005).

Os entrevistados sustentam o protagonismo do TRF4: "A 4ª Região sempre foi nosso laboratório no CJF. Eu chamo a 4ª Região da Justiça Federal que deu certo [sic]" (Entrevista 1). Para explicar por que a especialização partiu do TRF4, os entrevistados, além de exaltar o dinamismo do tribunal, apontam a familiaridade da instituição com os temas, dada a presença da fronteira. Verifica-se pela fala a seguir um elemento de *problem-solving courts*, uma vez que o TRF4 enfrentava uma situação específica em relação ao tema da lavagem de dinheiro:

> A 4ª Região era muito ativa por causa da fronteira, e naquele momento o Uruguai era a Suíça — os doleiros daquela época iam ao Uruguai, que era o verdadeiro lugar de se lavar dinheiro. Depois o Uruguai foi fechando e melhorando a legislação, mas naquele momento as offshores todas eram no Uruguai. Então talvez isso tenha despertado muito a atenção do juiz da 4ª Região. Para não falar no Paraguai, né? (Entrevista 7)

Além do contexto, outro ponto ressaltado pelos entrevistados é a articulação dos burocratas do próprio tribunal, que atuaram ativamente na promoção da política, criando condições para a sua implementação:

> O único tribunal que tem condições e vontade política, vontade de organicidade para implantar rapidamente essas varas [especializadas] é a 4ª Região, e assim foi feito logo depois. As varas foram criadas mais ou menos no início de 2003, época em que entrou em funcionamento a

> ENCCLA. Aí instalamos quase concomitantemente as três: Porto Alegre, Florianópolis e Curitiba, que era o local da competência da 4ª Região (Entrevista 3).

Em contrapartida, os entrevistados descrevem a baixa permeabilidade e aceitação nas demais regiões:

> Nos demais tribunais, foi muito difícil a implantação. Os tribunais não deram apoio, não tinham condições, fizeram suas próprias resoluções mas não tinham dinheiro para implementar, não acreditavam no sucesso, tinham poucos juízes... Tanto que nós, *a posteriori*, fizemos reuniões periódicas com os juízes das varas de lavagem de dinheiro que foram se criando paulatinamente no Brasil (Entrevista 3).

Apesar das posições defendidas, no mesmo ano de 2003, através da Resolução Conjunta nº 001/2003 do TRF2, de 20 de junho de 2003 (TRF2, 2003) — considerando a especialização como medida salutar, com notável incremento na qualidade e na celeridade da prestação jurisdicional, além da facilitação da instrução processual e da colheita de provas, dadas as dificuldades de processamento dos delitos referidos, por conta da peculiaridade, especialidade e complexidade das matérias envolvidas —, o tribunal decidiu por especializar a 5ª Vara Criminal da Seção Judiciária do Rio de Janeiro e a 5ª Vara Federal da Seção Judiciária do Espírito Santo para processar e julgar os crimes contra o sistema financeiro nacional e de "lavagem" ou ocultação de bens, direitos e valores. Apesar de especializadas, essas varas mantiveram sua competência concorrente (TRF2, 2003, art. 1º, parágrafo único, Resolução Conjunta nº 001/2003, de 20 de junho de 2003).

Em 2005, alegando substancial acréscimo no número de procedimentos cautelares preparatórios e incidentais e a necessidade de ampliação do número de órgãos jurisdicionais especializados como medida para garantia do princípio do juiz natural, o TRF2 ampliou o número de varas especializadas para o processamento e julgamento dos crimes contra o sistema financeiro nacional e de "lavagem" ou ocultação de bens, direitos e valores, através da especialização das

2ª, 3ª, 5ª e 7ª Vara Criminal da Seção Judiciária do Rio de Janeiro e a 5ª Vara Federal da Seção Judiciária do Espírito Santo (TRF2, 2005, art. 1º, Resolução Conjunta nº 001/2005, de 9 de junho de 2005). Essas varas continuaram a manter sua competência concorrente (TRF2, 2005, art. 1º, parágrafo único, Resolução Conjunta nº 001/2005, de 9 de junho de 2005).

De 2003 a 2005, além da 4ª e da 2ª Regiões, os Tribunais Regionais Federais da 3ª e da 1ª Região também criaram varas especializadas, abrangendo o estado de São Paulo no TRF3 e os estados da Bahia, do Distrito Federal, de Goiás, do Maranhão, de Minas Gerais e do Pará no TRF1. Em São Paulo, à época, foram especializadas a 2ª e 6ª Varas Criminais da 1ª Subseção Judiciária de São Paulo/SP, com competência exclusiva para processar e julgar os crimes contra o sistema financeiro nacional e os crimes de "lavagem" ou ocultação de bens, direitos e valores (TRF3, 2004, Provimento nº 238, de 27 de agosto de 2004). Em 2005, o TRF3 expandiu as estruturas de varas de lavagem de dinheiro para as Subseções Judiciárias de Campo Grande e Ribeirão Preto, através do Provimento nº 275, de 11 de outubro de 2005 (TRF3, 2005), que especializou a 3ª e 5ª Vara Federal Criminal da 1ª Subseção Judiciária – Campo Grande, a 4ª Vara Federal de Ribeirão Preto da 1ª Subseção Judiciária – São Paulo e a 1ª Vara Federal de Campinas da 1ª Subseção Judiciária – São Paulo (TRF3, 2005, Provimento nº 275, de 11 de outubro de 2005).

No âmbito da 1ª Região, a Resolução TRF1 nº 600-21, datada em 19 de dezembro de 2003 (TRF1, 2003), especializou a 2ª Vara Federal da Seção Judiciária da Bahia, a 10ª Vara Federal da Seção Judiciária do Distrito Federal, a 11ª Vara Federal da Seção Judiciária de Goiás, a 1ª Vara Federal da Seção Judiciária do Maranhão, a 4ª Vara Federal da Seção Judiciária de Minas Gerais e 4ª Vara Federal da Seção Judiciária do Pará. Nesse primeiro momento, o TRF1 definiu que as varas teriam competência sobre toda a área territorial correspondente ao estado da seção judiciária — o que significa que, dos 14 estados abrangidos pelo tribunal, apenas seis teriam estruturas de especializadas, de modo que nos demais o julgamento da lavagem seria disperso nas varas criminais de cada estado.

Figura 10. Mapa das Seções Judiciárias Federais com Varas Especializadas no período de 2003 a 2005

Fonte: Elaboração própria.

Interessante mencionar a impressão de um dos principais empreendedores da política quanto ao desejo de especializar, revelando um movimento de disputa pela criação de varas, característica apontada pela literatura (BAUM, 2011):

> Acho que no Rio de Janeiro especializaram mais porque eles tinham oito ou nove varas. Nós tínhamos três aqui, e Curitiba tinha três também (TRF4). Deu uma briga lá no Rio, porque todo mundo queria, e aí acabou se especializando duas ou três. Em São Paulo também especializaram mais (Entrevista 2).

Outro ponto corroborado pelas entrevistas é a menção da imposição da Resolução do CJF nº 314 de 2003 (CJF, 2003) sobre a especialização (política institucional *top-down*), reforçando a ideia das normas dos tribunais como expressões da implementação da agenda do CJF. Por outro lado, há menção também à capacidade de implementação dos próprios TRFs em sua auto-organização (modelo *bottom-up*). Sobre as estratégias de implementação dessa primeira onda, Gilson Dipp destacou dois fatores que auxiliaram na caracterização dos movimentos de especialização a partir das descrições acima: (1) a utilização da estrutura já existente dos tribunais; e (2) a especialização como política da própria burocracia judicial.

> Primeiro, nós criamos aqui varas que não tiveram nenhum acréscimo de despesas para a Justiça Federal. Nós aproveitamos toda a estrutura das varas criminais já existentes nas capitais — com os juízes que já tinham experiência criminal e experiência material contra o sistema financeiro e alguns em lavagem de dinheiro. Aproveitamos os funcionários já existentes — e apenas fizemos com que essas varas sediadas nas capitais tivessem competência sobre todas as seções judiciárias, ou seja, sobre todo o Estado, para que esses inquéritos que tramitassem nas varas interioranas ou nas outras varas das capitais ficassem centralizados em uma só. [...] E, segundo, não houve necessidade de se passar pelo lento e desgastante processo legislativo, ou seja, não foi preciso essas varas serem criadas por lei, as leis que já existiam, reclames dos Tribunais e da Justiça Federal, já eram suficientes (DIPP, 2004, p. 4).

A segunda norma do CJF — Resolução CJF nº 517/2006 — marcou uma nova onda de especialização na Justiça Federal, com a inclusão dos crimes praticados por organizações criminosas dentro do rol de competência das varas especializadas. Na especialização das varas em relação ao crime organizado "deverão ser adotados os conceitos previstos na Convenção das Nações Unidas contra o Crime Organizado Transnacional, promulgada pelo Decreto nº 5.015, de 12 de março de 2004, e os que eventualmente venham a ser incorporados ao ordenamento jurídico brasileiro" (CJF, 2006).

De 2006 a 2013, a implementação da política estendeu-se para os cinco Tribunais Regionais Federais, conforme mostra o mapa a seguir.

Figura 11. Mapa das Seções Judiciárias Federais com Varas Especializadas no período de 2006 a 2013

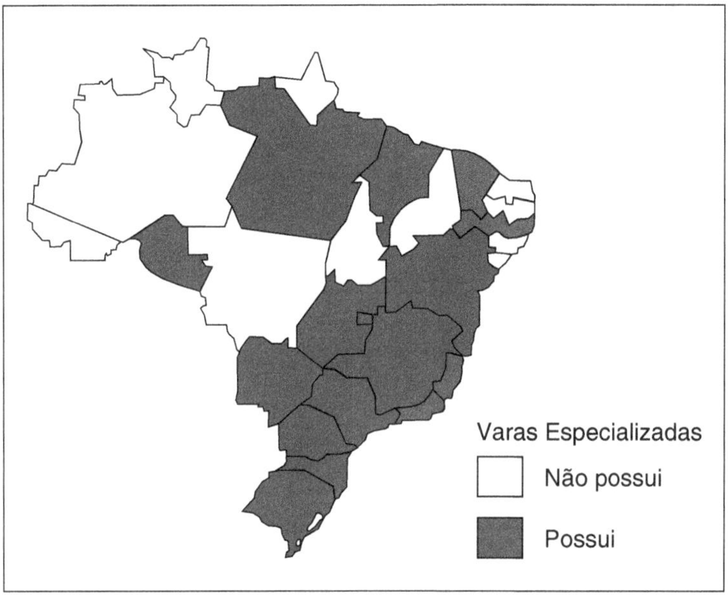

Fonte: Elaboração própria.

Iniciando-se novamente pelo TRF4 (2006a, Resolução nº 42, de 19 de julho de 2006), em menção à Resolução do CJF de 2006, considerando a especialização como medida de incremento na qualidade e celeridade da prestação jurisdicional, dadas as dificuldades de processamento dos delitos referidos, por conta da peculiaridade e complexidade da matéria envolvida, o tribunal resolveu "Art. 1º Incluir os crimes praticados por organizações criminosas, independentemente do caráter transnacional das infrações, na competência das seguintes varas federais criminais especializadas para processar e julgar os crimes contra o sistema financeiro nacional e de 'lavagem' ou ocultação de bens, direitos e valores:" nas 1ª Vara Federal Criminal de Porto Alegre, Vara Federal Criminal de Florianópolis e 2ª Vara

Federal Criminal de Curitiba, além de especializar a 3ª Vara Federal Criminal de Curitiba (TRF4, 2006a, art. 1º, Resolução nº 42, de 19 de julho de 2006).

No mesmo ano (TRF4, 2006b, Resolução nº 56, de 6 de setembro de 2006), determinou-se que os crimes praticados por organizações criminosas integrassem a competência da 1ª Vara Federal Criminal de Porto Alegre e 1ª Vara Federal Criminal de Foz do Iguaçu — já especializadas em crimes contra o sistema financeiro nacional e de "lavagem" ou ocultação de bens, direitos e valores, mantendo suas competências para os feitos do juizado especial criminal — e também da Vara Federal Criminal de Florianópolis, igualmente especializada em crimes contra o sistema financeiro nacional e de "lavagem" ou ocultação de bens, direitos e valores, mantendo sua competência concorrente originária.

A resolução (TRF4, 2006b) também estabeleceu à 3ª Vara Federal Criminal de Curitiba a competência para processar e julgar, além dos crimes praticados por organizações criminosas, independentemente do caráter transnacional das infrações, os crimes contra o sistema financeiro nacional e de "lavagem" ou ocultação de bens, direitos e valores. Às 2ª e 3ª Vara Federal Criminal de Curitiba foi dada a competência exclusiva de crimes contra o sistema financeiro nacional e de crimes de "lavagem" ou ocultação de bens, direitos e valores. No caso do Paraná, a especialização foi dada "considerando a peculiaridade da cidade de Foz do Iguaçu, cidade de tríplice fronteira, entre o Brasil, a Argentina e o Paraguai, região considerada propícia à intensa atividade criminal;" e "a distância entre o Município de Foz do Iguaçu e o de Curitiba, onde estão localizadas as varas competentes para processar e julgar os crimes praticados por organizações criminosas, independentemente do caráter transnacional das infrações, e a necessidade de preservar o sucesso das respectivas operações, principalmente quanto ao cumprimento de prazos legais, sigilo das informações, enfim, à eficiência e à eficácia das atividades jurisdicionais" (TRF4, 2006b, considerações da Resolução nº 56, de 6 de setembro de 2006).

Resolução publicada um mês depois (TRF4, 2006c, Resolução nº 63, de 5 de outubro de 2006) definiu que a 2ª e 3ª Vara Federal

Criminal de Curitiba, a 1ª Vara Federal Criminal e a 2ª Vara Federal Criminal de Foz do Iguaçu, além das competências atribuídas, manteriam suas competências jurisdicionais anteriores.

Em 2007, através da Resolução nº 18, de 24 de abril de 2007 (TRF4, 2007), o TRF4 determinou que os crimes praticados por organizações criminosas, independentemente do caráter transnacional das infrações, integrassem a competência das seguintes varas federais:

> I – Nas Subseções Judiciárias das capitais:
> a) 1ª Vara Federal Criminal de Porto Alegre, Seção Judiciária do Rio Grande do Sul;
> b) Vara Federal Criminal de Florianópolis, Seção Judiciária de Santa Catarina;
> c) 2ª Vara Federal Criminal de Curitiba, Seção Judiciária do Paraná; e
> d) 3ª Vara Federal Criminal de Curitiba, Seção Judiciária do Paraná.
> II – Nas Subseções Judiciárias do interior onde há Vara Federal Criminal:
> a) Vara Federal Criminal de Caxias do Sul e JEF Criminal Adjunto;
> b) Vara Federal Criminal de Novo Hamburgo e JEF Criminal Adjunto;
> c) Vara Federal Criminal de Passo Fundo e JEF Criminal Adjunto;
> d) Vara Federal de Execuções Fiscais e Criminal de Blumenau e JEF Criminal Adjunto;
> e) 1ª Vara Federal Criminal de Foz do Iguaçu;
> f) 2ª Vara Federal Criminal de Foz do Iguaçu;
> g) Vara Federal Criminal de Londrina e JEF Criminal Adjunto; e
> h) Vara Federal Criminal de Maringá e JEF Criminal Adjunto.
> (TRF4, 2007, art. 1º, Resolução nº 18, de 24 de abril de 2007)

A resolução também estabeleceu a natureza das competências, sendo que às 1ª Vara Federal Criminal de Porto Alegre, Vara Federal Criminal de Florianópolis e 2ª e 3ª Vara Federal Criminal de Curitiba ficou estabelecida a competência exclusiva para processar e julgar os crimes contra o sistema financeiro nacional e de "lavagem" ou ocultação de bens, direitos e valores (TRF4, 2007, art. 3º, Resolução nº 18, de 24 de abril de 2007). Resta a competência das varas comuns para processar e julgar os crimes praticados por organizações criminosas nas Subseções Judiciárias do interior onde inexistisse a especialização criminal (TRF4, 2007, art. 2º, Resolução nº 18, de 24 de abril de 2007).

A Resolução nº 12, de 8 de maio de 2008 (TRF4, 2008) incluiu a Vara Federal Criminal e Juizado Especial Federal Adjunto de Canoas como competentes para processamento e julgamento dos crimes praticados por organizações criminosas, além de dispor que "§ 2º Ficam incumbidas da competência para processar e julgar os crimes praticados por organizações criminosas, independentemente do caráter transnacional, as varas que vierem a ser especializadas na matéria criminal em subseções sem esta especialização" (TRF4, 2008, art. 1º, § 2º, Resolução nº 12, de 8 de maio de 2008).

Posteriormente, em 2009, o TRF5 iniciou o cumprimento da segunda Resolução do CJF a partir da Resolução nº 27, de 25 de novembro de 2009 (TRF5, 2009), integrando a segunda onda de especialização com a criação de varas especializadas em crimes contra o sistema financeiro nacional e de "lavagem" ou ocultação de bens, direitos e valores; e os crimes praticados por organizações criminosas, independentemente do caráter transnacional ou não das infrações.

A Resolução nº 27, de 25 de novembro de 2009, especializou a 11ª Vara Federal da Subseção Judiciária de Fortaleza, a 4ª Vara Federal da Subseção Judiciária de Recife e a 2ª Vara Federal da Subseção Judiciária de Natal, para processamento dos crimes contra o sistema financeiro nacional e de "lavagem" ou ocultação de bens, direitos e valores; e dos crimes praticados por organizações criminosas, independentemente do caráter transnacional ou não das infrações (TRF5, 2009).

Alguns entrevistados (como na Entrevista 7) explicam que, em alguns estados, para especializar fez-se necessária a existência de demandas que justificassem a criação dessas varas. Nesse sentido, a especialização mantendo a competência originária de algumas varas federais parece apontar para esse contexto, ao ponto de que a vara se torna a estrutura com competência exclusiva para julgar a lavagem de dinheiro, ao mesmo tempo mantendo a sua competência anterior sobre outros delitos de forma concorrente.

No TRF3, através do Provimento nº 327, de 21 de fevereiro de 2011 (TRF3, 2011), o tribunal decidiu implantar a 7ª Vara Federal de Campinas, com competência para processar e julgar os crimes contra o sistema financeiro nacional e os crimes de "lavagem" ou ocultação de bens, direitos e valores, sem prejuízo da atual competência para as demais matérias.

No caso do Rio de Janeiro, o cumprimento da Resolução nº 514 do CJF (CJF, 2006) com vistas à institucionalização de varas para julgamento da criminalidade organizada se deu a partir da Resolução nº 42, de 23 de agosto de 2011 (TRF2, 2011). As competências para julgamento da criminalidade organizada foram distribuídas, pela Resolução nº 42, em um número maior de varas federais (1ª, 4ª, 6ª, 8ª e 10ª Varas Criminais da sede da Seção Judiciária do Rio de Janeiro), cujas competências originárias mantiveram-se naqueles juízos. Seguindo a mesma lógica de julgamento da criminalidade organizada, distribuiu-se a competência sobre o julgamento dos crimes de lavagem de dinheiro e ocultação de bens entre varas não exclusivas.

É preciso chamar a atenção para o fato de que as dinâmicas do crime organizado no Rio de Janeiro provavelmente incidiram sobre as decisões de implementação dessas varas, cuja especialização assumiu uma característica distinta das varas em lavagem, marcadas pela exclusividade. Já no Espírito Santo a competência para processar e julgar os crimes contra o sistema financeiro nacional e de "lavagem" ou ocultação de bens, direitos e valores coube de maneira privativa à 1ª Vara Criminal; enquanto a competência sobre crimes praticados por organizações criminosas restou cumulada com o processamento e julgamento das execuções penais pela 2ª Vara Criminal no âmbito da sede da Seção Judiciária do Espírito Santo. Com esse movimento, descrevemos a implementação da segunda onda de especialização federal no país.

A terceira onda de especialização decorreu da Resolução CJF nº 273/2013 (CJF, 2013), a qual regulamentou a especialização das varas federais a partir da edição da Lei nº 12.850, de 2 de agosto de 2013 (BRASIL, 2013b), fazendo menção explícita à Recomendação nº 3 do Conselho Nacional de Justiça, de 30 de maio de 2006 (CNJ, 2006). Manteve-se a exigência dos TRFs de especializar varas federais em crimes contra o sistema financeiro nacional e de lavagem de dinheiro ou ocultação de bens, direitos e valores, e crimes praticados por organizações criminosas, independentemente do caráter transnacional ou não de suas infrações, definindo que as varas podem ter competência exclusiva ou concorrente (CJF, 2013, art. 1º, Resolução nº 273/2013). Além disso, definiu-se que "nas seções judiciárias onde houver três ou mais varas federais com competência criminal exclusiva, a especialização a que se referem os incisos deste artigo recairá em pelo menos duas delas" (CJF, 2013, art. 1º, parágrafo único, Resolução nº 273/2013).

Figura 12. Mapa das Seções Judiciárias Federais com Varas Especializadas no período de 2014 a 2022

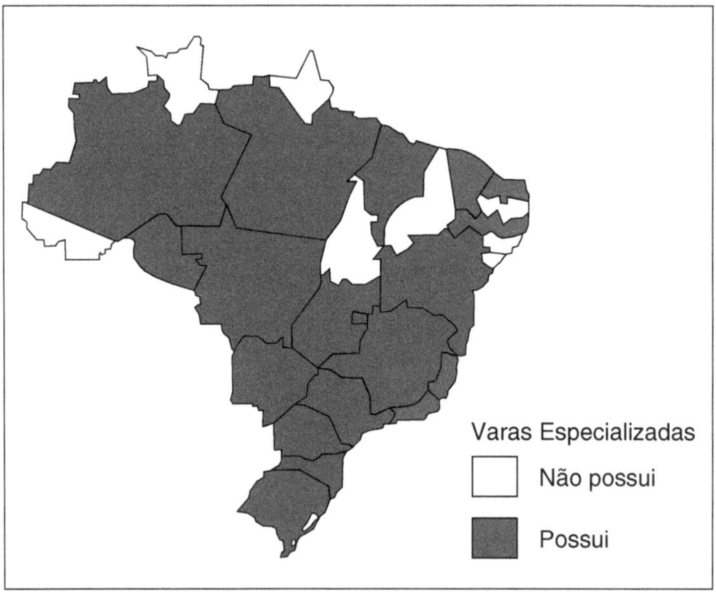

Fonte: Elaboração própria.

Respondendo a essa resolução do CJF, o TRF1, através da Resolução PRESI/SECGE nº 7, de 23 de abril de 2014 (TRF1, 2014), especializou a 11ª Vara Federal da SJ/MG, ampliando para duas varas a especialização em crimes contra o sistema financeiro nacional e de lavagem de dinheiro ou ocultação de bens, direitos e valores e naqueles praticados por organizações criminosas; foi mantida a 4ª Vara Federal com a mesma competência.

Passado um lapso temporal, os TRFs só foram editar novas resoluções relativas à especialização dessa matéria a partir de 2017, quando o TRF1 determinou, através da Resolução PRESI nº 6535439, de 2 de agosto de 2018 (TRF1, 2018), que fazia menção tanto à Recomendação nº 3/2006 do CNJ quanto à Resolução CJF nº 273/2013, que as seguintes varas federais, já especializadas em matéria criminal e em crimes contra o sistema financeiro nacional e de lavagem de dinheiro ou ocultação de bens, direitos e valores, passassem a ter competência ampliada para processar e julgar os crimes praticados por organizações criminosas: 2ª Vara Federal da Bahia, 11ª Vara Federal de Goiás, 1ª Vara Federal do Maranhão, 4ª Vara Federal de Minas Gerais e 4ª Vara Federal do Pará. A referida resolução também determinou a especialização das seguintes varas federais para processar e julgar crimes contra o sistema financeiro nacional e de lavagem de dinheiro ou ocultação de bens, direitos e valores, e os praticados por organizações criminosas: 4ª Vara Federal do Amazonas, 5ª Vara Federal do Mato Grosso e 1ª Vara Federal do Piauí. Foram mantidas as 10ª e 12ª Varas Federais da Seção Judiciária do Distrito Federal e 11ª Vara Federal da Seção Judiciária de Minas Gerais como varas especializadas com competência para processamento e julgamento dos mesmos crimes. Uma novidade dessa resolução foi a competência das varas especializadas sobre todo o estado.

No mesmo ano, através da Resolução PRESI nº 8092227, de 30 de abril de 2019 (TRF1, 2019), houve uma mudança em razão da solicitação dos magistrados das 2ª e 4ª Varas Federais da Seção Judiciária do Amazonas para que fosse alterada a competência especializada da 4ª Vara Federal do Amazonas para a 2ª Vara Federal do Amazonas.

Já na Região Centro-Oeste, através da Resolução PRESI nº 54, de 29 de novembro de 2017 (TRF1, 2017), garantiu-se que a 10ª Vara Federal do Distrito Federal, já competente para processar e julgar crimes contra o sistema financeiro nacional e de lavagem de dinheiro ou ocultação de bens, direitos e valores, tivesse acrescida a competência para processar e julgar crimes praticados por organizações criminosas; e que a 12ª Vara Federal da Seção Judiciária do Distrito Federal se tornasse especializada para processar e julgar crimes contra o sistema financeiro nacional e de lavagem de dinheiro ou ocultação de bens, direitos e valores e aqueles praticados por organizações criminosas.

No TRF4, uma série de resoluções a partir de 2018 inauguraram uma nova onda da especialização, com a distribuição das competências de maneira regionalizada e exclusiva em subseções com abrangência territorial para o processamento dos crimes contra o sistema financeiro nacional e de lavagem de dinheiro ou ocultação de bens, direitos e valores, e relativos a crimes praticados por organizações criminosas, independentemente do caráter transnacional ou não de suas infrações.

Diferentemente das outras três ondas, que foram desencadeadas pela ação coordenadora do Conselho da Justiça Federal, a quarta e última onda retratada neste livro é um movimento endógeno, capitaneado pelas burocracias judiciais no âmbito dos TRFs, em reflexo a uma série de fatos que serão abordados de maneira aprofundada no último capítulo deste livro, relativo ao desmantelamento das políticas de especialização.

A Resolução nº 102, de 29 de novembro de 2018, do TRF4 (2018) tratou da regionalização no estado de Santa Catarina, determinando à 1ª Vara Federal de Chapecó a competência sobre as subseções judiciárias de Chapecó, Concórdia e São Miguel do Oeste; à 1ª Vara Federal de Criciúma, a competência sobre as subseções judiciárias de Criciúma, Lages, Laguna e Tubarão; às 1ª e 7ª Varas Federais de Florianópolis, a competência sobre as subseções judiciárias de Florianópolis, Brusque, Caçador, Joaçaba e Rio do Sul; e à 1ª Vara Federal de Itajaí, a competência sobre as subseções judiciárias de Itajaí e Blumenau.

A Resolução nº 53, de 13 de outubro de 2020 (TRF4, 2020a), dispôs sobre a especialização, regionalização de competências e equalização de cargas de trabalho das Unidades Judiciárias de 1º Grau da Justiça Federal da 4ª Região. Considerou, dentre várias razões, a necessidade de distribuir de forma mais adequada a carga de trabalho de juízes e servidores, tendo por base a eficiência na execução do trabalho; as tecnologias do processo eletrônico e da videoconferência, a permitir o processamento eletrônico e a realização de teletrabalho e de videoaudiência na Justiça Federal da 4ª Região; e reafirmou que a especialização é um ato de máxima relevância para aprimorar a prestação jurisdicional, com notável incremento na qualidade e celeridade, constituindo inclusive uma das recomendações do Conselho da Justiça Federal.

Foi a partir dela que houve todo um movimento relativo à revisão e alteração de competências nas varas especializadas que, a partir de então, passaram a ter uma distribuição regionalizada, seguindo o movimento encabeçado pelo estado de Santa Catarina já no ano de 2018.

A Resolução nº 54, de 28 de outubro de 2020 (TRF4, 2020b), regulou a regionalização no estado do Rio Grande do Sul, determinando a competência das 7ª, 11ª e 22ª Varas Federais de Porto Alegre como regionalizada e exclusiva para atuar no âmbito territorial das Subseções Judiciárias de Porto Alegre, Canoas, Capão da Canoa e Gravataí para o processamento e julgamento dos processos e procedimentos criminais, e os processos e procedimentos criminais relativos a crimes praticados por organizações criminosas; e no âmbito territorial da Seção Judiciária do Rio Grande do Sul, para o processamento e julgamento dos processos e procedimentos criminais relativos a crimes contra o sistema financeiro nacional, crimes de lavagem de dinheiro ou ocultação de bens, direitos e valores.

O processamento e julgamento dos crimes praticados por organizações criminosas, de maneira regionalizada, ficou distribuído entre as varas federais do seguinte modo (TRF4, 2020b, art. 2º a 7º, Resolução nº 54, de 28 de outubro de 2020):

- À 5ª Vara Federal de Novo Hamburgo fica estabelecida a competência regionalizada e exclusiva no âmbito territorial das Subseções Judiciárias de Novo Hamburgo, Cachoeira do Sul e Santa Cruz do Sul;
- À 5ª Vara Federal de Caxias do Sul fica estabelecida a competência regionalizada e exclusiva no âmbito territorial das

Subseções Judiciárias de Caxias do Sul, Bento Gonçalves e Lajeado;

- À 3ª Vara Federal de Passo Fundo fica estabelecida a competência regionalizada e exclusiva no âmbito territorial das Subseções Judiciárias de Passo Fundo, Carazinho, Erechim e Palmeira das Missões;
- À 2ª Vara Federal de Santa Maria fica estabelecida a competência regionalizada e exclusiva no âmbito territorial das Subseções Judiciárias de Santa Maria, Cruz Alta, Ijuí, Santa Rosa e Santo Ângelo;
- À 2ª Vara Federal de Santana do Livramento fica estabelecida a competência regionalizada e exclusiva no âmbito territorial das Subseções Judiciárias de Santana do Livramento, Bagé, Santiago e Uruguaiana;
- À 1ª Vara Federal de Rio Grande fica estabelecida a competência regionalizada e exclusiva no âmbito territorial das Subseções Judiciárias de Rio Grande e Pelotas.

A Resolução nº 55, de 29 de outubro de 2020 (TRF4, 2020c), revisou as competências das varas federais, levando em conta critérios de especialização, regionalização e equalização de cargas de trabalho no estado de Santa Catarina, determinando a competência especializada da 1ª Vara Federal de Joinville sobre processos e procedimentos criminais relativos a crimes contra o sistema financeiro nacional e de lavagem de dinheiro ou ocultação de bens, direitos e valores, e a crimes praticados por organizações criminosas, estabelecendo a competência regionalizada e exclusiva no âmbito territorial das Subseções Judiciárias de Jaraguá do Sul, Joinville e Mafra.

Por fim, a Resolução nº 56, de 29 de outubro de 2020 (TRF4, 2020d), revisou as competências das varas federais, levando em conta critérios de especialização, regionalização e equalização de cargas de trabalho no estado do Paraná, determinando as competências das 7ª, 13ª, 14ª e 23ª Varas Federais de Curitiba no âmbito territorial da Seção Judiciária do Paraná para o processamento e julgamento dos processos e procedimentos criminais, relativos a crimes contra o sistema financeiro nacional, crimes de lavagem de dinheiro ou ocultação de bens, direitos e valores; e no âmbito territorial das Subseções Judiciárias de Curitiba e Paranaguá relativos a crimes praticados por organizações criminosas.

O processamento e julgamento dos crimes praticados por organizações criminosas, de maneira regionalizada, ficou distribuído entre as varas federais do seguinte modo (TRF4, 2020d, art. 6º a 10º, Resolução nº 56, de 29 de outubro de 2020):

- À 4ª Vara Federal de Cascavel fica estabelecida a competência regionalizada e exclusiva no âmbito territorial das Subseções Judiciárias de Cascavel e Pato Branco;
- Às 3ª e 5ª Varas Federais de Foz do Iguaçu fica estabelecida a competência regionalizada e exclusiva no âmbito territorial das Subseções Judiciárias de Francisco Beltrão e Foz do Iguaçu;
- À 1ª Vara Federal de Guaíra fica estabelecida a competência regionalizada e exclusiva no âmbito territorial das Subseções Judiciárias de Guaíra e Toledo;
- À 5ª Vara Federal de Londrina fica estabelecida a competência regionalizada e exclusiva no âmbito territorial das Subseções Judiciárias de Londrina, Apucarana e Jacarezinho;
- À 3ª Vara Federal de Maringá fica estabelecida a competência regionalizada e exclusiva no âmbito territorial das Subseções Judiciárias de Maringá e Paranavaí;
- À 1ª Vara Federal de Ponta Grossa fica estabelecida a competência regionalizada e exclusiva no âmbito territorial das Subseções Judiciárias de Ponta Grossa, Guarapuava, Pitanga, Telêmaco Borba e União da Vitória;
- À 1ª Vara Federal de Umuarama fica estabelecida a competência regionalizada e exclusiva no âmbito territorial das Subseções Judiciárias de Umuarama e Campo Mourão.

No capítulo final deste livro, em que abordaremos o desmantelamento das varas federais especializadas, discorreremos de maneira mais analítica sobre as estratégias e significados da regionalização, enquanto mudança de arena. Por ora é importante apenas anunciar que as mudanças institucionais em curso desde 2018 indicam a presença de uma nova fase nas políticas de especialização, marcada pela retração da política, muito embora aparentemente em um movimento de expansão das subseções contempladas pelas varas especializadas.

O último movimento normativo que merece destaque diz respeito também a uma estratégia de desmantelamento — que, no entanto, dá-se de modo mais ativo, mesmo que também caracterizado pela ampliação da cobertura da especialização. Como já informado, dedicamos um capítulo inteiro à compreensão do aparente paradoxo de que uma expansão de competências pode, contrariamente ao esperado, significar um desmantelamento da política. Neste momento, citamos o trocadilho feito por um dos entrevistados da pesquisa, que disse que a intenção de alguns desembargadores do TRF3 era "especializar todas as varas" (Entrevista 3).

É nessa linha da generalização da especialização que podemos localizar as alterações no TRF3, advinda com o Provimento CJF3R nº 49, de 6 de dezembro de 2021 (TRF3, 2021) e no TRF2, advinda com a Resolução TRF2-RSP-2022/00060 de 3 de junho de 2022 (TRF2, 2022). No TRF3, definiu a competência de todas as varas criminais da Subseção de São Paulo, com exceção da 1ª, para o julgamento dos crimes contra o sistema financeiro nacional e delitos de lavagem. Já no TRF2, a referida resolução estabeleceu a competência das dez varas criminais da Seção Judiciária do Rio de Janeiro como especializadas exclusivas para processar e julgar crimes praticados por organizações criminosas, crimes contra o sistema financeiro nacional e crimes de "lavagem" ou ocultação de bens, direitos e valores (TRF2, 2022, art. 1º, Resolução TRF2-RSP-2022/00060 de 3 de junho de 2022).

Com a criação do TRF6 em 2021 pela Resolução nº 742/2021 do CJF, de 14 de dezembro de 2021 (CJF, 2021), foram mantidas as varas especializadas criminais da Seção Judiciária de Minas Gerais localizadas em Belo Horizonte, restando a 1ª Vara Criminal com competência sobre crimes contra o sistema financeiro nacional e de lavagem de dinheiro ou ocultação de bens, direitos e valores, e crimes praticados por organizações criminosas; enquanto à 3ª Vara Criminal coube a competência sobre crimes contra o sistema financeiro nacional, de lavagem de dinheiro ou ocultação de bens, direitos e valores, os praticados por organizações criminosas e matéria da competência do Juizado Especial Criminal (TRF6, 2022, Resolução PRESI nº 9, de 22 de setembro de 2022).

Há pouco descrevemos o processo de implementação das varas federais e as transformações impostas na estrutura dos diferentes Tribunais Regionais Federais, especialmente, com a ilustração da forma como a lavagem de dinheiro e o crime organizado serão processados nos diferentes estados. Neste ponto, cabe ressaltar que a corrupção não é mencionada nas diferentes ondas de especialização, ainda que seja um dos delitos que compõem a tríade da macrocriminalidade.

Em resposta a trabalho nosso anterior (MADEIRA; GELISKI, 2021), Stephenson e Schütte (2022) argumentam que esse seria um dos fatores que impediram a caracterização da política judicial de especialização do CJF como uma política de criação de cortes anticorrupção. Contudo, é durante a implementação e a atuação das varas brasileiras no julgamento dos casos de lavagem de dinheiro que essa política assume a função de corte anticorrupção, ao processar os crimes antecedentes à lavagem de dinheiro, especificamente os crimes contra a administração pública.

Além da absorção da capacidade de processamento de outros tipos delitivos, a especialização da Justiça Federal também influenciou a especialização de outras instituições do sistema de Justiça. O Ministério Público, assim como o Poder Judiciário, detém autonomia e independência para criar a sua própria política especializada (GELISKI, no prelo), a exemplo dos Grupos de Atuação Especial no Combate ao Crime Organizado (GAECO), existentes no sistema de Justiça Estadual desde 1995 com o GAECO paulista (ARANTES, 2002; GELISKI, no prelo). No Ministério Público Federal, os grupos especializados surgem apenas tardiamente, em 2019 (GELISKI, no prelo; KERCHE, 2021), sendo que a forma prioritária de atuação anterior era o modelo de forças-tarefas. Já em relação às polícias, a especialização depende diretamente da atuação do Poder Executivo para ser implementada, uma vez que o Executivo possui o controle da agenda de especialização de grande parte das instituições de controle que pertencem à rede de *accountability*.

Segundo os entrevistados, a especialização não se restringiu ao Judiciário, atingindo as instituições policiais e o Ministério Público:

> É uma tendência natural que primeiro o juiz se especialize, depois o procurador do Ministério Público, depois o Ministério Público, a polícia, a Receita Federal, que está ali perto, o Coaf... Então todos os órgãos acabam se especializando e trazendo rapidez para o processo, para a investigação, denúncias bem feitas... E juiz não foi feito para combater crime, combater a lavagem de dinheiro, não! Juiz não combate. O combate é feito pelo Ministério Público e pela polícia. O juiz combate a lavagem no sentido de dar uma visão técnica, precisa, em tempo hábil e justa (Entrevista 3).
>
> A polícia se especializou porque viu que não iria conseguir atender a demanda. Porque o que é que iria acontecer? O Judiciário está esperando chegarem os processos; o MP está esperando chegarem os inquéritos; e os inquéritos vão estar onde? Então a polícia teve que fazer sua parte também. (Entrevista 2).

A fala de importante integrante do Ministério Público Federal reforça a ideia de um movimento conjunto, demandado por agências internacionais e pelos processos de especialização:

> Lembremos que nesse momento os processos eram físicos, o que fazia uma grande diferença. Nesses processos, as quebras de sigilo eram terríveis, a gente até tinha o Coaf, mas ainda era muito inicial. Para todas as quebras de sigilo eram feitas circulares pelo Banco Central, vinha tudo em papel. Então o que se pretendia naquele momento? Uma especialização. Até porque isso era cobrado pelos organismos internacionais. Não bastava ter a lei, você precisava de especialização, e dentro da Polícia Federal, dentro do Ministério Público Federal, dentro da Justiça Federal você vai ter especializações. A polícia vai ter a Delefin, a delegacia de crimes financeiros. Com a criação das varas, essas delegacias vão ser fixadas nas capitais. A própria Receita Federal também vai dar uma especializada em crimes financeiros. A Receita também é um parceiro importante. E os membros do Ministério Público que atuam nas capitais e que atuam junto a essas varas vão se especializar nessa matéria. Então é uma coisa

> conjunta. E por que naquele mundo de inquéritos isso é importante? Porque toda vez que você especializa, você prioriza. Então aquilo passa a ser uma priorização (Entrevista 7).

Além desse efeito reflexo da especialização sobre outras instituições, um dos elementos centrais resultantes dessa política é a criação de um corpo de especialistas com *expertise* no julgamento de casos de lavagem de dinheiro, crime organizado e corrupção. Assim, tal como ocorre com as agências anticorrupção (SOUSA, 2010), esse grupo tem a vantagem de centralizar a informação, atuar em coordenação e cooperação com outras instituições, com produção e transferência de conhecimento, e se beneficia da *expertise* desses juízes decorrente da especialização, que dá respaldo institucional para sua atuação. Esta nem sempre respeita limites e garantias de direitos constitucionais, suscitando debates sobre a sua legitimação nos tribunais superiores.

No âmbito da implementação e da execução da política, esses juízes são os agentes finais da cadeia de especialização. Sua atuação direta ao julgar os casos, avaliando e tipificando legalmente os crimes no âmbito da persecução criminal, incide sobre a definição da política criminal — não apenas pela atuação na ponta da estrutura, mas também, como veremos mais à frente, pela participação desses atores nos fóruns capazes de promover mudanças legislativas.

Em relação à *expertise* decorrente da especialização, os entrevistados descrevem esse processo de qualificação dos burocratas como um ponto marcante da política, tanto da especialização em si, como da política geral de combate à lavagem de dinheiro. Se a criação de um corpo técnico corresponde ao que se espera de um resultado de mudanças institucionais das burocracias nacionais da especialização de tribunais, como já apontado por Baum (2011), outra característica se dá com a possibilidade de estes juízes atuarem com os demais órgãos do combate à corrupção, cooperando tanto com atores nacionais quanto internacionais:

> Esses juízes se especializaram muito, e não só nos ritos, mas no contato com os órgãos, o que pedir, para quem pedir, e também em como pedir

> lá fora, como deferir a cooperação, que também estava sendo perdida... Então o ganho foi imenso. (Entrevista 2).
>
> Foi uma coisa muito legal porque o CJF criou as Varas, mas não abandonou os juízes, o ministro deu apoio. Quando eles precisavam falar com o presidente do TRF para alguma coisa, quando os juízes não estavam tendo o apoio necessário, ele entrava na história. A gente naquela época não tinha internet, não como hoje, não tinha Whatsapp. A gente tinha um grupo no Gmail dos emails dos juízes das varas, e aí um falava: 'Ah, você tem algum contato com o Ministério Público de Nova York? Eu tenho repatriação de ativos de lá.' Eles eram muito colegas uns dos outros, 'trocavam figurinhas'. (Entrevista 1).

No caso brasileiro, a especialização iniciada em 2003 acompanhava simultaneamente o movimento de qualificação dos próprios instrumentos internacionais, como a Convenção de Palermo em 2002 (crime organizado) e a Convenção de Mérida em 2004 (corrupção). Nota-se, na percepção dos entrevistados, que a *expertise* permitiu que os burocratas pudessem demandar por cooperação internacional, o que indica uma possível relação entre qualificação e aquisição de conhecimentos sobre os instrumentos disponíveis na persecução de crimes de lavagem de dinheiro, corrupção e crime organizado. No âmbito interno, a ENCCLA foi um dos principais espaços de aquisição de conhecimento e formação profissional, especialmente, por se tratar de um espaço de relações interinstitucionais.

> Foi preciso muita ENCCLA e as pessoas se olharem olho no olho, saber quem era o representante do Banco Central, quem vinha da Receita... E a gente foi quebrando o gelo. [...] O meu voto era tão importante quanto o do Coaf, quanto o do MP, quanto o da FEBRABAN, que foi chamada também. E com a ENCCLA nós começamos a colocar outras metas cuja importância vemos hoje. Por exemplo o Cadastro Nacional de Correntistas. Para conseguir um dado de uma conta de uma pessoa no país, tu tinhas que mandar mil ofícios, primeiro para o Banco Central, o Banco Central oficiava para cada uma das instituições com aquele CPF, e começava a pingar ofício ao longo de meses. E os que não mandavam, tu ficavas na dúvida: não mandou porque não tem, ou não mandou porque

> tinha e não quis mandar? Então era um sistema caótico, a gente nunca tinha certeza. Quando se criou o Cadastro Nacional de Correntistas, aí tudo ficou centralizado, o Banco Central passou a saber de cada correntista no Brasil, por CPF, onde tinha conta e tal. E aí começou uma meta atrás da outra, a gente começou a se aprimorar (Entrevista 2).

Se a *expertise* tem efeito direto na relação dos tribunais com o contexto internacional e com outras instituições de controle, ela também afeta as relações internas nos tribunais. Sobre esse aspecto do relacionamento entre os juízes especializados e os tribunais intermediários e superiores, os entrevistados afirmam que no caso brasileiro o processo de especialização gerou uma diferença de *expertise* entre juízes e desembargadores, tendo como resultado justamente a inversão de *status* nas decisões:

> O 1º grau tinha a especialização, nos tribunais [dos estados] não tinha. E aí vinham assuntos que eles não conheciam — ou porque não tinham tempo, ou porque não eram especializados em todas as matérias. [...] Os tribunais custaram inclusive a especializar turmas criminais (Entrevista 3).
>
> A gente passou por situações bem constrangedoras aqui logo no início, porque a gente falava de coisas que os desembargadores nem imaginavam que estavam acontecendo, a questão da cooperação jurídica, por exemplo, obrigar uma determinada informação (Entrevista 2).
>
> Eu acho que no início era assim mesmo, porque você tinha uma especialização em primeiro grau, chegava no segundo grau e no terceiro grau [...] não tinha especialização nenhuma (Entrevista 7).

Outro fator evidenciado nas entrevistas é a própria mobilização dos juízes das varas especializadas na busca por qualificação e treinamento para ganho de *expertise* em matéria de combate à lavagem de dinheiro. Se o interesse dos burocratas teve influência na especialização durante a sua formulação e implementação, o tempo de existência das varas e os efeitos de sua atuação, seja em matéria criminal ou de cooperação internacional, também desempenharam papel de aprendizado nas instâncias superiores.

A curto prazo, os juízes se especializaram nesses crimes de organização criminosa, lavagem de dinheiro, e os desembargadores, não. Então teve um momento difícil no começo — hoje em dia o TRF4 está todo renovado de desembargadores jovens, mas naquela época eram mais velhos e os juízes julgavam e o tribunal não entendia. Aí a gente fazia seminário, convidava os desembargadores, abordando o tema para eles verem como era a coisa. Acho que houve dois ou três seminários sobre esses temas, e o objetivo era chamar os desembargadores. Os juízes já estavam sabidos, mas os desembargadores estavam atrasando o processo (Entrevista 1).

A gente estava lá no dia a dia, [...] todos os juízes da jurisdição criminal daqui participavam e os desembargadores não acompanhavam isso, então foi um momento difícil. Aí começaram os cursos. Eu me lembro que em determinado curso, que a ENCCLA trouxe, havia um desembargador daqui, que era do crime, que se inscreveu como aluno [...]. No meio do curso apareceu essa questão, e aí explicaram: 'O país pode cair fora [do GAFI] e nunca mais receber informação, isso é muito ruim para fins econômicos' — porque nós estávamos recém nos estruturando para combater a lavagem, e cair fora do grupo significava não recebermos nada, ficar às cegas. Aí o desembargador levantou e disse: 'Agora eu entendi' (Entrevista 2).

Acho que hoje nós estamos melhor, porque há uma secretaria de cooperação internacional, então todos os pedidos de cooperação passam, tudo o que tem relação com prova penal que o DRCI[6] nos manda [avança]. O Brasil tem vários acordos de cooperação bilateral ou multilateral. Acho que a essa altura as turmas criminais dos TRFs entendem melhor desse assunto. Quando algum caso vai ser matéria de lavagem com evasão e [demanda] cooperação, [a secretaria] vai ao STJ, a gente explica do nosso ponto de vista, às vezes eles não entendem. Aí a gente recorre, mas eles vão dizer que entendem, que já estudaram e estão sabendo tudo (Entrevista 7).

---

[6] DRCI — Departamento de Recuperação de Ativos e Cooperação Jurídica Internacional (DRCI), órgão federal ligado ao Ministério da Justiça.

Já em relação à performance das varas especializadas, a literatura vem apresentando análises relativas a processos, seja descrevendo o papel mais amplo da Justiça Federal e do sistema de Justiça criminal no julgamento da macrocriminalidade (COSTA; MACHADO; ZACKSESKI, 2016; LONDERO, 2021; TROMBINI, 2021), comparando a atuação de varas federais especializadas e generalistas (MADEIRA; GELISKI, 2020, 2021), seja debruçando-se sobre os efeitos da Operação Lava Jato do ponto de vista processual (DA ROS; TAYLOR, 2022; LONDERO, 2021; RODRIGUES, 2020; TROMBINI, 2021; TROMBINI; VALARINI, 2023). Não tratamos diretamente desse aspecto aqui, mas exploramos a visão de atores envolvidos diretamente com essa mudança institucional que consideram positivo o resultado do ponto de vista do combate à corrupção:

> Eu acho legal, porque hoje há tantos números para contar, tantas coisas que derivaram de tudo isso... Quantos milhões foram repatriados, o quanto foi repatriado de tal ano a tal ano, o quanto o Brasil tem lá fora esperando o trânsito em julgado das sentenças aqui para trazer de volta... O DRCI tem esses dados. É uma fábula de dinheiro que tem lá fora bloqueado (Entrevista 2).

Transpondo os limites de atuação dos tribunais, na visão dos entrevistados, a especialização das cortes e de seus burocratas também trouxe ganhos políticos que podem ou não serem traduzidos em ganhos institucionais, como aumento do orçamento, especialmente aliados à pauta anticorrupção. Um dos exemplos desse movimento foi a própria Operação Lava Jato, como já destacado nessa obra, que trouxe holofotes à 13ª Vara Federal de Curitiba do TRF4 e o peso da sua atuação ao concentrar os casos de lavagem de dinheiro, de crime organizado e, consequentemente, de corrupção.

> Na Justiça Federal, a criação, em 2003, das varas especializadas no processamento e julgamento dos crimes de 'lavagem' de dinheiro, contra o sistema financeiro nacional e aqueles praticados por organizações criminosas, foi uma das mais vitoriosas ações concretizadas nos últimos anos. A essas unidades, verdadeiros centros de inteligência, pode ser

> creditado o aumento crescente no número de bens apreendidos originários da prática desses crimes, de prisões e de condenações efetivas. Um efeito inesperado da sua criação as torna ainda mais imprescindíveis: o capital político que essas unidades representam para o Poder Judiciário brasileiro (DIPP, 2016, p. 24).

Seja a aquisição de capital político pela burocracia judicial ou a criação de um corpo de juízes especializados, os efeitos da especialização evidenciam as diferentes transformações pelas quais passou a Justiça Federal. Nesta seção, buscamos traçar uma cartografia de duas décadas da política judicial de combate à lavagem de dinheiro e ao crime organizado. Nas seções seguintes, analisamos o papel dos tribunais superiores na legitimação da implementação da política de especializações do Poder Judiciário, a atuação da Justiça Federal na formulação e implementação da ENCCLA e os efeitos dessa atuação.

5.4. As varas especializadas nos tribunais superiores: a legitimação da política judicial de especialização

A política dos tribunais de criar varas especializadas ultrapassa os limites da própria autogestão do Poder Judiciário: uma vez criadas, as varas ficam sujeitas ao crivo dos próprios tribunais no reconhecimento de sua legitimidade e constitucionalidade, em especial no âmbito dos tribunais superiores. No caso brasileiro, os tribunais superiores que exercem essa função são o Supremo Tribunal Federal (STF) e o Superior Tribunal de Justiça (STJ), que em regra, julgam matéria de constitucionalidade e matérias controversas sobre o Direito ordinário (Direito Penal, Direito Processual Penal etc.).

O assunto da especialização não é algo novo na arena judicial. No caso das varas especializadas, esses dois tribunais exercem um papel fundamental na validação da política de especialização, o que dentro do mecanismo causal de difusão é a parte da legitimação da política. Retomando o conceito de política judicial dos capítulos anteriores — seja a política judicial enquanto decisão dos tribunais ou atos de gestão e organização do próprio Poder Judiciário —, no caso das varas especializadas essas duas acepções se interseccionam, uma vez que os tribunais que estimulam a especialização podem ser os mesmos que a legitimam dentro do sistema judicial brasileiro.

Dentro do mecanismo causal, a legitimação da política pelos tribunais pode ocorrer nas diferentes fases da especialização, sendo caracterizada pelo deslocamento de disputas da arena política para a arena judicial — em um processo de validação, por parte dos tribunais superiores, de políticas e práticas criadas em outras instâncias do Poder Judiciário brasileiro, como o Conselho da Justiça Federal, os Tribunais Regionais Federais e os Tribunais de Justiça nos estados. Nesse âmbito os tribunais superiores exercem seu papel de controle e regulação, tal como o fazem nos processos de judicialização de políticas públicas em outros setores. Dentro das duas acepções de política judicial, apresentadas nos capítulos anteriores, aqui se está trabalhando com a ideia de política judicial como decisão dos tribunais, que tem a capacidade de alterar as políticas públicas; e a de política judicial como política pública judicializada.

Como vimos nos capítulos anteriores, a especialização judicial não é um fenômeno novo no Brasil. Para além das varas federais de lavagem de dinheiro ou das varas estaduais de combate ao crime organizado, a especialização brasileira já versou sobre políticas de combate à violência de gênero, teve varas da infância e da juventude, juizados especiais, entre outros. Todos estes exemplos já passaram pelo crivo dos tribunais superiores em uma discussão ampliada sobre a política que os cria (como, por exemplo, a política criminal de enfrentamento à violência doméstica) ou sobre a atuação direta das varas e seus procedimentos.

No caso estudado neste livro, isso não é diferente. A política de especialização foi e é examinada pelos tribunais superiores sob dois aspectos essencialmente: um relacionado à legitimidade do poder dos tribunais em criar estruturas especializadas; e outro associado ao funcionamento da persecução penal, relativo às dinâmicas e instrumentos da política criminal com os quais as varas especializadas dialogam, como a Lei de Lavagem de Dinheiro (Lei Federal nº 9.613/1998) e a lei sobre organizações criminosas (Lei Federal nº 12.850/2013). Ao longo dos processos de implementação das varas especializadas na Justiça Federal e Estadual, as principais decisões que se referem à política de especialização e ao poder de criação de varas especializadas estão sintetizadas abaixo no Quadro 6.

Quadro 6. Recorte de decisões judiciais sobre as varas especializadas

Tribunal e Data	Decisão	Assunto relativo à Especialização	Tribunais
Superior Tribunal Federal			
2008 – 2009	HC 85.060/PR HC 88.660/CE HC 91.024/RN HC 94.146/MS HC 85.060/PR HC 94.188/SC	Reconheceu a legitimidade dos Tribunais Regionais Federais para criarem varas especializadas, cuja competência se dá em razão da matéria. Abordou o reconhecimento do Poder Judiciário de se autogerir e organizar – organização judiciária, como decorrência de sua independência.	TRF4 TRF5 TJRN TRF3 TRF4 TRF4
2012	ADI 4414	Reconhecimento da constitucionalidade da lei estadual alagoana – Lei Estadual nº 6.806/2007 do estado de Alagoas – que criou uma vara estadual criminal com competência exclusiva para processar e julgar delitos praticados pelo crime organizado.	TJAL
Superior Tribunal de Justiça			
2008	HC 61.271/SP	Especialização e abrangência territorial das varas especializadas, prevalência da competência material para processar casos de lavagem de dinheiro e medidas assecuratórias relacionadas a esta.	TRF3
2014	HC 237.956/MT	Tribunais têm legitimidade para especializar suas estruturas como ato de auto-organização – gestão.	TRF1 TJMT
2018	RHC 93.295/RJ	Competência da vara especializada para julgar crimes conexos à lavagem de dinheiro a partir da designação da competência em razão da matéria. A especialização em razão da matéria não viola as garantias do juiz natural.	TRF2
2018	RHC 6.881/RJ	Competência privativa dos tribunais, no caso, o TRF2, de auto-organização para especializar os seus órgãos jurisdicionais. A especialização em razão da matéria não viola as garantias do juiz natural.	TRF2
2019	AgRg no RHC 115.811/ES	Competência material da vara especializada de lavagem de dinheiro, prevalência sobre a competência territorial.	TJES
2023	AgRg no RHC 154.203/MT	Legitimidade da existência de varas especializadas estaduais para casos de corrupção, lavagem de dinheiro e crime organizado.	TJMS

Fonte: Elaboração própria.

Com a implementação das varas especializadas e seu funcionamento, a política de especialização ficou sujeita à avaliação dos atores que a mobilizam dentro do fluxo da justiça criminal, sejam promotores de Justiça, defensores públicos, advogados, réus ou outros, além dos próprios juízes. No Supremo Tribunal Federal, a discussão sobre as varas especializadas chega à corte por meio de *habeas corpus* impetrados pelos réus das ações penais, tendo como ponto de discussão o debate sobre competência no processo penal e sobre a constitucionalidade das varas especializadas — poder de especializar — em detrimento da garantia constitucional do juiz natural.

Durante a segunda onda de especialização da Justiça Federal e em decorrência desta, as questões suscitadas versavam, indiretamente, sobre dois postulados: a legitimidade dos tribunais em fazerem política judicial; e o desenho da política de especialização. Nos termos dos instrumentos processuais, essas discussões apareciam no questionamento sobre a competência dos casos de lavagem de dinheiro — *ratione materiae* —, a violação ou não do princípio do juiz natural (desenho da política) e a capacidade dos tribunais em disciplinarem suas estruturas voltadas a casos específicos.

Particularmente sobre as varas especializadas federais, em 2008, o STF reconheceu a legitimidade dos Tribunais Regionais Federais, em específico do TRF3, para especializarem suas estruturas para os casos de lavagem de dinheiro. Os debates giraram em torno da violação ou não do princípio do juiz natural.

> [...] O Provimento 275, de 11 de outubro de 2005, do Conselho da Justiça Federal da 3ª Região, especializou a 3ª Vara Federal de Campo Grande/MS, atribuindo-lhe competência exclusiva para processar e julgar os crimes contra o sistema financeiro nacional e os crimes de 'lavagem' ou ocultação de bens, direitos e valores. 3. Não há que se falar em violação aos princípios constitucionais do devido processo legal, do juiz natural e da *perpetuatio jurisdictionis*, visto que a leitura interpretativa do art. 96, I, a, da Constituição Federal, admite que haja alteração da competência dos órgãos do Poder Judiciário por deliberação dos tribunais. 4. **No caso ora examinado houve simples alteração promovida administrativamente, constitucionalmente admitida, visando a uma melhor prestação da tutela**

> **jurisdicional, de natureza especializada da 3ª Vara Federal de Campo Grande, por intermédio da edição do Provimento 275 do Conselho da Justiça Federal da 3ª Região.** Precedente (SUPREMO..., 2008b, grifo nosso).

Similares a essa decisão sobre um caso da 3ª Vara Federal de Campo Grande/MS do Tribunal Federal da 3ª Região, outras decisões apontavam no mesmo sentido de que as varas especializadas não violavam princípios constitucionais relacionados à legalidade das ações penais ao concentrarem em um juízo específico as demandas de determinado tipo penal — no caso da política estudada neste livro, os processos envolvendo lavagem de dinheiro e crime organizado. Sobre isso, em *habeas corpus* impetrado em processo que tramitava na Vara Federal Especializada de Foz de Iguaçu/PR – TRF4, o Ministro Eros Grau pontuou:

> [...] Especializar **varas** e atribuir competência por natureza de feitos não é matéria alcançada pela reserva da lei em sentido estrito, porém apenas pelo princípio da legalidade afirmado no artigo 5º, II da Constituição do Brasil, ou seja, pela reserva da norma. No enunciado do preceito — ninguém será obrigado a fazer ou deixar de fazer alguma coisa senão em virtude de lei — há visível distinção entre as seguintes situações: [i] vinculação às definições da lei e [ii] vinculação às definições decorrentes — isto é, fixadas em virtude dela — de lei. No primeiro caso estamos diante da reserva da lei; no segundo, em face da reserva da norma [norma que pode ser tanto legal quanto regulamentar ou regimental]. Na segunda situação, ainda quando as definições em pauta se operem em atos normativos não da espécie legislativa — mas decorrentes de previsão implícita ou explícita em lei — o princípio estará sendo devidamente acatado. 7. No caso concreto, o princípio da legalidade expressa reserva de lei em termos relativos [= reserva da norma] não impede a atribuição, explícita ou implícita, ao Executivo e ao Judiciário, para, no exercício da função normativa, definir obrigação de fazer ou não fazer que se imponha aos particulares — e os vincule. 8. Se há matérias que não podem ser reguladas senão pela lei — v.g.: não haverá crime ou pena, nem tributo, nem exigência de órgão público para o exercício de atividade econômica

sem lei, aqui entendida como tipo específico de ato legislativo, que os estabeleça — das excluídas a essa exigência podem tratar, sobre elas dispondo, o Poder Executivo e o Judiciário, em regulamentos e regimentos. Quanto à definição do que está incluído nas matérias de reserva de lei, há de ser colhida no texto constitucional; quanto a essas matérias não cabem regulamentos e regimentos. Inconcebível a admissão de que o texto constitucional contivesse disposição despiciente — *verba cum effectu sunt accipienda*. **A legalidade da Resolução n. 20, do Presidente do TRF da 4ª Região, é evidente. 9. Não há delegação de competência legislativa na hipótese e, pois, inconstitucionalidade. Quando o Executivo e o Judiciário expedem atos normativos de caráter não legislativo — regulamentos e regimentos, respectivamente — não o fazem no exercício da função legislativa, mas no desenvolvimento de função normativa. O exercício da função regulamentar e da função regimental não decorrem de delegação de função legislativa; não envolvem, portanto, derrogação do princípio da divisão dos poderes** (SUPREMO..., 2008a, grifo nosso).

Sob o aspecto do *policy making* judicial, essa decisão, junto com outros julgados que adotam o mesmo posicionamento, descreve o processo de criar e implementar as varas especializadas nos tribunais como um ato administrativo legítimo de auto-organização. No caso da matéria penal — competência para processar os casos de lavagem de dinheiro e crime organizado — as decisões delineiam que não se está extrapolando os limites da legalidade, tampouco disciplinando matéria nova ou delegando atribuições, uma vez que se trata de ato de gestão, assentado na independência e na autonomia dos tribunais. Neste sentido, outros julgados do STJ reforçam esse entendimento sobre o poder de especializar:

> 1. O Supremo Tribunal Federal, ao interpretar o artigo 96, inciso I, alíneas “a” e “d”, e inciso II, alínea “d”, da Constituição Federal, firmou o entendimento de que o Poder Judiciário pode dispor sobre a especialização de varas, pois se trata de matéria que se insere no âmbito da organização Judiciária dos Tribunais. [...] (SUPERIOR..., 2014).

Em um caso relacionado com a atuação da 3ª Vara Federal Criminal da Seção Judiciária do Rio de Janeiro, o ministro Ribeiro Dantas, da Quinta Turma do STJ, ao julgar o Recurso em *Habeas Corpus* (RHC), reforçou a legitimidade dos tribunais em sua autogestão, bem como a prevalência da competência em razão da matéria da 3ª Vara Federal Criminal da Seção Judiciária do Rio de Janeiro sobre a Vara Única da Subseção Judiciária de Nova Friburgo.

> [...] 4. O art. 96, I, a, da Constituição Federal confere aos Tribunais competência privativa de auto-organização, prerrogativa própria de iniciativa para dispor sobre funcionamento dos órgãos jurisdicionais e administrativos. 5. No âmbito infraconstitucional, o art. 74 do Código de Processo Penal dispõe que 'A competência pela natureza da infração será regulada pelas leis de organização judiciária, salvo a competência privativa do Tribunal do Júri'. 6. A criação de vara especializada em crimes contra o Sistema Financeiro Nacional, por resolução do Tribunal Regional Federal da Segunda Região, não viola o princípio do juiz natural, considerando ser da alçada dos Tribunais dispor sobre a competência e o funcionamento dos seus órgãos jurisdicionais e administrativos, na forma do art. 96, I, "a", da Constituição da República. 7. No caso em exame, a competência das Varas Especializadas em crimes contra o sistema financeiro nacional e de lavagem ou ocultação de bens, direitos e valores, em razão da matéria e da natureza da infração, abrange toda a área territorial compreendida na Seção Judiciária do Rio de Janeiro, não se limitando à sede da Seção Judiciária do Rio de Janeiro, consoante consignado no acórdão recorrido (SUPERIOR..., 2018a).

Este último tópico sobre a competência das varas refere-se diretamente ao desenho e à concepção da política de especialização. Como abordamos anteriormente, uma das características do desenho – *policy design* – dessa política judicial é a concentração de casos de uma determinada matéria em um juízo especializado. Isso também foi recentemente alegado pelo STJ no Agravo Regimental do Recurso Ordinário em *Habeas Corpus* nº 115.811/ES:

> AGRAVO REGIMENTAL. RECURSO ORDINÁRIO EM HABEAS CORPUS. LAVAGEM DE DINHEIRO. INCOMPETÊNCIA DE VARA ESPECIALIZADA PARA PROCESSAR E JULGAR CRIMES OCORRIDOS EM COMARCAS DIVERSAS. POSSIBILIDADE DE CRIAÇÃO DE VARAS ESPECIALIZADAS PELOS TRIBUNAIS DE JUSTIÇA. PREVALÊNCIA DOS JUÍZOS ESPECIAIS EM DETRIMENTO DAS VARAS CRIMINAIS DAS COMARCAS. COMPETÊNCIA EM RAZÃO DA MATÉRIA. CONSTRANGIMENTO ILEGAL NÃO CARACTERIZADO. DESPROVIMENTO DO RECLAMO. 1. O Supremo Tribunal Federal, ao interpretar o artigo 96, inciso I, alíneas "a" e "d", e inciso II, alínea "d", da Constituição Federal, firmou o entendimento de que o Poder Judiciário pode dispor sobre a especialização de varas, pois se trata de matéria que se insere no âmbito da organização Judiciária dos Tribunais. Precedentes. 2. Não há qualquer ilegalidade na tramitação da ação penal instaurada contra os recorrentes perante a 1ª Vara Criminal da Seção Judiciária do Espírito Santo, pois embora os ilícitos a eles assestados tenham supostamente ocorrido em Cachoeiro de Itapemirim, o referido Juízo, por ser especializado quanto à matéria, prevalece sobre os demais. Precedente. 3. Agravo regimental desprovido (SUPERIOR..., 2019).

Em caso relacionado à Operação Fatura Exposta, no Rio de Janeiro, processado no âmbito do TRF2, o STJ, ao julgar o Recurso em *Habeas Corpus* nº 83.295/RJ, reforçou tanto as concepções de legitimidade da especialização, como a não violação do princípio do juiz natural nos casos de crimes conexos à lavagem de dinheiro, como corrupção e crime organizado (SUPERIOR..., 2018b).

Deslocando a discussão para os Tribunais de Justiça, o Supremo Tribunal Federal ao julgar a ADI nº 4414/AL em 2012 (SUPREMO..., 2012a), que questionava a legalidade da lei estadual que criava vara criminal para processar e julgar crimes cometidos por organizações criminosas, reconheceu a constitucionalidade das varas ao afirmar que não violam o princípio do juiz natural, bem como a legalidade da lei estadual de disciplinar a criação de varas especializadas (SUPREMO..., 2012b). De forma geral, todas essas decisões, sejam as proferidas na segunda fase da especialização ou nos anos mais recentes, após a

Resolução nº 273/2013 do CJF, dão evidências da construção de um entendimento consolidado e compartilhado entre os tribunais superiores sobre os movimentos de criação de política judicial pelo Poder Judiciário.

Esse bloco de decisões, movimentado principalmente pelos atores da justiça criminal que questionavam tópicos relacionados à implementação e ao funcionamento das varas especializadas, em sede de *habeas corpus*, apontam para a relevância da segunda parte do mecanismo causal de legitimação da difusão das varas especializadas, qual seja, o reconhecimento da legalidade do *policy making* judicial. Aliado a isso, a atuação dos tribunais superiores reforça as evidências sobre a veracidade da hipótese primária sobre o protagonismo dos tribunais na criação de estruturas especializadas – movimento *bottom-up* de criação de políticas.

O encadeamento de diferentes decisões em períodos distintos fortalece a não linearidade das partes do mecanismo causal de difusão, em que a política especializada passa por diferentes ciclos de implementação, legitimidade e reestruturação, até o seu próprio desmantelamento. Nesse último caso, explorado no Capítulo 7, a etapa da legitimação é caracterizada pelas decisões que afetam a própria dinâmica da persecução penal. Passamos, a seguir, para a política especializada em rede, fundamentalmente, o papel da Justiça Federal associado à ENCCLA e vice-versa.

5.5. A política de especialização em rede: a ENCCLA e os movimentos legislativos

A Estratégia Nacional de Combate à Lavagem de Dinheiro (ENCLA) surgiu em 2003 e em 2006 passou a chamar-se Estratégia Nacional de Combate à Corrupção e à Lavagem de Dinheiro (ENCCLA). A ENCCLA tem sido abordada exaustivamente pela literatura, no entanto, interessa-nos aqui as conexões com a política judicial das varas de lavagem. Retomando o mecanismo causal que explica a origem das varas especializadas a partir de duas causas principais — a incorporação da agenda internacional anticorrupção, lavagem de dinheiro e crime organizado, e a atuação das burocracias judiciais —, buscamos compreender a segunda parte do mecanismo de difusão por aprendizado, em que a ENCCLA está diretamente relacionada à implementação da política judicial de especialização federal.

Essa estratégia, inicialmente em sua preocupação antilavagem de dinheiro, surgiu em resposta à constituição de uma agenda internacional e dos movimentos de cooperação jurídica internacional no enfrentamento da corrupção, da lavagem de dinheiro e do crime organizado, especialmente oriundos das Convenções da ONU (em 1988 contra o Tráfico Ilícito de Estupefacientes e de Substâncias Psicotrópicas e em 2000 contra a Criminalidade Organizada Transnacional) e da criação do Grupo de Ação Financeira Internacional (GAFI/FATF), conforme vimos no capítulo da agenda internacional. O diagnóstico desses fóruns era quanto à necessidade de asfixia patrimonial como mecanismo de incidir sobre esse tipo de criminalidade organizada — daí a importância de se ater às movimentações financeiras (JAKOB, 2016; MADRUGA, 2012).

No caso brasileiro, apesar da existência da legislação, faltava a cultura institucional de articulação. Isso foi apontado como fator para o surgimento da Estratégia Nacional, que deveria servir como "instância de aprimoramento da atuação do Estado na antilavagem, no formato de fórum de articulação e atuação conjunta entre os órgãos competentes" (JAKOB, 2016, p. 357). Posteriormente, a anticorrupção, com um panorama mais complexo e uma dimensão administrativa para além da criminal, foi incorporada à Estratégia, agora ENCCLA, devido ao fato de a corrupção se constituir como crime antecedente à lavagem (JAKOB, 2016).

Essa articulação foi surgindo primeiramente concentrada em alguns órgãos, como a CGU, a Polícia e a Receita Federal; e no grupo de estudos formado pelo Conselho da Justiça Federal, com a participação de outras instituições do sistema de Justiça que já mencionamos anteriormente. Segundo relatos dos entrevistados, a iniciativa de reunião das diferentes instituições foi se dando aos poucos, motivada pelo entusiasmo de transpor os "muros enormes entre os donos das informações" (Entrevista 5).

A ação promovida inicialmente pela Controladoria-Geral da União (CGU) acabou sendo transferida para o Coaf, então recém-criado, uma vez que o escopo deste era mais amplo, podendo extrapolar os casos restritos à burocracia federal. A ENCCLA é resultado dessa articulação: "Começamos a costurar e em dezembro, em Pirenópolis, foi a primeira ENCCLA. Nós fomos fundadores. Em dezembro de 2003 foi a primeira reunião, foi a fundação da ENCCLA, que nasceu dessa maneira" (Entrevista 5).

A forma de organização inicial da estratégia dava-se pela presença de um núcleo duro, em que o DRCI fazia secretaria executiva, com participação da CGU e Polícia Federal, e a atuação geral preconizava a criação de metas, cujas ações eram desenvolvidas por três grupos: o jurídico, grupo operacional e grupo de TI. Cada um destes tinha um coordenador, que trabalhavam o ano inteiro de maneira autônoma para que as decisões fossem tomadas nas reuniões plenárias, sempre ao final do ano. Houve, segundo os relatos, uma mimetização dos gabinetes de gestão integrada (GGI) que já estavam presentes na Senasp e que se difundiram como modelo de gestão de segurança pública também nos municípios que aderiram ao Pronasci na época[7].

A ENCCLA é descrita na literatura como uma dessas ações ambiciosas em busca do controle da lavagem de dinheiro e da corrupção, cujos esforços resultaram em um mecanismo inovador — que consistiu na reunião de dezenas de órgãos para criar em conjunto uma cultura de combate à lavagem de dinheiro no país — e capaz de impor a coordenação entre os diferentes órgãos e a aplicação de uma política pública ao Judiciário (ABRAMOVAY; LOTTA, 2022). Os autores descrevem terem visualizado nas reuniões desse fórum a formação de:

---

[7] A política dos Gabinetes de Gestão Integrada foi criada no âmbito da Secretaria Nacional de Segurança Pública (Senasp), sendo implementada de maneira sistemática a partir da criação do Programa Nacional de Segurança Pública com Cidadania (Pronasci), preconizando a gestão em rede e de maneira participativa dos órgãos de segurança pública e justiça criminal (MADEIRA; RODRIGUES, 2015).

> uma comunidade de funcionários de diversas carreiras que começavam a criar um *ethos* específico de servidores concursados que tinham a missão de livrar o país da corrupção" (ABRAMOVAY; LOTTA, 2022, p. 94), cujo palco e protagonismo só surgiu em razão das "políticas ativas do governo Lula, do Ministério da Justiça, da CGU, entre outros, que não apenas apostam na valorização profissional desses servidores e no investimento para melhorar suas condições de trabalho como criam a própria ENCCLA, [uma vez que] essa coordenação entre servidores nunca surgiria — nem poderia surgir — a partir da organização deles próprios. Ela é parte desse projeto de inspiração faoriana, liderado pelo Ministério da Justiça, que usa seu prestígio público e sua legitimidade política para permitir que se articulem políticas com o intuito de transformar as instituições públicas (ABRAMOVAY; LOTTA, 2022, p. 94).

Veremos, mais adiante, que a sequência apresentada nessa análise (ABRAMOVAY; LOTTA, 2022) constitui a base da hipótese rival desta obra, e é contestada pelos atores da burocracia judicial federal. Eles afirmam, reforçando nossa hipótese primária, que o Judiciário Federal, ao criar o movimento que resultou nas varas especializadas, teve um papel importante no impulsionamento da ENCCLA por parte do Executivo Federal, via Ministério da Justiça (MADEIRA; GELISKI, 2020; MARONA; KERCHE, 2021). Como verificamos através das falas da burocracia judicial, a ENCCLA foi "um fator-chave na construção de uma proeminência dos atores judiciais (integrantes do Judiciário, Ministério Público e Polícia Federal) não apenas na implementação da agenda anticorrupção, através do exercício de suas funções típicas, mas também na sua formulação" (KERCHE; MARONA, 2022, p. 26).

A ENCCLA integrou todas as instituições da rede de *accountability*. Nesse caso, o Judiciário Federal participou da definição da agenda e formulação de políticas públicas no âmbito do Executivo Federal. Segundo os entrevistados, a ENCCLA deriva das várias sugestões oriundas da comissão do CJF (Entrevista 3). Um fator apontado como central na promoção dessa estratégia nacional é o papel desempenhado pelo ex-ministro do STJ Gilson Dipp, descrito no capítulo anterior como o empreendedor da especialização no CJF.

Além dos movimentos do CJF e das varas especializadas, a atuação do ex-ministro é o elo entre a criação da política judicial de especialização e da ENCCLA.

> Não poderíamos encerrar esse livro, que busca contar a história da ENCCLA, sem mencionar o Ministro do Superior Tribunal de Justiça Gilson Dipp. Gilson Dipp faz parte dessa história. Ele viu a ENCCLA nascer e viveu a ENCCLA intensamente desde o princípio. Por motivo de força maior, o Ministro, pela primeira vez desde a criação da Estratégia, não participou de sua Reunião Plenária anual. Esse é também o motivo para ele não ter deixado neste livro o seu depoimento sobre a ENCCLA. Gostaríamos de registrar nosso reconhecimento à dedicação e ao trabalho do Ministro para com a Estratégia e nosso carinho para com esse cidadão brasileiro que é um exemplo de um homem aguerrido na luta pelos ideais de justiça. (SECRETARIA NACIONAL DE JUSTIÇA; DEPARTAMENTO DE RECUPERAÇÃO DE ATIVOS E COOPERAÇÃO JURÍDICA INTERNACIONAL, 2012, p. 132).

Assim como o ministro Gilson Dipp, outro ator fundamental para a criação da política federal foi o ministro da Justiça da época, Márcio Thomaz Bastos, que, segundo os entrevistados, enxergou o potencial e os ganhos políticos e de combate ao crime daquela reunião singular de órgãos.

> E o Márcio Thomaz Bastos percebeu esse movimento e quando ele entrou teve a grande ideia de formar a ENCCLA. Ele foi o idealizador, mas na verdade inspirado muito nesse embrião [da comissão do CJF] (Entrevista 2).
>
> Essa Comissão teve uma repercussão muito grande entre os órgãos de controle e teve um efeito imediato. O ministro Márcio, a secretária nacional de Justiça era a [suprimido], que era do Ministério Público, e o anterior era o [suprimido], que era diretor do Departamento de Recuperação de Ativos e Cooperação Jurídica Internacional, participaram, não diretamente, mas ouviram e levaram ao Márcio a ideia de se criar uma Estratégia Nacional. E bom, logo o Márcio, que era advogado de todos os políticos. Mas era um cara que tinha visão... Então logo

> depois foi criada a ENCLA com uma amplitude muito grande de órgãos, acabou se federando um gigante. Nas dez primeiras assembleias e outras preparatórias, muitas vezes sem representar nenhum órgão, a ENCLA começou a estipular mais amplamente o sistema de metas, estimular que pudesse ter apreensão antecipada de bens, por exemplo... Enfim, uma série de medidas. E isso também levou à representatividade perante à OCDE, ao GAFI e vários órgãos de fiscalização (Entrevista 3).

Foi essencial a atuação do Ministro da Justiça como articulador da política e facilitador da cooperação jurídica internacional, responsável por desburocratizar as relações com órgãos dos sistemas de justiça de outros países, permitindo que os processos contassem com fases realizadas fora do Brasil e possibilitando, principalmente, recuperar ativos resultado de corrupção que haviam sido mandados para o exterior.

> Nas áreas especializadas, essas de lavagem e crime contra o sistema financeiro, eles passaram a trabalhar com outro segmento também da cooperação jurídica internacional, até então outra grande desconhecida. Foi graças ao ministro Márcio Thomaz Bastos que se criou o órgão dentro do Ministério da Justiça que cuida disso, que é o DRCI, que é o que coordena tudo isso e, com todas as críticas que gestões que passaram por lá fazem umas pras outras, o fato é que se organizou a coisa, sabe? (Entrevista 2).
>
> E assim a gente rompeu com uma outra coisa que era super ruim também naquela época: a rogatória. Sabe o que é o uso da rogatória? Tu tem que mandar pro Ministério da Justiça daqui, que manda para a embaixada, que manda para a embaixada do outro país, que manda para o Ministério da Justiça do outro país e aí faz todo o caminho de volta, para conseguir, às vezes, um depoimento. Isso era horrível, porque tudo o que envolve o Ministério das Relações Exteriores é uma burocracia, uma coisa que não tinha fim. Então romper com isso e poder fazer a cooperação direta foi outra quebra de paradigma também. O fato é que até hoje a gente não tem uma lei que trate da cooperação jurídica internacional. Já tem vários projetos trabalhados na ENCCLA, nenhum anda no Congresso, nenhum foi adiante, e a gente acabou fazendo por ato administrativo. Criou-se e o ato administrativo foi incorporado

> depois na lei que se editou — que tem pouquíssimos artigos, não é um instituto, não trata todas as nuances, porque a gente tem cooperação em matéria cível, não é só no penal, a gente tem muitas coisas de cooperação internacional que justificariam uma lei específica, mas ela não aconteceu (Entrevista 2).

O papel de empreendedor do primeiro-ministro da Justiça de Lula, Márcio Thomaz Bastos, e a manutenção do apoio por parte de Tarso Genro foram centrais, segundo os entrevistados, para que a estratégia se desenvolvesse:

> Nós tivemos o ministro Márcio, que foi uma pessoa que fortaleceu a polícia, prestigiou a SENASP e tinha essa visão sem vaidade de protagonismo com os outros ministérios. Então ele colocou essa boa relação e a estrutura a serviço de uma [causa]. É difícil identificar o pai da criança, porque na realidade eram demandas de diferentes setores e que [foram desenvolvidas por] figuras centrais como o Márcio, o Tarso, que deu sequência — tivemos um baque com a saída dele, voltando com a série histórica de falta de ministros. A questão do empoderamento dos órgãos de fiscalização e controle foi importante. [...] O mérito foi do governo Lula, ele foi muito hábil na formação. Eu acho que também tem um pouco de bandeira, tinha uma questão de empoderamento do Estado, isso é conceitual da esquerda (Entrevista 4).

A proposição, por parte do Ministério da Justiça do primeiro governo Lula, da Estratégia Nacional de Combate à Lavagem de Dinheiro, primeiramente focada no combate à lavagem de dinheiro, e transformada em 2006 em Estratégia Nacional de Combate à Corrupção e à Lavagem de Dinheiro, propiciou o espaço para a troca e a coordenação interinstitucional entre as agências anticorrupção, além de facilitar a aprovação legislativa de projetos encaminhados com a chancela de todos os órgãos em conjunto (LAFORGE, 2017 apud DA ROS; TAYLOR, 2022). Desse modo, a ENCCLA constituiu “a principal rede de articulação entre os poderes da República, as instituições do sistema de Justiça e os órgãos de controle da burocracia para a formulação de políticas voltadas para o tema”, com ações organizadas nas linhas de capacitação, estruturação dos órgãos, implementação de sistemas, normalização e produção de conhecimento, bem como destacando-se "pelos esforços de modernização de processos criminais envolvendo propostas legislativas sobre o sistema financeiro nacional, organizações criminosas, lavagem de dinheiro, improbidade administrativa, entre outros temas" (KERCHE; MARONA, 2022, p. 24-25).

De 2003 a 2022, a ENCCLA atuou nas mais diversas seções temáticas, compreendendo desde ações e metas relativas a capacitação e treinamento, articulação institucional e desenvolvimento de uma cultura brasileira de combate à lavagem de dinheiro. Das 340 metas, oito correspondem especificamente à política de especialização de instituições judiciais, particularmente relativas à primeira onda de especialização de 2003 a 2006.

As metas elencadas abaixo reforçam, a partir de documentos, a hipótese primária deste estudo quanto ao protagonismo dos atores judiciais na política de especialização, haja vista que as metas e ações são posteriores ao desencadeamento da primeira onda, referem-se à especialização de órgãos para além da Justiça Federal (Ministérios Públicos e Polícia Federal) e estabelecem medidas de capacitação e critérios para a melhor atuação das varas já especializadas. Embora os atores protagonistas da especialização judicial não tenham sido mencionados explicitamente nas metas abaixo, é preciso reconhecer que estavam presentes na ENCCLA e, portanto, incentivaram a própria especialização judicial federal.

> A decisão de criar varas especializadas no julgamento de crimes de lavagem de dinheiro é exemplo de medida administrativa alinhada à ENCLA e que somente poderia ser decidida pelo Poder Judiciário, em sua função administrativa (MADRUGA, 2012, p. 35).
>
> A especialização de varas em lavagem de dinheiro no âmbito da Justiça Federal, por incentivo da Estratégia, modificou esse cenário. Ademais, como resultado de uma das tantas ações desenvolvidas pela Estratégia, hoje é possível verificar o incremento das estatísticas, que se encontram consolidadas e publicadas, para livre acesso, na página web do Conselho Nacional de Justiça (SANCHOTENE, 2012, p. 71).

Em 2013, a ENCCLA editou a Recomendação nº 3, em que reforçou a necessidade de criação de varas especializadas em lavagem de dinheiro: "Considerando a complexidade da matéria, a experiência nacional já vitoriosa e reconhecida internacionalmente e a melhoria da eficiência e eficácia na persecução criminal envolvendo os crimes financeiros e de lavagem de dinheiro, a Estratégia Nacional de Combate à Corrupção e à Lavagem de Dinheiro – ENCCLA reitera a imprescindibilidade das varas especializadas em crimes financeiros e lavagem de dinheiro e recomenda sua manutenção". No quadro abaixo, destacamos as metas e ações que mencionam diretamente as varas especializadas, todas relativas à primeira onda de especialização da política judicial federal.

Quadro 7. Metas e Ações da ENCCLA relacionadas às Varas Especializadas

Objetivo	Metas/Ações	Descrição
Desenvolver no Brasil uma cultura de combate à lavagem de dinheiro.	25/2004	Apresentar, após consulta aos demais membros do GGI-LD, programa de capacitação, treinamento e especialização, com cursos de pequena (seminários), média (atualização) e longa duração (especialização), para agentes públicos que atuam no combate à lavagem de dinheiro. Os cursos de curta e média duração devem ser voltados ao estudo de casos práticos, de tipologias de lavagem de dinheiro ou treinamentos específicos. Os cursos de longa duração, com característica multidisciplinar, devem formar agentes públicos altamente especializados no combate à lavagem de dinheiro, abrangendo conhecimentos jurídicos, financeiros, técnicas de investigação e o uso de softwares e equipamentos de última geração.
	27/2004	Avaliar, em conjunto com o Ministério Público do Estado de São Paulo, a criação de procuradorias e promotorias especializadas no combate à lavagem de dinheiro.
Recuperação de Ativos	18/2005	Iniciar o cadastramento de bens, direitos e valores apreendidos, sequestrados e arrestados em procedimentos criminais e processos judiciais.

Objetivo	Metas/Ações	Descrição
Articulação Institucional	23/2005	Criar, no âmbito do Departamento de Polícia Federal, unidades de repressão de crimes financeiros nos locais onde foram instaladas varas federais especializadas no processo e julgamento dos crimes contra o sistema financeiro e lavagem de dinheiro.
	23/2006	Criar, no âmbito do Departamento de Polícia Federal, delegacias de repressão a crimes financeiros em todas as superintendências regionais e núcleos nas demais delegacias onde houver varas federais especializadas no processo e julgamento dos crimes contra o sistema financeiro e lavagem de dinheiro.
Capacitação e Treinamento	27/2005	Construir modelo de capacitação a ser disponibilizado para as Secretarias Estaduais de Fazenda, a partir de projeto piloto desenvolvido na SEFAZ/SP, visando à especialização de grupos e a formação de multiplicadores no combate à lavagem de dinheiro.
	28/2006	Criar rede para integração de especialistas certificados em combate à lavagem de dinheiro e ao financiamento ao terrorismo.

Fonte: Elaboração própria a partir de informações do site da ENCCLA (ENCCLA, [*s. d.*]).

Em relação ao incentivo de especialização de instituições, as metas 27/2004, 23/2005, 27/2005 e 23/2006 tratavam da especialização do Ministério Público do Estado de São Paulo, com a criação de procuradorias e promotorias especializadas no combate à lavagem de dinheiro.

Para além da promoção de incentivos para mudanças institucionais endógenas no âmbito das instituições da rede de *accountability* e do sistema de Justiça, a "ENCCLA usou uma abordagem de *soft law* baseada na pressão e consenso dos pares para levar as ideias adiante, com uma liderança habilidosa encorajando diversos funcionários públicos a se conectar e experimentar novas políticas" (LAFORGE, 2017, p. 7-9 apud DA ROS; TAYLOR, 2022). Isso levou à implementação de uma variedade de novas ideias sobre como melhorar processos, agências e leis, muitas das quais agora fazem parte do quadro legal. Fazendo isso, a ENCCLA se coloca como vetor de política criminal, ou seja, procura mobilizar em uma mesma direção os recursos políticos espalhados entre diversos atores (ARAUJO, 2012).

Segundo Jakob, por ser uma rede interorganizacional, o objetivo da ENCCLA de combater lavagem de dinheiro e corrupção depende da sua capacidade de gerenciamento enquanto rede. Os atores entrevistados creditam justamente a essa capacidade de articulação o sucesso, a durabilidade e a resistência da iniciativa.

> O grande problema dessas recomendações é que elas são desprovidas de qualquer mecanismo de *enforcement*. Então capilarizar tudo isso de fato é algo que vai muito além da capacidade de engajamento de quem tem a liderança do processo. [...] A ENCCLA se transformou num grande fórum de relacionamento entre as instituições e as decisões são todas por consenso. Então sempre houve um cuidado muito grande na definição das ações em relação à importância, à aderência, à atualidade. É raro você ter algo que fique dando volta em si mesmo, e por outro lado é interessante verificar o que acontece nessa questão da definição da coordenação. Era sempre algo assim: 'Olha, quem se dispõe a coordenar?' E as pessoas se voluntariavam sempre, era um ambiente muito fluido, muito amistoso, muito propositivo, muito construtivo (Entrevista 9).

Um segundo aspecto a ressaltar, resultado do trabalho da ENCCLA, foram as mudanças legislativas ocorridas na área. Entre elas, a Lei Complementar nº 135/2010, conhecida como Lei da Ficha Limpa (BRASIL, 2010), que dispõe que pessoas condenadas criminalmente não podem ser eleitas para cargos públicos por um período de oito anos; a Lei nº 12.683/2012 (BRASIL, 2012a), que excluiu o rol de crimes específicos que antes caracterizavam a lavagem de dinheiro (portanto, depois dela, quaisquer crimes — inclusive os penais — podem ser considerados como caracterizadores desse ilícito), o que facilitou a identificação da atividade ilícita dos infratores e a construção do caso para sua condenação; a Lei nº 12.846/2013, conhecida como Lei Anticorrupção, que dispõe sobre a recuperação de ativos

(BRASIL, 2013a); e a Lei nº 12.850/2013, que conceituou a organização criminosa (BRASIL, 2013b).

No Legislativo, uma série de normas editadas ou alterações legislativas ao longo do período tornaram possível não apenas a denúncia, mas a persecução criminal e a punição pelos crimes de corrupção. As propostas legislativas foram, nominalmente, oriundas da ENCCLA e especialmente do grupo de trabalho jurídico que lá se reunia:

> Na alteração da Lei de Lavagem [...] a ENCCLA tem todo o mérito. Foi na ENCCLA que se falava das dificuldades de identificar o crime antecedente. [...]. A ENCCLA era dividida em grupos: um grupo de tecnologia que cuidava dessas coisas de BACENJUD, de laboratório de análise de dados, e outro jurídico. [...] O Ministério da Justiça que mandava os projetos de lei [...], mas foi tudo gestão no grupo (jurídico) deles (Entrevista 1).
>
> Sobre a questão do Congresso e dessa [proposta] de lavagem de dinheiro: eu estive na comissão, muito se defendeu [no Legislativo] as modificações nascidas de dentro da ENCCLA, onde estavam representados o Ministério Público, a Polícia Federal... Enfim, o Márcio ia pessoalmente às sessões, depois nunca mais ninguém foi. Então o que nós achávamos sempre dos crimes ('tem que tirar da lei o rol taxativo de crime antecedente'), enfim, essas modificações mais modernas que o Congresso reuniu, foram as coisas praticadas pela ENCCLA. E a ENCCLA é um órgão estritamente político ligado ao Ministério da Justiça, à Secretaria Nacional da Justiça, e que tinha essa interlocução mais direta com os deputados [...] para pedir mudanças (Entrevista 3).
>
> E ela (ENCCLA) sempre teve um papel grande também na proposição legislativa. E sempre na aproximação com política, com parlamentares. [...] Eles também criavam uma interlocução qualificada. Era raro, nas grandes iniciativas legislativas, que houvesse uma audiência pública em que alguém da ENCCLA não estivesse participando" (Entrevista 9).

De acordo com os entrevistados, as propostas de alterações legislativas ficavam a cargo do grupo jurídico, com atuação primordial do CNJ como representante do Poder Judiciário. Essas propostas vinham do grupo jurídico e passavam por debates no âmbito do

GGI, não sem resistência, dadas as disputas no âmbito da própria ENCCLA entre os membros pertencentes às instituições — que defendiam as alterações voltadas ao combate à fraude, à corrupção e ao enriquecimento ilícito — e os representantes do campo político.

Confirmando uma aparente cisão entre burocracia e política, Abramovay e Lotta afirmam que as agendas da ENCCLA se formavam, em um primeiro momento, com o acompanhamento do Ministério da Justiça e que, aos poucos, um processo de autonomização retirou o peso do Executivo, cristalizando a visão de servidores públicos derivada sobretudo da agenda internacional de combate à corrupção. Tal qual descrito acima, "os grupos de acompanhamento das convenções das Nações Unidas, da OEA, da OCDE, além das reuniões do GAFI, tinham mecanismos para estabelecer agendas a partir dos compromissos internacionais firmados e cobrar dos países signatários avanços nas implementações das convenções" (ABRAMOVAY; LOTTA, 2022, p. 95).

Abramovay e Lotta (2022, p. 98) abordam as relações ora de cooperação, ora de resistência entre a ENCCLA e a Secretaria de Assuntos Legislativos do Ministério da Justiça. Segundo eles, havia coincidência de propósitos em vários momentos, mas não quando medidas de agenda teriam resultados punitivos com impacto na população carcerária.

Rodrigues (2020) corrobora em sua pesquisa as informações trazidas nas nossas entrevistas ao apontar a presença do DNA do sistema de Justiça (Judiciário, MP e Polícia Federal) tanto na tramitação legal, constatável pela atuação em relatórios de comissões, quanto na elaboração das políticas públicas no âmbito da ENCCLA, destacando-se nesses papéis a participação de juízes federais representando a Associação dos Juízes Federais (AJUFE). Ademais, Rodrigues aponta a percepção de que a classe política encabeçou as mudanças legais sem compreender que poderia ser alvo, uma vez que o regramento buscado teria como foco os grupos envolvidos com tráfico de drogas e crimes violentos.

> Alguns detalhes da tramitação das Leis 10.763/2003, 12.683/2012 e 12.850/2013 também indicam a ausência de ou a baixa expectativa da

> classe política de ser atingida diretamente pelas mudanças introduzidas pelos textos legais. [...] Essas considerações reforçam a hipótese de que os efeitos gerados com a aprovação da legislação tratada no quadro 3, inclusive a Lei de Organizações Criminosas, não eram desejados e possivelmente nem sequer esperados pelos parlamentares (RODRIGUES, 2020, p. 81; 83-84).

Em relação a esse último aspecto, os atores judiciais entrevistados, envolvidos com a política de especialização, reforçam essa percepção de surpresa com a aprovação de todas as mudanças legislativas e os posteriores efeitos obtidos com suas aplicações. É preciso lembrar que se trata de trechos de entrevista concedida antes da Vaza Jato, e, portanto, destacando impressões da época em que a Operação Lava Jato contava com alta popularidade e grau elevado de legitimidade. Não deixa de ser curioso ver em retrospectiva a posição desses atores judiciais cuja atuação como grupo de interesse foi devidamente registrada:

> Então é uma forma diferente de trabalhar, é uma investigação demorada, ela se arrasta por meses, a interceptação telefônica é essencial, agora a gente tem infiltração de agentes, que é essencial, e na ENCCLA a gente conseguiu trabalhar muito essa questão, quando tinha o grupo jurídico. A Lei das Organizações Criminosas e a Nova Lei de Lavagem saíram de lá. A gente participou de forma bem ativa nisso, tanto na redação, quanto na defesa disso no Senado. E foi superimportante porque durante sete anos tramitou a Lei das Organizações Criminosas, que é essa que a gente tem hoje, que autoriza fazer colaboração premiada, infiltração de agentes, a polícia buscar dados que não sejam dados cadastrais. [Porque] antes [havia] aquela dúvida: a polícia pode ou não pode? Tem que ter autorização judicial ou não tem? Imagina a polícia, para buscar endereço, CPF, precisar de autorização judicial. Era um absurdo isso, em nenhum país sério do mundo isso acontecia, mas aqui era assim (Entrevista 2).
>
> [...] Nem sei dizer como é que saiu, que passou em 2013. Nem sei, porque era governo do PT, a gente não acreditava e, tu vê, meses depois é deflagrada a Lava Jato, é uma coisa assim que, às vezes eu fico

> pensando, parece que a história vem sendo preparada, sabe, de acontecer no momento que tem que ser mesmo, incrível. Porque se a Lava Jato tivesse acontecido um ano antes, tudo ia ser questionado, as colaborações premiadas, tudo, porque tudo é com base numa lei muito ruim, assim, muito... Ali não, vem um rito direitinho dizendo quando tem que ser tornada pública, para quem, [...] o juiz só homologa, ele não participa. Era uma dúvida que todo mundo tinha: o juiz faz a colaboração, ou ele deixa que o MP conduza, a polícia, e ele homologa? Ele se vincula aquilo que tá feito? Tudo isso era dúvida, né? (Entrevista 2).
>
> A gente estava com esse projeto de lei há sete anos tramitando! E sai da Câmara e vai pro Senado, muda o texto, volta para a Câmara, sabe, aquela coisa! Aí ficou na mão de um delegado da polícia que queria negociar poderes da polícia dentro da... e aquilo, olha a gente ia lá e visitava... parecia que não tinha jeito. Aí a gente tinha um grande entrave no governo do PT, da SAL, Secretária de Assuntos Legislativos, durante muito tempo foi um pessoal bem vinculado ao IBCCRIM de São Paulo, absolutamente contra a infiltração de agentes, absolutamente contra a polícia ter acesso a dados, então foi uma novela! Não sei te dizer como é que foi aquele ano de 2013, que parece que a coisa desencantou assim e realmente foi adiante (Entrevista 2).

Segundo esses mesmos atores, em termos de efeitos, a alteração na estrutura de julgamento do crime de lavagem permitiu que a nova legislação fosse aplicada, ampliando-se, em paralelo, o fenômeno das varas especializadas para o julgamento dos demais crimes que comportam a teia da criminalização da lavagem de dinheiro e do crime organizado no Brasil.

Como vimos nas falas dos atores da burocracia judicial, a ENCCLA se destacou "como um dos principais ambientes de discussão e formulação de políticas públicas voltadas ao aprimoramento de mecanismos de prevenção e combate a esses crimes" (RODRIGUES, 2020, p. 86), constituindo-se como um fórum de proposição e defesa das estruturas especializadas no âmbito dos três órgãos do sistema de Justiça federal (PF, MPF e JF), com a incorporação de propostas oriundas de organismos internacionais e de acordos firmados pelo Brasil obrigando ao aprimoramento da "estrutura administrativa e judicial voltada ao controle da corrupção, da lavagem de dinheiro e da criminalidade organizada transnacional" (RODRIGUES, 2020, p. 91).

Essas duas iniciativas são importantes pelos efeitos produzidos nas instituições do sistema de Justiça: o Mecanismo de Acompanhamento da Implementação da Convenção Interamericana contra a Corrupção (MESICIC), submetendo o Brasil ao controle da OEA, incentivando a criação de órgãos especializados tanto no Judiciário quanto no MP e na Polícia Federal; e o GAFI, já mencionado várias vezes neste livro, cuja atuação em termos de avaliação e emissão de recomendações também incide diretamente no incentivo às varas especializadas (RODRIGUES, 2020). Jakob (2016) afirma que o GAFI se destaca como a principal entidade cujas recomendações orientam as metas e ações da ENCCLA (RIBEIRAL, 2013 apud JAKOB, 2016).

A ENCCLA e a especialização, não só no Judiciário Federal, mas no MPF e na Polícia Federal, cumpriram exatamente com as recomendações internacionais quanto ao papel do sistema de Justiça em lutar contra a lavagem, do sistema bancário em abrir seus registros, tendo o Coaf um papel preponderante na trajetória da política. Verifica-se, portanto, o cumprimento da Convenção de Palermo quando esta fala em facilitar, encorajar e estender a consistência entre as legislações domésticas.

> Tu vês a quantidade de órgãos que o ministro Dipp tinha ali, não sei se nós éramos dez ou doze, e o que foi a primeira ENCCLA, já com trinta órgãos, era muito grande. A gente foi à primeira ENCCLA e aí a conclusão a que nós chegamos ali naquele grupo já era da especialização. Tu podes pegar pelo material, essa foi uma das primeiras coisas que a ENCCLA propôs (Entrevista 2).

Na fala dos entrevistados, a incorporação ao GAFI deu-se em razão justamente das inovações institucionais em curso, a despeito de o Brasil figurar em posições insatisfatórias em termos de corrupção.

> No Ministério da Justiça eles acolheram a ideia... Também tinha uma outra razão, o Brasil é signatário [...] desse negócio junto à OCDE. A gente

tinha que conseguir estatística de lavagem de dinheiro, de repatriação de ativos, de várias coisas para esse organismo, [...] o GAFI (Entrevista 1).

Essa foi a história inicial do surgimento das varas de lavagem de dinheiro. E a sua existência — a gente vendia o que tava fazendo no exterior — foi que deixou o Brasil sempre no limite da aprovação do GAFI. O GAFI surge mesmo perante a OCDE e o Brasil tinha uma experiência que era inédita no mundo, mesmo que as nossas práticas ou nossos números ainda fossem muito aquém, nós tínhamos varas especializadas e isso foi um potencial. Foi o que, nas avaliações do GAFI, principalmente, manteve um equilíbrio que não deixou o Brasil ficar fora (Entrevista 3).

Aí a gente, convivendo com esse grupo, os países que participam do combate à lavagem de dinheiro fazem parte de um órgão internacional chamado grupo de Egmont que troca informações. É um grupo de apoio mútuo de combate à lavagem de dinheiro. Não sei como se dá a forma de adesão [...], mas no grupo de Egmont circulam informações para fins de investigação, para fins de inteligência (Entrevista 2).

Com o GAFI é o grupo de Egmont [...]. Mas o GAFI são as unidades financeiras, o nosso Coaf é a unidade financeira brasileira, que vai conversar com as unidades financeiras dos outros países que combatem a lavagem. E o GAFI estabelece regras e avalia se o país está cumprindo ou não, se está devendo, [...] porque o país que não coopera, que não se obriga a fazer aquilo que foi determinado, ele sofre sanções, inclusive de cunho econômico, [...] ele se torna um país não atrativo para investidores sérios (Entrevista 2).

O acompanhamento da política de combate à corrupção por parte desse organismo internacional era periódico, e os atores a prestar contas e participar desses fóruns internacionais eram justamente as figuras mais relevantes da promoção da política, mas também da atuação nas varas especializadas federais:

A OCDE vinha fazer avaliações e vem ainda. Eles têm muito sobre corrupção, transparência, corrupção e negócios internacionais. Então, periodicamente ela vem e faz entrevista com os membros de todos os poderes. E no Judiciário, pelo menos enquanto eu estava, nas últimas vezes o convite foi para mim (Entrevista 3).

> O GAFI também foi um ator importante nessa questão do Brasil se preocupar com o combate à corrupção e criar a ENCCLA. As primeiras metas da ENCCLA foram muito relevantes. Todo ano a gente se reunia, fazia uma reunião de planejamento [...], aí cada organização falava o que ela ia fazer naquele ano para melhorar o combate à lavagem de dinheiro (Entrevista 1).

Ainda que o Brasil figure em posições baixas nos *rankings* anticorrupção, a criação de instituições anticorrupção no país pode ser uma explicação para sua presença na comunidade internacional anticorrupção, além de uma legitimação da política de especialização pelos organismos internacionais — uma vez que o próprio governo apresenta perante os mecanismos de revisão (MESICIC e Grupo de Trabalho da Convenção da OCDE) a criação desse modelo de varas especializadas como exemplo de cumprimento dos compromissos firmados em tratados de combate à corrupção e à lavagem de dinheiro. Na seção seguinte, exploramos as evidências sobre a legitimação internacional da política judicial de especialização.

5.6. A política judicial na agenda internacional: as varas especializadas como política anticorrupção

No capítulo sobre a agenda internacional vimos que, ao longo dos últimos anos, diversos instrumentos internacionais foram criados para o enfrentamento da corrupção, lavagem de dinheiro e crime organizado. A comunidade internacional — em especial os organismos internacionais como a Organização das Nações Unidas (ONU), a Organização para a Cooperação e Desenvolvimento Econômico (OCDE), o Grupo de Ação Financeira Internacional (GAFI) e a Organização dos Estados Americanos (OEA), este último relacionado especificamente à América Latina — exercem um papel fundamental na promoção da agenda internacional e, através dos mecanismos de revisão periódica por pares (*peer review*), no estímulo à implementação dos compromissos internacionais firmados pelos países em convenções para o combate à macrocriminalidade.

A criação de legislação relacionada propriamente à matéria dos tratados ou à criação e ao fortalecimento de instituições de controle e persecução penal de combate à macrocriminalidade é uma das expressões da implementação das convenções internacionais. Tais processos de interação podem ser sintetizados da seguinte forma:

Figura 13. Fluxo de interação dos mecanismos de monitoramento e avaliação dos sistemas de revisão periódica dos tratados internacionais

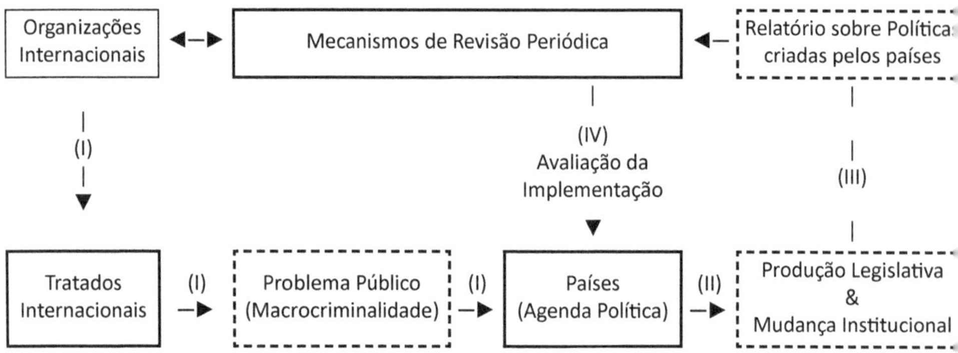

Fonte: Elaboração própria.

O fluxograma acima ilustra o processo de produção dos tratados e de monitoramento da implementação destes por organismos internacionais em relação aos países signatários. Para entendermos melhor essa dinâmica, podemos dividi-la em quatro etapas, assinaladas na Figura 13:

- **Etapa (I):** a comunidade identifica determinado problema público e produz recomendações, convenções ou a criação de agências internacionais. A partir da adesão de determinados países a essas normas, tem-se o estabelecimento de compromissos relativos a determinada matéria.
- **Etapa (II):** os países internalizam as normas internacionais no ordenamento jurídico doméstico, seja com a produção de

legislação específica (i.e., Convenção de Tráfico de Drogas e a Lei de Lavagem de Dinheiro no Brasil) ou através da (re)estruturação de suas instituições.

- **Etapa (III):** determinadas convenções internacionais possuem mecanismos de acompanhamento da implementação de políticas pelos países signatários.
- **Etapa (IV):** esta etapa se refere especificamente à indicação aos Mecanismos de Revisão das Convenções das políticas adotadas pelos países signatários como prova de que cumpriram os compromissos firmados nos tratados internacionais. Nessa etapa pode ocorrer tanto a sugestão de alterações aos países quanto a validação de experiências nacionais que serão difundidas para outros países.

Essas diferentes etapas de interação entre os países e a comunidade internacional são similares aos movimentos de difusão de ideias e de políticas de reforma processual penal descritos por Langer (2007). No caso da América Latina, o autor identificou dois grandes modelos: um primeiro, da difusão advinda dos países centrais para a periferia; e um segundo, marcado por um processo triangular de difusão, indução, emulação ou aprendizado, entre países da periferia, intermediado por organismos internacionais — o qual nos interessa pela similaridade com nosso mecanismo de difusão da política judicial federal.

Como vimos em relação ao papel da Justiça Federal e da ENCCLA, a incorporação da agenda internacional pode ser evidenciada desde a referência a tratados internacionais no desenho das políticas judiciais — com a adoção do conceito de crime organizado da Convenção de Palermo nas resoluções dos tribunais na segunda onda de especialização federal — até a atuação em rede em fóruns internacionais, através da ENCCLA. Nesse último ponto reside a promoção do modelo de varas especializadas para a arena internacional, com a apresentação da política perante os mecanismos de revisão dos principais tratados internacionais.

O quadro abaixo apresenta as normas e instituições internacionais com as quais o Brasil tem compromisso firmado, indicando seus mecanismos de revisão.

Quadro 8. Mecanismos de *Peer Review* das Convenções Internacionais

Tema	Instrumento	Instituição	Mecanismo
Lavagem de Dinheiro	Recomendações do GAFI	GAFI	Grupo de Revisão Periódica do GAFI
Corrupção	IACAC	OEA	Mecanismo de Acompanhamento de implementaçã da Convenção Interamericana contra a Corrupçã (MESICIC)
Corrupção	Convenção da OCDE	OCDE	Grupo de Trabalho sobre Suborno da OCDE
Crime Organizado Transnacional	Convenção de Palermo	UNDOC	Mecanismos para Revisão da Implementação d Convenção das Nações Unidas contra o Crim Organizado Internacional e seus Protocolos
Corrupção	UNACAC	UNDOC	Mecanismos de Revisão da Implementação

Fonte: Elaboração própria.

Em matéria criminal, entre os principais indicativos do cumprimento destes compromissos estão a produção legislativa criminal, a incorporação de institutos processuais penais e a criação de instituições especializadas relacionadas aos mandatos internacionais de criminalização. Embora nos tratados relacionados à tríade da macrocriminalidade não haja menção explícita à criação de tribunais ou varas especializadas em lavagem de dinheiro, corrupção ou crime organizado — apenas à criação de agências de controle ou, vagamente, de instituições especializadas —, na seção anterior os entrevistados evidenciaram a importância do diálogo entre as instituições do sistema de Justiça brasileiro e os fóruns internacionais, especialmente, por meio da ENCCLA.

Essa interação demonstra a relevância atribuída à especialização da Justiça Federal para além dos limites dos tribunais, como uma política brasileira anticorrupção e de combate à lavagem de dinheiro. A promoção internacional da política judicial ocorre na quarta etapa de interação, ou seja, quando os países indicam as políticas que adotaram e que consideram como prova de adesão aos compromissos firmados perante a comunidade internacional.

Abaixo listamos os relatórios de acompanhamento e a menção à política judicial de especialização (Quadro 9) presente em pelo menos dois mecanismos de revisão: o Grupo de Trabalho sobre Suborno da OCDE e o MESICIC.

Quadro 9. A política judicial de especialização como política brasileira anticorrupção no contexto internacional

Mecanismo Internacional	Data	Documento	Varas Especializadas
T sobre Suborno da OCDE	31/08/2004	*Review of Implementation of the Convention and 1997 Recommendation*	**Não menciona**
ESICIC	31/03/2006	Relatório Final (OEA/Ser.L, SG/MESICIC/ doc.168/05 rev. 4)	**Não menciona**
T sobre Suborno da OCDE	07/12/2007	*Report on the Application of the Convention on Combating Bribery of Foreign Public Officials in International Business Transactions and the 1997 Recommendation on Combating Bribery in International Business Transactions*	**Menciona**
ESICIC	12/12/2008	Relatório Final (OEA/Ser.L, SG/MESICIC/ doc.225/08 rev. 4)	**Não menciona**
T sobre Suborno da OCDE	04/06/2010	*Follow-up Report on the Implementation of the Phase 2 Recommendations*	**Menciona**
ESICIC	16/09/2011	Relatório Final (OEA/Ser.L., SG/MESICIC/ doc.285/11 rev. 4)	**Não menciona**
ESICIC	14/09/2012	Relatório Final (OEA/Ser L., SG/MESICIC/ doc.330/12 rev. 4)	**Menciona**
T sobre Suborno da OCDE	16/10/2014	*Report on Implementing the OECD Anti-bribery Convention in Brazil*	**Menciona**
T sobre Suborno da OCDE	10/02/2017	*Brazil: Follow-up to the Phase 3 Report & Recommendations*	**Não menciona**
ESICIC	15/03/2018	Relatório Final (OEA/Ser.L., SG/MESICIC/ doc.518/17 ver. 4)	**Menciona**

nte: Elaboração própria a partir de Mecanismo... (2012, 2018), OEA (*s. d.*) e Organisation... 004, 2007, 2010, 2014a, 2014b, 2017).

Uma das primeiras menções às varas especializadas em lavagem de dinheiro em pareceres de mecanismos de revisão dos tratados internacionais apareceu nas revisões periódicas do Grupo de Trabalho (GT) sobre Suborno da OCDE em 2007, durante a segunda fase de acompanhamento da implementação da Convenção Antissuborno da OCDE (BRASIL, 2000). Em 2007, o relatório da OCDE destacou as dificuldades da persecução de altas autoridades e da ausência de tipificação legal de determinados tipos de corrupção, além da ineficiência do sistema de Justiça no processamento dos casos envolvendo o Supremo Tribunal Federal. Apesar de se tratar de uma convenção sobre suborno de agentes internacionais, as varas especializadas da Justiça Federal foram mencionadas na avaliação do GT como um ponto forte do compromisso brasileiro com o tratado antissuborno.

> 84. Quanto aos recursos e treinamento das autoridades policiais, as autoridades brasileiras afirmaram que têm trabalhado arduamente para desenvolver a capacidade e especialização da Polícia Federal e do Ministério Público (em particular, o Ministério Público Federal e Estadual) para lidar de modo mais eficiente e proficiente com a investigação de lavagem de dinheiro e crimes associados. Essa capacidade foi ainda mais fortalecida pelo estabelecimento no Brasil de varas criminais federais especializadas em combate à lavagem de dinheiro e crimes financeiros. Como o suborno estrangeiro é um crime antecedente à lavagem de dinheiro, esse fato foi observado em cursos oferecidos à Polícia Federal, promotores e juízes (ORGANISATION..., 2007, p. 30, item 84, tradução nossa).

A menção a essa política foi reiterada nas demais fases por outros relatórios de avaliação da OCDE, de modo a demarcá-la como uma política anticorrupção. Em 2010, no relatório do Brasil para a OCDE (ORGANISATION..., 2010), foram apresentados como arranjos institucionais brasileiros de combate à corrupção a existência de estruturas de combate à lavagem de dinheiro e ao crime organizado, como as varas especializadas na Justiça Federal, o departamento de recuperação de ativos da Polícia Federal e os Grupos Especiais de Combate ao Crime Organizado no âmbito dos MP Estaduais. Além disso, houve um reforço da ideia de combate à corrupção atrelado ao enfrentamento à lavagem de dinheiro. Nesse sentido, houve também menção específica à atuação da ENCCLA como um agente de formação de burocratas judiciais e como propulsor de mudanças legislativas, assim como evidenciado na seção anterior pelos entrevistados.

Em 2014, o relatório da OCDE reforça a promoção da política judicial de especialização, mencionando como eixos centrais a especialização e as políticas de coordenação e cooperação entre as instituições de controle brasileiras, desde a atuação da CGU até as varas especializadas (ORGANISATION..., 2014a). Já em 2017, as análises enfocam principalmente a coordenação institucional, com a atuação da ENCCLA, e a produção de dados sobre o sistema de Justiça (ORGANISATION..., 2017).

No âmbito das avaliações da Convenção Interamericana contra a Corrupção (BRASIL, 2002a), através do MESICIC, embora as informações e respostas prestadas pelas autoridades brasileiras deem destaque às varas especializadas da Justiça Federal e dos Tribunais de Justiça como política judicial anticorrupção, como se verifica nos trechos abaixo, essa defesa, na visão do organismo, não é suficiente.

> O Brasil informou que o Supremo Tribunal Federal validou Lei Estadual que criou Vara especializada para o processo e julgamento de delitos cometidos por organização criminosa (ADI 4414, da relatoria do Ministro Luiz Fux). Decisão que, certamente, motivou a edição da Lei Federal nº 12.694/2012, a qual dispõe sobre o processo e o julgamento colegiado em primeiro grau de jurisdição de crimes praticados por organizações criminosas. (MECANISMO..., 2012, p. 49, nota de rodapé nº 211)
>
> O Estado analisado, no dia 8 de março de 2018, esclareceu expressamente o seguinte: "A informação de que não existam varas dedicadas exclusivamente à corrupção é equivocada. **Foram criadas unidades judiciárias (varas) especializadas no combate à lavagem de dinheiro, organizações criminosas e corrupção tanto nas Justiças Estaduais como na Justiça Federal (como, por exemplo, a 10ª vara do TRF da 1ª e a 13ª Vara Federal de Curitiba)**. (MECANISMO..., 2018, p. 88, nota de rodapé 155, grifo nosso).

A política judicial de especialização vem sendo mencionada nas duas últimas rodadas de acompanhamento da comissão de peritos, que continuam recomendando ao Brasil que crie órgãos especializados anticorrupção no âmbito do Poder Judiciário.

> 5.4.5. Considerar, como uma das maneiras de agilizar o julgamento de atos de corrupção e de improbidade administrativa, a possibilidade de criação de órgãos especializados na matéria no âmbito do Poder Judiciário, a fim de evitar a impunidade daqueles que os cometam em virtude da prescrição da ação (ver seção 5.3. do capítulo II deste relatório) (MECANISMO..., 2012, p. 48–49)
>
> [243] Com base nessas informações, a Comissão observa em geral uma média elevada de tempo para o julgamento dos processos relativos a improbidade administrativa no âmbito dos Tribunais Regionais Federais. A situação é ainda mais grave nos Tribunais Estaduais, o que resulta em um elevado número de decisões declarando a prescrição da ação penal. A Comissão considera que o Estado analisado deveria buscar maneiras de agilizar o julgamento de crimes relativos a atos de corrupção e improbidade administrativa, a fim de evitar a impunidade daqueles que os praticam. Nesse sentido, a Comissão sugere ao Estado analisado considerar a criação de órgãos especializados na matéria no âmbito do Poder Judiciário e formulará recomendação a esse respeito (ver recomendação 5.4.5 na seção 5.4 deste relatório). (MECANISMO..., 2012, p. 47).
>
> Nesse mesmo sentido, durante a visita *in situ*, tanto funcionários públicos como representantes da sociedade civil informaram que os temas de corrupção requereriam ser tratados de uma maneira mais prioritária no sistema de justiça, pois não existem tribunais dedicados exclusivamente à matéria e os magistrados e servidores estão sobrecarregados com todos os demais processos em tramitação. Tendo em vista as informações analisadas e, considerando que os casos de corrupção estão se tornando cada vez mais complexos de processar, envolvendo transações de proporções internacionais, a Comissão formulará uma recomendação. (ver recomendação 3.3.4 da seção 3.2 do capítulo II deste relatório) (MECANISMO..., 2018, p. 88).

Apesar de a comissão de avaliação considerar que não existem varas anticorrupção no Brasil, a posição brasileira demarca o contrário, ratificando a posição defendida por esta obra quanto às varas especializadas brasileiras poderem ser consideradas como cortes anticorrupção, ao contrário do que argumenta parte da literatura (STEPHENSON; SCHÜTTE, 2022).

5.7. Considerações

Neste capítulo, examinamos as duas partes do mecanismo de difusão da especialização judicial correspondentes ao aprendizado e à legitimação. Fez parte desse capítulo a descrição da entrada da macrocriminalidade na agenda brasileira, influenciando a adoção das varas especializadas como política desenvolvida pela burocracia da Justiça Federal — que, a partir de um movimento *bottom-up*, promoveu, através do Conselho da Justiça Federal, o modelo e sua implementação no âmbito dos agora seis TRFs. Em especial, observou-se o papel central de mobilização dos burocratas na criação da política judicial e do TRF4 como tribunal pioneiro de sua implementação.

A legitimação da especialização por parte dos tribunais superiores correspondeu à segunda parte do mecanismo de difusão, sendo caracterizada pelas decisões do STF e do STJ que reconheceram a legitimidade do poder de especializar das cortes, ou seja, da sua capacidade de produzir políticas judiciais como forma de auto-organização da instituição.

Por fim, descrevemos o papel da Justiça Federal no processo de criação e de implementação da ENCCLA, contribuindo com os movimentos de alteração da legislação anticorrupção e de lavagem de dinheiro, ao mesmo tempo em que se deu a promoção das varas especializadas como política anticorrupção brasileira diante dos organismos internacionais e seus mecanismos de acompanhamento e de revisão da implementação de tratados.

Nos próximos capítulos, exploramos as últimas partes do mecanismo de difusão que correspondem aos movimentos de persuasão e emulação, descrevendo o surgimento das varas especializadas em crime organizado no âmbito dos Tribunais de Justiça dos estados, a partir de um movimento de incentivo, por parte das burocracias judiciais federais que, via Conselho Nacional de Justiça, promoveram a expansão dessa política.

6.

A DIFUSÃO DAS VARAS ESPECIALIZADAS EM CRIME ORGANIZADO NOS TRIBUNAIS ESTADUAIS[8]

Este capítulo examina o processo de especialização judicial e difusão voltada ao crime organizado nos tribunais dos estados brasileiros. Nosso foco é compreender a criação de varas especializadas em crime organizado por tribunais subnacionais e o papel das burocracias judiciárias na promoção de mudanças significativas nesse campo nas últimas décadas. Como resultado desse movimento, há uma proliferação de varas criminais especializadas na Justiça Estadual, num movimento encabeçado pelas regiões Norte e Nordeste que acompanha a expansão do crime organizado nessas localidades, espalhando-se pelo restante do país em quatro diferentes ondas. O capítulo apresenta um modelo teórico capaz de estudar o processo de formulação de políticas judiciais a partir do estudo dos casos das varas especializadas criminais estaduais, observando os elementos comuns entre elas.

Tendo em conta os objetivos mais amplos desta obra, este capítulo descreve e analisa evidências em relação às terceira e quarta partes do mecanismo de difusão da política de especialização, que se referem à persuasão por parte do CNJ para que Tribunais de Justiça adotem

---

[8] Este texto é uma versão traduzida, revisada e ampliada de artigo publicado em inglês na *Sociologies em Dialogue* (MADEIRA et al., 2019) e de capítulo de livro publicado em espanhol em livro organizado por Azul Aguiar (MADEIRA et al., no prelo).

varas especializadas em crime organizado; e à emulação, entendida como a adoção dessa política por parte dos Tribunais de Justiça dos estados brasileiros. Assim, estamos abordando as duas partes finais do mecanismo causal de difusão da política judicial, de modo a examinar o movimento de circulação da política entre a Justiça Federal e a Estadual.

6.1. A especialização como forma de lidar com organizações criminosas

A expansão do crime organizado no território nacional brasileiro revela um fenômeno inicialmente concentrado na Região Sudeste, com migração mais recente para as regiões Norte e Nordeste, marcada pelo surgimento das duas principais facções criminosas, o Comando Vermelho (CV) no Rio de Janeiro no final da década de 1970 e o Primeiro Comando da Capital (PCC) em São Paulo no início da década de 1990. Suas atividades estão presentes em praticamente todos os estados da federação, onde, em decorrência do crescimento do mercado de consumo de drogas em cidades de todos os tamanhos, criou-se uma

> "costura das redes carcerárias às malhas urbanas em todo o país. [...] Mas, também, competição, rupturas, conflitos, violência e mortes. Os efeitos do espalhamento dos grupos do Sudeste Brasil afora não foram homogêneos. Evidentemente, cada região, estado, município apresenta um cenário — social, econômico, político, cultural — muito particular. A interação do *modus operandi* das facções com o cenário local produziu configurações distintas" (DIAS; MANSO, 2018, p. 5-6).

O crime organizado derivado do narcotráfico é um dos graves problemas latino-americanos contemporâneos. Conceituado pela literatura como um conjunto de organizações hierárquicas que realizam atividades ilícitas com fins lucrativos, valendo-se da ameaça ou uso de meios violentos e práticas habituais de corrupção que atingem agentes públicos (ADORNO, 2013; ALBANESE, 2021; ROTH, 2010), há uma série de grupos que, no desenvolvimento de atividades criminosas, envolvem-se no crime organizado, na corrupção e na lavagem de dinheiro.

Dadas as singularidades sociais e políticas, diferentes tipos de organizações criminosas se desenvolveram na região, e no Brasil o surgimento de facções criminosas oriundas do sistema penitenciário e envolvidas diretamente com a venda de drogas ilícitas e exercendo o controle territorial marcam esse fenômeno de abrangência nacional, que desafia os diferentes estados da federação em seus processos de elaboração de políticas públicas e atuação nos sistemas de justiça criminal (ADORNO, 2019).

Os atores da burocracia judicial apontam o imbricamento entre diferentes grupos criminosos — incluindo as facções criminosas envolvidas com o narcotráfico, com milícias, com grupos de extermínio — no uso da lavagem de dinheiro como um mecanismo capaz de fomentar essas organizações.

> Hoje a gente vê um problema mundial e que tem duas matrizes: o Primeiro Comando da Capital e o Comando Vermelho. O resto é dissidência, é franquia. Então, hoje, o que acontece com a lavagem: os mesmos atores que lavam dinheiro do tráfico, lavam dinheiro das facções, dos crimes contra o sistema financeiro. Isso a gente pode perceber bem com a questão dos doleiros na operação Lava Jato. Então vou dar um dado: a doutora [suprimido], a mesma da Lava Jato, está presa em Portugal por tráfico internacional de lavagem de recursos do Primeiro Comando da Capital. Ela foi presa porque lavava dinheiro para os corruptos da Operação Lava Jato. Essas pessoas lavam recursos também para traficantes, para narcomilícias, para milícias, para grupos de extermínio, porque o dinheiro precisa ser usado (Entrevista 8).

Na tentativa de enfrentar esse problema, e diante das limitações das políticas públicas na área e da ineficiência do sistema de Justiça criminal para enfrentar o problema, mudanças no sistema judiciário começaram a ser vivenciadas no Brasil a partir da década de 1990. Entre as medidas, a especialização das estruturas institucionais da polícia, do Ministério Público, com os GAECOS[9] desde meados dos anos 2000, e da magistratura. O foco é atacar os três tipos

[9] Grupos Especiais de Atuação no Combate ao Crime Organizado (GAECOS).

penais completamente interligados, e cuja agenda internacional e nacional destaca a importância do tratamento conjunto: crime organizado, lavagem de dinheiro e corrupção (MADEIRA; GELISKI, 2020, 2021).

Varas especializadas em crime organizado foram criadas pelos mesmos motivos que os órgãos anticorrupção e as varas especializadas em lavagem de dinheiro, buscando lidar com casos complexos. Conforme já apontamos em seções anteriores neste livro, a preocupação com a lavagem de dinheiro e o crime organizado ganhou destaque devido ao compromisso do país com outras nações e organismos internacionais em uma agenda conjunta de combate.

A fim de examinar a especialização estadual, adotamos a metodologia qualitativa para categorizar as experiências de difusão das políticas de especialização. Esse processo baseou-se no mapeamento de características comuns às experiências analisadas, como: (a) no país — regulamentação legal e o papel dos agentes de promoção da política; e (b) nos estados — contexto político-institucional (endógeno e exógeno; atores envolvidos na implementação, tipo de política), situação criminal e motivações para a adoção da política. Os casos foram separados nessas categorias, por similaridade. Os dados sobre o perfil da política foram coletados por meio de análise documental (resoluções e leis complementares e relatos de experiências veiculadas na mídia) e análise de conteúdo obtida em entrevistas com os atores da política de especialização judiciária nas esferas federal e estadual.

6.2. O papel do Conselho Nacional de Justiça na persuasão pela especialização em crime organizado nos Tribunais de Justiça

Conforme descrevemos nos capítulos anteriores, a pressão da comunidade internacional levou os governos a adotarem pacotes anticorrupção, que vieram com dois tipos principais de respostas: reformas legislativas e fortalecimento institucional. A prática no Brasil foi a adoção de tratados e convenções internacionais, ampliando a participação do país em fóruns de cooperação internacional em matéria penal, participando de redes governamentais anticorrupção, sendo que, a partir da influência da agenda internacional, um marco no país em termos de legislação penal para responder ao cenário internacional foi a promulgação da primeira Lei de Lavagem de Dinheiro (Lei nº 9.613/1998), abordando a questão do combate a esta atividade criminosa relacionada ao tráfico de drogas.

Após a promulgação da Lei nº 9.613/1998, uma investigação do Conselho Federal de Justiça (CJF) com a participação de autoridades policiais federais, promotores federais e juízes federais procurou examinar e compreender as percepções desses atores sobre a aplicabilidade dessa lei perante o Instituto Federal e, por fim, analisar determinados institutos jurídicos previstos na legislação (SORDI, 2016, p. 52). O relatório investigativo apontou fragilidades na estrutura da investigação e controle da lavagem de dinheiro, principalmente na dinâmica de cooperação entre esses três grupos de atores. Entre as recomendações da investigação do CJF estava a criação de um grupo de trabalho que incluísse os principais órgãos da rede de instituições de prestação de contas, que passaram a trabalhar em conjunto e produzir sugestões institucionais, como a especialização da Justiça Federal, para lidar primeiro com lavagem de dinheiro e depois com o crime organizado.

Um ministro do Superior Tribunal de Justiça (STJ) coordenou a criação da comissão e teve a ideia de reunir não só os órgãos oficiais que atuam na Justiça, mas também outras instituições que atuavam na área, abrindo um espaço onde esses atores poderiam oferecer sugestões tanto em termos de legislação quanto de implementação.

A criação da política de especialização assentou numa narrativa de aprendizagem institucional (*social learning*), culminando com a criação, pela Justiça Federal, de varas especializadas distribuídas nos agora seis tribunais regionais. Estando vinculada à Estratégia Nacional de Combate à Corrupção e à Lavagem de Dinheiro (ENCCLA), criada pelo Ministério da Justiça do Brasil em 2003, a Justiça Federal foi responsável por coordenar a interação e cooperação entre as diferentes instituições, promovendo as disposições legislativas para garantir ação penal e punição criminal pela tríade da macrocriminalidade, já devidamente explicitada nesta obra.

As políticas judiciais relacionadas à atuação e gestão dos tribunais podem ser concebidas por meio de ato administrativo dos próprios tribunais, restringindo a especialização à arena interna das cortes, ou, através de projeto de lei, deslocando o debate sobre a especialização para a arena política das Assembleias Legislativas dos estados.

No caso da política de especialização das varas criminais no Brasil, a ideia partiu do Conselho da Justiça Federal, que buscou levar o modelo à Justiça criminal dos estados, com o incentivo ao Conselho Nacional de Justiça (CNJ). Os empreendedores da política especializada do CJF, que ocuparam cargos de destaque nos tribunais superiores, mobilizaram atores e agenda do Judiciário para a elaboração de uma recomendação que promovesse o processo de difusão de varas especializadas a todos os estados, atendendo a uma demanda dos próprios atores judiciais estaduais.

Estes relatam as dificuldades da persecução da criminalidade organizada e da lavagem de dinheiro, que acabava por resultar em impunidade, sendo necessário aprimorar o sistema judicial em relação ao enfrentamento dessa macrocriminalidade.

> Isso era uma realidade do Brasil inteiro. Todos os promotores eram queixosos nas nossas reuniões: 'Poxa, a gente não consegue obter um julgamento'. Quando a gente vai ver, o juiz leva oito meses, um ano para julgar o recebimento de uma denúncia. Aí manda citar, tem aquela defesa preliminar porque é servidor público. Depois vai apreciar só após um ano e meio. Aí vai marcar audiência de instrução de testemunha às vezes até desnecessária, porque as provas são materiais, são documentais, são periciais. Não tem que ouvir testemunha, mas o cara arrola testemunha. E a gente ficava com aquela angústia. Quando eu fui ao CNJ, eu tinha essa percepção de forma prática e compartilhada. Foi uma realidade brasileira, pela minha experiência. A minha insatisfação era com o pouco êxito que a gente obtinha no âmbito do Poder Judiciário com o julgamento dessas ações. Eram pífios os resultados, até porque a maioria acabava sendo julgada prescrita e isso causava uma indignação. Quer dizer, a impunidade imperava (Entrevista 10).
>
> Tem que se preocupar em aprimorar o sistema criminal no enfrentamento da corrupção e com relação à lavagem de dinheiro, que está

> correlacionada muito diretamente com as organizações criminosas. Essas organizações criminosas em regra têm vocação econômica, sempre com propósito de obter vantagens; e essas vantagens econômicas obtidas de forma ilícita passam pela lavagem de dinheiro, porque é a forma que eles tentam aprimorar de inserir no mercado formal aquele patrimônio que foi ilicitamente acrescido aos seus bens. E portanto uma coisa está diretamente relacionada a outra. Corrupção, combate ao crime organizado e lavagem de dinheiro (Entrevista 10).
>
> A gente precisou se qualificar porque em determinado momento a gente percebeu que não bastava prender, você não consegue desmantelar a organização criminosa simplesmente colocando supostas lideranças na prisão. A organização se retroalimenta, ela vai ter sempre alguém mais capacitado ou esperando aquele posto de comando quando um determinado alguém tiver sido preso (Entrevista 8).

Utilizando como justificativa os resultados positivos que vinham sendo obtidos com a especialização das varas federais e a necessidade dos estados em combater o narcotráfico, os atores envolvidos com a especialização na Justiça Federal, já reunidos na ENCCLA com outros atores do sistema de Justiça criminal e da rede de controle, empreenderam a expansão da política, pelo fomento a sua difusão para os Tribunais de Justiça, através da Recomendação nº 3 do Conselho Nacional de Justiça.

> [...] Veio uma reclamação das Polícias Civis que começaram a vir à ENCCLA: 'os Tribunais de Justiça não estão nem aí para a lavagem de dinheiro, as polícias não sabem o que tem que investigar. Quando terminam uma operação de tráfico, apreendem os veículos [...] e aquilo é decorrência do tráfico, ninguém vai adiante para ver que o traficante também tem um estabelecimento comercial, lícito, com aparência de licitude, que a família dele também tem imóveis [...] Não vai adiante porque não tem esse *know-how*, então por que não vem um ato para obrigar também os estados?' E aí o Conselho da Justiça Federal não podia fazer nada (Entrevista 2).
>
> Desde o princípio os órgãos estaduais sempre participaram da ENCCLA, que foi ganhando um contorno cada vez maior, ao longo do

> tempo, não só dos Ministérios Públicos, mas também de alguns Tribunais de Justiça, depois do CNJ. Então que não dá pra negar a presença dessas instituições nesses fóruns (Entrevista 9).

O grande empreendedor da especialização judicial federal foi o responsável por redigir uma minuta de resolução para que os Tribunais de Justiça passassem a criar varas especializadas em crime organizado.

> Então fiz uma resolução para o CNJ com as particularidades das Justiças Estaduais, que são bem menos estruturadas que a Federal, e específica para os Tribunais. E as resoluções [foram] todas baseadas na experiência das varas federais em lavagem de dinheiro (Entrevista 3).
>
> [...] Nós fizemos encontros sobre organizações criminosas e reforçamos a necessidade de especializar [a Justiça Estadual para investigar] organizações criminosas e lavagem de dinheiro [...] E aí saiu uma recomendação do CNJ para que os estados especializassem. Alguns foram atrás e fizeram isso, e outros não, porque é recomendação, não tem tanta força, depende da autonomia de cada tribunal (Entrevista 2).

A publicação da recomendação surgiu como meio de divulgação, promovendo a especialização nos sistemas de Justiça estaduais. O marco inicial da especialização da Justiça criminal no combate à corrupção e ao crime organizado foi a Recomendação nº 3 do CNJ, de 30 de março de 2006. O dispositivo recomendava a especialização dos tribunais para o julgamento desses crimes nas esferas federal e estadual baseando-se na necessidade dos estados em concentrar esforços e recursos públicos para combater o crime organizado, dando assim resposta judicial ágil e pronta às investigações; seguindo as especializações anteriores em órgãos como o MP e as polícias; e amparando-se no modelo das varas federais especializadas.

Ainda nesse sentido, a recomendação sugeriu um desenho específico para os tribunais que adotassem a política judiciária: (a) utilizar as varas especializadas em lavagem de dinheiro existentes para cobrir os crimes de organizações criminosas; (b) prover recursos humanos para a aplicação da política, com mais de um juiz; (c) ampliar a jurisdição dos tribunais nos territórios e redistribuir os processos judiciais.

Similar à Resolução nº 517/2006 do CJF (CJF, 2006), a Recomendação nº 3/2006 do CNJ (CNJ, 2006) trazia ainda diretrizes do que os tribunais deveriam considerar como crime organizado — conceito da Convenção de Palermo (BRASIL, 2004a) à época não tipificado pela legislação criminal brasileira, o que só foi ocorrer com a Lei nº 12.850/2013, que estabeleceu os crimes cometidos por organizações criminosas. As diretrizes de indução de políticas sugeriram que os tribunais reproduzissem esse modelo.

6.3. A emulação como dinâmica da especialização na Justiça Estadual

No sistema de Justiça criminal brasileiro, o combate ao crime organizado é dividido entre tribunais federais e estaduais. Os tribunais federais concentram os casos relacionados ao crime organizado transnacional, geralmente relacionados à lavagem de dinheiro, enquanto os tribunais estaduais cuidam dos demais casos. Especialmente no Brasil, país federal, com entes subnacionais autônomos, cuja estrutura judiciária é dividida em jurisdições federal e estadual, é importante compreender os processos de difusão de ideias e políticas entre essas diferentes instituições judiciais.

Para compreender os processos de difusão dos tribunais especializados no crime organizado, adotamos neste capítulo o mesmo conceito de política judicial (*judicial policy*), entendido como a ação das políticas públicas dos tribunais e seu papel central na formulação de políticas. Referimo-nos, seguindo Baum (2011), a processos de especialização judicial, entendida como a concentração de juízes em um número limitado de casos, o que significa um acúmulo de experiência; ou uma concentração de processos relacionados a uma área específica entre um número limitado de juízes, o que poderia alterar a produção de decisões judiciais; sendo a difusão a maneira pela qual a experiência judicial se espalha em diferentes contextos.

A especialização em Justiça criminal merece atenção tanto pela difusão do modelo como pela solução para diversos problemas, que geralmente envolvem relações entre os interesses do governo e os resultados esperados dos processos criminais. Tendo em vista o objetivo de combater o crime, a especialização judicial criminal costuma ter boa aceitação na sociedade, recebendo apoio consensual, principalmente das elites. Os juízes criminais também aceitam amplamente esse modelo, baseado na noção de serviço orientado por missão, que funciona como uma justificativa central na criação de tribunais especializados (MADEIRA et al., 2019; MADEIRA; GELISKI, 2021).

Como demonstramos ao longo desta obra, no caso brasileiro, a especialização foi criada pela ação da burocracia judicial, sendo a especialização criminal extremamente atraente para os juízes porque gera satisfação, prestígio e poder, rompendo com a figura do árbitro neutro (MADEIRA et al., 2019; MADEIRA; GELISKI, 2021).

Este estudo relativo à especialização judicial estadual aplicou uma visão do microprocesso de difusão entre instituições (neste caso, políticas judiciais, mas não restrito a elas), o que explica a decisão de descrever os mecanismos de aprendizagem e emulação, uma vez que são os que possuem maior capacidade explicativa. Portanto, adotou-se uma abordagem bidimensional que aborda a interação de atores (endógenos ou exógenos) e os mecanismos de difusão de políticas. Em nosso modelo, uma primeira análise centrou-se no ator envolvido na política e em sua capacidade de divulgação para a formulação e implementação de políticas.

As estratégias para a adoção da política judicial especializada, expressas na primeira dimensão (Quadro 10), estão relacionadas ao perfil (agência) e ao papel dos *policy makers* no desenho da política (estrutura) — ou seja, quem concebe a política e quais mecanismos são utilizados para sua formulação e implementação. A especialização como política pode ser concebida por atores endógenos (tribunais) ou exógenos (fora da burocracia judiciária, como no Executivo ou Legislativo), e ser implementada por meio da criação de novos tribunais ou reorganização (especialização) dos existentes.

Quadro 10. Primeira dimensão – Difusão de políticas públicas

		Estrutura da Especialização	
		Cria novas varas	**Especializa varas existentes**
Agente (agência)	**Endógeno**	(A)	(B)
	Exógeno	(A)	(C)

Fonte: Elaboração própria, adaptado a partir de trabalho anterior.

Quatro modelos de interação puderam ser observados durante as fases de formulação e implementação: (A) no caso de interações dos tribunais com atores exógenos, a especialização decorre de alterações legislativas propostas por meio de projetos de lei submetidos à apreciação dos poderes Legislativo e Executivo, por meio de uma legislação que cria varas especializadas, alterando a organização do Judiciário com a provisão potencial de recursos; no caso de dinâmicas endógenas aos tribunais, a especialização decorre de resoluções, atos administrativos e de gestão; (B) a especialização é conduzida pelos tribunais, que, por meio de ato administrativo, apenas transformam varas existentes em varas especializadas; (C) a especialização é feita por proposta legislativa que transforma varas existentes em varas especializadas.

A segunda dimensão deste modelo (Quadro 11) está relacionada com aprendizagem e emulação como parte do mecanismo de difusão de política de especialização judicial. No caso da especialização estadual, diz-se que o indicador do processo de aprendizagem é baseado em um modelo normativo, e classificamos os casos conforme eles mencionam ou não a Recomendação nº 3/2006 do CNJ. Quanto à emulação, o processo se expressa em relação às políticas adotadas por outras instituições, e neste caso também levamos em conta a menção a outras varas especializadas.

Quadro 11. Segunda dimensão – Difusão de políticas públicas

		Norma – Modelo (Recomendação nº 3/2006 do CNJ)	
		Menciona	**Não Menciona**
Referência a outras varas criminais especializadas	Menciona	(A)	(B)
	Não Menciona	(A)	(C)

Fonte: Elaboração própria, adaptado a partir de trabalho anterior.

A interação entre esses dois mecanismos de disseminação pode ocorrer da seguinte forma no caso da especialização judicial: (D) aprendizado e emulação, quando a política judicial se baseia tanto no modelo regulatório quanto nas experiências de outras instituições; (E) emulação; (F) aprendizado; e (G) outro mecanismo que não mencione diretamente o aprendizado ou a emulação com base em outras políticas. Essa quarta interação hipotética exige uma análise da política judiciária a partir de outros elementos, como o contexto de implementação da especialização e os fenômenos sociais que ela aborda.

A seguir descrevemos a implementação das varas estaduais em crime organizado nos Tribunais de Justiça.

6.4. A implementação de varas estaduais em crime organizado

O início do movimento de difusão de varas especializadas em crime organizado nos estados surgiu a partir da Recomendação nº 3/2006 do CNJ. A figura abaixo ilustra o movimento de criação nos estados das varas especializadas durante o período de 2003 até 2022.

Figura 14. Varas estaduais especializadas em crime organizado (2003 a 2022)

·: Elaboração própria.

A primeira onda resulta, portanto, da difusão do modelo da Justiça Federal, mediada pela recomendação do CNJ, aos estados. A partir da indução dessa política, entre 2007 e 2008, houve a primeira onda de especialização dos tribunais, começando pelos estados do Pará, Alagoas, Mato Grosso e Roraima.

Para ilustrar essa primeira onda, é importante apresentar o caso do Pará e o contexto vivenciado no estado antes do surgimento das varas especializadas. Desse modo, buscamos reforçar o movimento endógeno da burocracia judicial quanto à criação, mas ilustrando o papel das demais instituições do sistema de Justiça criminal na apresentação desta demanda de especialização ao Poder Judiciário.

Aqui no Pará nós criamos inicialmente no âmbito do Ministério Público um grupo que na época se chamou GECOC, que era um protótipo de Gaeco com designações de promotores com atribuições para enfrentamento daquilo que seria a organização criminosa. E a atuação do Ministério Público começou a se dar especificamente na capital, em investigações próprias, mas também em auxílio aos promotores do interior do estado. E essas questões esbarravam quando da necessidade de ajuizamento de algumas medidas que tivessem cunho jurisdicional — por exemplo medidas cautelares que não poderiam ser determinadas senão perante a autoridade judicial. A gente enfrentava uma dificuldade muito grande quanto a essas medidas serem enfrentadas pelo próprio Poder Judiciário e caírem na distribuição comum das varas principalmente da capital, nas varas criminais, quando se deparava com uma distribuição por sorteio para um juiz que cuidava não só de um crime de roubo, de estelionato, de um cheque sem fundo, mas iria tratar de uma organização criminosa. Com isso, esses casos se diluíam, gerando muita dificuldade na proteção dos dados, no cuidado na tratativa desses documentos, e, mais do que isso, na resposta de um especialista, de um magistrado que tivesse amplo conhecimento sobre essa matéria. E nós, percebendo isso, começamos a fazer gestões junto ao Tribunal de Justiça do estado para que formalizasse a criação de vara específica para cuidar inicialmente de crime organizado. E esta primeira vara foi instituída na capital como vara de combate ao tráfico e crime organizado. Posteriormente ela se tornou somente de crime organizado. Nós percebemos a necessidade de criação de uma vara especializada por ser uma ação mais voltada à eficácia e à serenidade na preservação dos dados. [Era uma instância na qual] o magistrado teria um olhar mais cuidadoso, um olhar mais especializado do tema, e não seria aquele que tratava de todas as questões criminais, de crimes de menor potencial ofensivo, furto, estelionato, lesões corporais graves, mas aquele que cuidava de crime organizado. Com relação ao crime de lavagem especificamente, aqui no Pará não tem vara especializada. Ele tramita na vara especializada do crime organizado, mas muitas vezes pode cair, até porque a lei já avançada não exige a comprovação do crime precedente — o crime antecedente muitas vezes você vai processar uma lavagem numa vara comum (Entrevista 10).

O movimento relatado acima, de adoção das varas especializadas, foi regulado no estado do Pará pela Resolução nº 8/2007 (TJPA, 2007) e posteriormente pela Resolução nº 4/2009 (TJPA, 2009), que ampliou a competência das varas em crime organizado para o julgamento do tráfico de drogas. Em 2013, dado o grande volume processual das ações envolvendo tráfico de entorpecentes, desvirtuando a finalidade principal da vara que era o tratamento de crimes relativos a organizações criminosas, a Resolução nº 8/2013 (TJPA, 2013), redistribui para todo o estado a competência para tratar dos crimes de drogas, retornando a vara ao processamento exclusivo de caso envolvendo organizações criminosas, sendo que a Resolução nº 26/2014 (TJPA, 2014) apenas confirma essa distribuição de competências. Nos demais estados, as resoluções reforçam os critérios estabelecidos na Recomendação do CNJ.

Uma segunda onda foi a disseminação da política nos estados do Nordeste e Norte, inspirada na experiência do estado de Alagoas, e como consequência da Lei das Organizações Criminosas (Lei nº 12.850/2013). Os estados que adotaram varas especializadas nessa onda foram a Bahia, Maranhão, Ceará e Piauí.

A terceira onda ancorou-se na experiência de Mato Grosso, inspirando os estados de Santa Catarina e Goiás. O estado de Santa Catarina tem especificidades que precisam ser mencionadas. Em primeiro lugar, já em 2013, foi criada uma Unidade de Apuração de Crimes Praticados por Organizações Criminosas da Região Metropolitana de Florianópolis com competência para "processar os Inquéritos Policiais e as medidas cautelares nos Inquéritos Policiais, bem como processar e julgar as ações referentes a ilícitos praticados pelo Crime Organizado (Lei nº 9.034, de 3 de maio de 1995)" (TJSC, 2013, art. 1º, Resolução nº 1/2013 do Conselho da Magistratura). A criação da vara criminal especializada para processar e julgar delitos praticados por organizações criminosas, todavia, só foi criada em 2019, através da Resolução TJ nº 6/2018 (TJSC, 2018). A nova instituição possui competência para processar e julgar, além dos ilícitos praticados por organizações criminosas, os crimes praticados por funcionários públicos contra a administração em geral, bem como os crimes de corrupção ativa, e se extingue a unidade de apuração até então vigente. Entrevistas realizadas dão conta do contexto criminal no estado, chamando a atenção para o peso muito grande destinado à lavagem de dinheiro em decorrência do tráfico de drogas:

> Balneário Camboriú é a joia da coroa em relação à lavagem de dinheiro no Brasil. Inclusive todas as investigações de maior vulto aqui em Santa Catarina você esbarra em lavagem de dinheiro em Balneário Camboriú, mais especificamente na aquisição de imóveis. [...] se você procurar na mídia você achava dezenas de notícias a respeito de deflagração de operações sobre tráfico em que um dos alvos é aqui em Santa Catarina, em Balneário, e menção à lavagem de dinheiro por meio de imóveis. Daí você passa para a atuação também de facções criminosas aqui, tanto o PG, o PGC quanto o PCC, o GCA é tráfico local e elas convivem muito bem aqui em Santa Catarina porque o tráfico interno aqui em Santa Catarina o PGC domina. E o PGC vai atuar aqui em Santa Catarina no tráfico internacional. E eu aproveito muito daqui pra lavar dinheiro. Recentemente teve um caso inclusive de um lavador internacional. Hoje em dia 100% do nosso trabalho é lavagem de dinheiro e o crime antecedente é tráfico (Entrevista 12).

Por fim, a quarta e última onda é recente, marcada pelos efeitos da Operação Lava Jato. Apresenta os mesmos padrões nos estados do Acre, Rio Grande do Sul, São Paulo, Rio de Janeiro e Minas Gerais.

No caso de São Paulo, a dinâmica de criação das varas especializadas é bastante interessante e merece ser destacada. Apesar de temporalmente a especialização coincidir com a quarta onda, em termos empíricos começa a ser veiculada como ideia no sentido do enfrentamento ao crime organizado, especificamente ao PCC, quando em 2012 a facção foi responsável por uma elevação substantiva no número de homicídios, particularmente homicídios de policiais.

A especialização decorre, segundo um dos nossos entrevistados, das tentativas de apaziguamento de um conflito estabelecido entre o governo do estado de São Paulo e o governo federal na época, tendo o Judiciário e o Ministério Público como terceiros intervenientes em um acordo entre os dois entes estabelecendo medidas para lidar com o crime organizado, dentre as quais a transferência para presídios federais de presos responsáveis pelos assassinatos, junto com medidas de criação institucional.

Foi com a criação do Fórum de Combate à Corrupção e Lavagem de Dinheiro no Estado de São Paulo (Focco-SP), enquanto agência de atuação integrada contra o crime organizado, que tinha o Judiciário como integrante, que acabou por receber a sugestão de especialização judicial. Há, todavia, uma especificidade quanto ao desenho e as competências das varas paulistas, que acabam por atacar crimes tributários juntamente ao crime organizado e à lavagem de dinheiro:

> Uma segunda medida foi a criação do que se denominou na época agência de atuação integrada contra o crime organizado, inspirada exatamente nesses modelos de *task force* americano. Fariam parte desse grupo o Ministério Público de São Paulo, a Polícia Federal, a Polícia Rodoviária Federal, a Polícia Civil, a Polícia Militar, Polícia Científica, Secretaria da Fazenda da Receita Federal e Coaf. [...] Foi criada essa agência de atuação integrada a partir de uma provocação de alguém desse grupo: 'Poxa, por que a gente não replica aqui em São Paulo a ENCCLA e faz a ENCCLA do estado de São Paulo?' [...] Na época, em função até da diversidade político-partidária do governo federal e estadual, se entendeu que politicamente falar em ENCCLA São Paulo causaria ruído. [...] Então optamos por denominar essa iniciativa como FOCCO-SP, que era Fórum de Combate ao Crime Organizado e à Lavagem de Dinheiro do estado de São Paulo, com o mesmo propósito, com a mesma finalidade, com a mesma dinâmica. [...] O Judiciário era uma das vinte instituições que assinaram esse acordo de criação. Aí em janeiro de 2014, quando começa a funcionar, até por provocação de um desembargador, vem a ideia de se colocar como meta a criação da vara especializada. Então ali é feita uma provocação formal ao então presidente do tribunal na época no sentido de fazer estudos [para a implementação], e isso levou alguns anos. Por quê? Porque isso se somava no tribunal à resistência em função de aquela coisa ser pouco precisa: 'Ah, eu não sei o volume disso, o quanto isso representa para justificar a criação de uma vara, uma estrutura própria'. No final das contas, aqui em São Paulo, como tinha uma promotoria especializada (existe uma promotoria em sonegação fiscal), essa questão da cobrança dos débitos fiscais sempre foi um grande problema para o

> estado, tem fraudes homéricas [...]. Então essa demanda gerou um ganho de oportunidade, até por pressão do governo do estado. E o fato é que em São Paulo acabou se instaurando duas varas especializadas em crimes tributários por organização criminosa e lavagem de dinheiro. Então teve um *plus* nesta história. Eu acredito que a janela de oportunidade para uma vara especializada para organização criminosa e lavagem foi o problema tributário, não o inverso. E aí pegou-se carona e foi o que acabou sendo instalado. Os juízes que trabalham lá, eu não posso negar, têm um nível de entendimento diferente, muito mais qualificado. Por outro lado, são varas que estão estouradas em volume, tem problema seríssimo de agenda ali. Então em síntese a criação das varas especializadas em São Paulo é um pouco essa trajetória. (Entrevista 9).

No caso de São Paulo, a especialização se deu pela transformação de duas varas criminais existentes, a 33ª e a 34ª, nas 1ª e 2ª varas especializadas em Crimes Tributários, Organização Criminosa e Lavagem de Bens e Valores da Capital, respectivamente, através da Resolução nº 811, de 27 de novembro de 2019. No momento da instalação das varas, o presidente da Seção de Direito Criminal do TJSP, Torres Garcia, destacou, assim como apontado nas entrevistas, a trajetória das varas especializadas, em que a política judicial seria uma política inspirada pelos integrantes do Fórum de Combate à Corrupção e Lavagem de Dinheiro – FoccoSP (TJSP, 2019).

No caso de Minas Gerais, similar ao estado do Pará, a partir da Resolução nº 956, de 23 de dezembro de 2020 (TJMG, 2020), foram alteradas as competências da 5ª Vara Criminal da Comarca de Belo Horizonte, especializando-se para tratar de Tóxicos, Organização Criminosa e Lavagem de Bens e Valores; ao mesmo tempo em que foram ampliadas as competências das 1ª, 2ª, 3ª, e 4ª varas especializadas em tóxicos para contemplar os crimes de Tóxicos, Organização Criminosa e Lavagem de Bens e Valores. Assim como na primeira onda de especialização estadual, o movimento de associação entre crime organizado e tráfico de drogas está presente em todas as ondas, como uma das principais motivações do *policy making* judicial dos Tribunais de Justiça, com a inclusão da competência para julgar o crime de tráfico nas varas de crime organizado ou vice-versa.

Exceto pela terceira onda, as demais apresentam certa proximidade no que diz respeito à disseminação espacial, como se vê nas Figura 15 e 16. Conforme detalhado a seguir, esse padrão parece corresponder a movimentos criminosos específicos relacionados ao narcotráfico e suas consequências, que estão sujeitos a processos judiciais de intervenção e ações das forças de segurança pública. A figura abaixo ilustra as quatro ondas de especialização descritas acima.

Figura 15. Ondas de difusão da política judicial de especialização

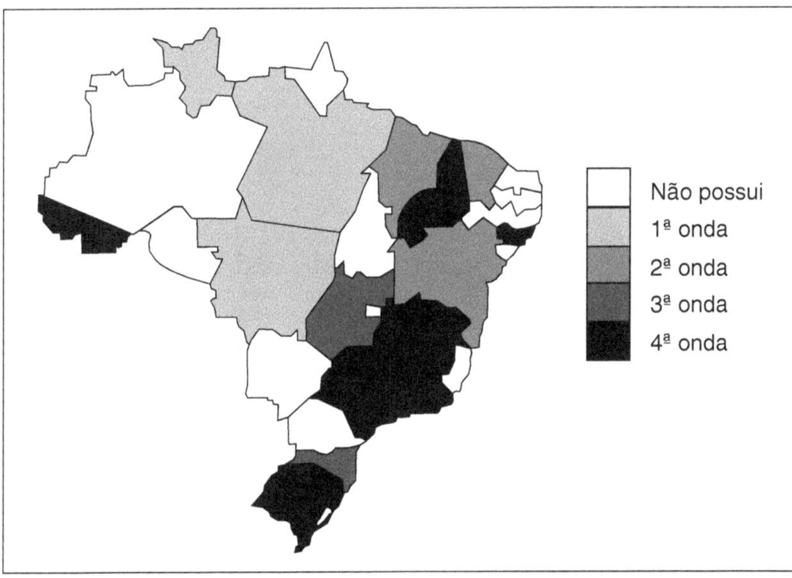

Fonte: Elaboração própria.

A figura a seguir indica a criação das varas especializadas, tendo como referência os principais marcos de indução da difusão.

Figura 16. As quatro ondas de difusão das Varas Estaduais Especializadas em Crime Organizado

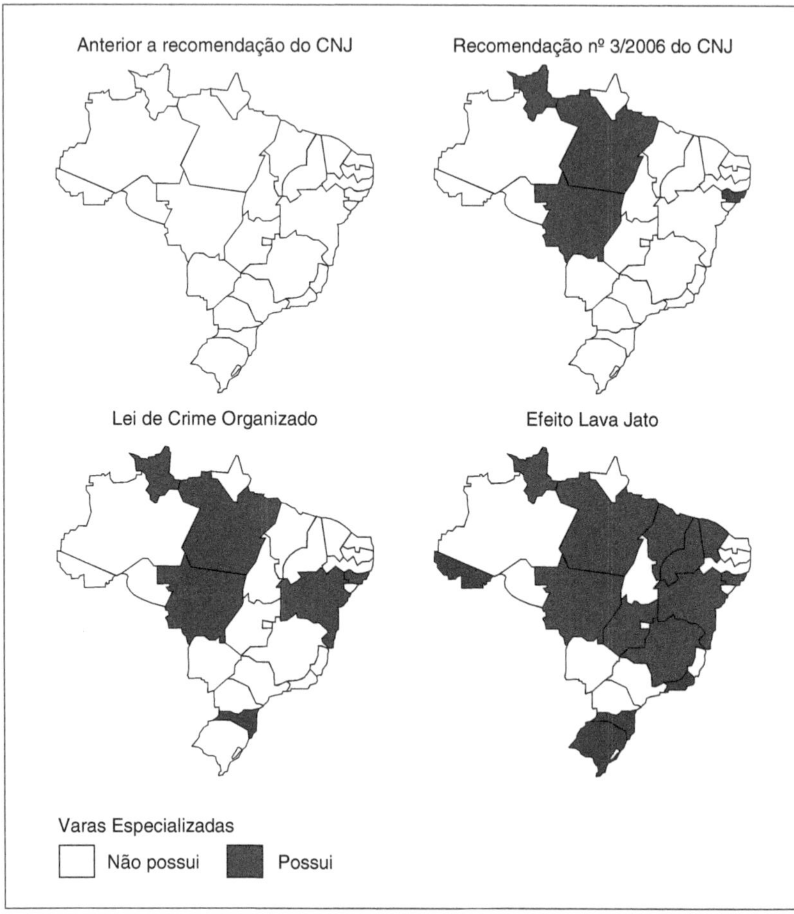

Fonte: Elaboração própria.

A literatura tem descrito o fenômeno do narcotráfico no Brasil e seus efeitos como a expansão dos índices de crimes violentos nos estados. Além disso, o tráfico de drogas tem levado a "transformações importantes nos últimos anos, com novas formas de participação criminosa, relacionamentos, estratégias, episódios de vingança, normalização de comportamento, controle social e dominação" (PAIVA, 2017, p. 23). A ação de grupos criminosos e a existência de uma disputa de território entre eles são elementos centrais dessas transformações. No caso aqui examinado, a questão do narcotráfico e seus efeitos parecem estar de alguma forma relacionados à adoção de políticas de especialização dos tribunais nos estados.

A federalização de facções do Norte por conta das prisões federais; a expansão de grupos criminosos para o Norte e Nordeste, levando a períodos de disputa, acordos entre grupos criminosos locais e nacionais e subsequentes disputas territoriais; e, finalmente, o domínio do tráfico de drogas por grupos nacionais, particularmente o Primeiro Comando da Capital (PCC) ajudam a entender as diferentes dinâmicas (DIAS; MANSO, 2018; MANSO; DIAS, 2018; PAIVA, 2017; XAVIER, 2017). Vale ressaltar que os grupos criminosos locais continuam se destacando em algumas regiões, como no Rio Grande do Sul, onde há disputas territoriais acirradas entre facções locais (CIPRIANI, 2021).

Notícias locais (TJAL, 2018) expressam a demanda de varas especializadas para atuar nesse cenário, emulando as experiências de outras varas estaduais próximas — processo que foi identificado, por exemplo, por meio de visitas de membros do Judiciário cearense a Alagoas para observar a experiência do estado.

Outro aspecto, identificado na experiência das varas federais especializadas em crimes e expresso na Recomendação do CNJ (CNJ, 2006), mas que não diz respeito diretamente à atuação da Justiça criminal estadual, é a internacionalização de grupos criminosos nas fronteiras, especialmente na Região Norte do país (DIAS; MANSO, 2018; MANSO; DIAS, 2018; MENA, 2017).

A partir das categorias acima mencionadas (situação penal, motivação para adotar a política, contexto político-institucional, normas legais e papel dos agentes empreendedores) foi possível identificar diferentes casos de especialização. Portanto, a próxima parte desta seção discute os diferentes cenários com os estados agrupados.

É possível dizer que as diferentes faces do crime organizado motivaram a especialização das varas criminais estaduais. O Pará tem uma especialização motivada pelas demandas das instituições do sistema de Justiça e amparada na recomendação nº 3/2006 do CNJ, seguido no Norte por Roraima e recentemente pelo Acre. No Nordeste, liderado por Alagoas (2008), a especialização buscou incidir sobre disputas entre grupos criminosos, dentro e fora dos estabelecimentos prisionais. Foi assim também na Bahia, no Ceará e no Maranhão. Na Região Centro-Oeste, Mato Grosso (2008) iniciou a especialização, preocupado com a corrupção política, sendo posteriormente seguido pelos estados de Santa Catarina e Goiás. No caso de Santa Catarina, os autores enfatizam o problema da associação entre tráfico de drogas e lavagem de dinheiro, somada à questão da corrupção de agentes públicos (que ocorreu após a Recomendação do CNJ), tendo o TJSC criado uma unidade especial para tratar especificamente de procedimentos de investigação policial sobre organizações criminosas e tráfico de drogas na capital em 2013, antes da criação da vara especializada em 2018. Nos mapas e quadros o estado de Santa Catarina aparece marcado desde 2013 justamente pela existência dessa unidade, embora tenhamos considerado efetivamente a criação da vara especializada apenas na terceira onda, a partir da resolução de 2018.

A quarta e última onda, após a Operação Lava Jato, caracteriza-se pela incorporação da lavagem de dinheiro ligada ao crime organizado, em um movimento inverso à especialização federal. É interessante ressaltar aqui que, se na Justiça Federal a especialização iniciou pelas varas de lavagem, chegando posteriormente ao crime organizado, na Justiça dos estados o crime organizado é objeto das primeiras varas especializadas, sendo a lavagem atingida mais recentemente. Essa última onda é caracterizada por especializações em tribunais do Rio Grande do Sul, Rio de Janeiro, São Paulo e Minas Gerais.

O quadro abaixo apresenta os marcos normativos da especialização estadual.

Quadro 12. Resoluções e Legislação das Varas Especializadas em Crime Organizado

Onda de Difusão (ano)	Unidade Federativa	Norma
1ª Onda		
2007	PA	Resolução nº 008/2007-GP. "Especializa-se na competência da Vara Criminal 20 da Capital, criada pela Lei nº 6.480, de 13 de setembro de 2002, e ainda não instalada, para processar e julgar crimes cometidos por organizações criminosas."
2007	AL	Lei nº 6.806, de 22 de março de 2007. "Cria, no âmbito do Poder Judiciário Estadual, a Vara Criminal 17 da Capital, com competência exclusiva para processar e julgar Crimes praticados por Organizações Criminosas (Crime Organizado) no território de Alagoas e adotar disposições."
2008	MT	Provimento nº 004/2008/CM. "Atribui nova competência e denominação aos Tribunais Judiciais da Comarca de Cuiabá."
2008	MT	Lei Complementar nº 313, de 16 de abril de 2008. "Altera a redação do art. 14, caput e §§ 1º e 2º, da Lei nº 4.964, de 26 de dezembro de 1985, alterada pela Lei Complementar nº 281, de 27 de setembro de 2007, e dá outras providências." (disposição do art. 2º, inciso VI, que o converte em Vara Especializada em Crime Organizado, Crimes Contra a Ordem Econômica e Fiscal e Crimes contra a Administração Pública).
2008	RR	Resolução nº 12, de 6 de agosto de 2008. "Estabelece a competência da 2ª Vara Criminal da Comarca de Boa Vista para processar e julgar as causas decorrentes da prática do Crime Organizado e da lavagem ou ocultação de bens, direitos e valores."
2008	RR	Lei Complementar nº 154, de 30 de dezembro de 2009. "Altera os artigos 31 e 41 da Lei Complementar nº 002, de 22 de setembro de 1993, e dá outras providências" (Vide art. 31, inciso VI).
2ª Onda		
2013	SC	Resolução nº 01/2013-CM, de 10 de fevereiro de 2013. "Instituir, excepcionalmente, unidade para processar Inquéritos Policiais e diligências cautelares em Inquéritos Policiais, bem como processar e julgar ações relativas a crimes praticados pelo Crime Organizado (Lei nº 9.034, de 3 de maio de 1995), da Região Metropolitana de Florianópolis, dos bairros da Capital, Biguaçu, Palhoça, Santo Amaro da Imperatriz e São José."

Onda de Difusão (ano)	Unidade Federativa	Norma
2013	SC	Resolução nº 12/2013-TJ, de 5 de junho de 2013. "Nomeia, define a competência e regulamenta a instalação e funcionamento da unidade estabelecida em regime de exceção pela Resolução nº 1/2013-CM, de 19 de fevereiro de 2013." (Unidade de Investigação de Crimes Cometidos por Organizações Criminosas na Região Metropolitana de Florianópolis).
2015	BA	Lei nº 13.375, de 23 de setembro de 2015. "Altera a redação do inciso XVI do art. 130 da Lei nº 10.845, de 27 de novembro de 2007, e acrescenta o inciso XX e os artigos 130-A e 130-B à Lei nº 10.845, relativa à criação do Juízo de Ocorrências Relativas a Crimes Praticados por Organização Criminosa, de 27 de novembro de 2007 e dá outras providências."
2017	MA	Lei Complementar nº 188, de 18 de maio de 2017. "Altera a redação dos dispositivos da Lei Complementar nº 14, de 17 de dezembro de 1991 (Código da Divisão e Organização Judiciária do Estado do Maranhão); acrescenta dispositivos à própria Lei Complementar e dá outras providências" (disposto no art. 9º, inciso XL).
2018	CE	Lei nº 16.505, de 22 de fevereiro de 2018. "Altera as Leis nº 14.605, de 5 de janeiro de 2010; 14.786, de 13 de agosto de 2010; 16.208, de 3 de abril de 2017 e 16.397, de 14 de novembro de 2017" (vide artigo 49-A sobre "Varas de Crimes de Organização Criminosa."
3ª Onda		
2018	SC	Resolução TJ nº 6, de 2 de maio de 2018. "Disciplina a competência e instalação do juízo criado pela Lei Complementar Estadual nº 516, de 8 de setembro de 2010, e transformada em vara especial de entrada pela Lei Complementar Estadual nº 659, de 5 de novembro de 2015, na comarca da capital, extingue a Unidade de Investigação de Crimes Cometidos por Organizações Criminosas na Região Metropolitana de Florianópolis e a Unidade de Cooperação Judiciária do Sul da Ilha, redefine o nome e a competência da Delegacia Especial Criminal Tribunal do Foro do Continente e Unidade de Crimes de Trânsito da Comarca da Capital, e dá as demais providências."
2018	GO	Lei nº 20.254, de 3 de agosto de 2018 "Altera a Organização Judiciária do Estado de Goiás e dá outras providências."

Onda de Difusão (ano)	Unidade Federativa	Norma
4ª Onda		
2018	AC	Resolução nº 229/2018, de 21 de novembro de 2018. "Altera a Resolução nº 154, de 2 de fevereiro de 2011, que dispõe sobre as Unidades Judiciárias do Poder Judiciário do Estado do Acre, sua denominação e foro."
2019	RS	Resolução nº 1.250/2019-COMAG, de 5 de fevereiro de 2019. "A Vara Criminal 17 da Comarca de Porto Alegre é especializada na persecução e repressão dos crimes praticados relacionados aos Crimes de "Lavagem" ou Ocultação de Bens, Direitos e Valores Mobiliários e /ou praticadas por Organizações Criminosas, e dá outras providências."
2019	RJ	Resolução TJ/OE/RJ nº 10/2019, de 1º de julho de 2019. "Cria a 1ª Vara Especializada Criminal da Comarca da Capital, por transformação, da 25ª Vara Criminal da Comarca da Capital."
2018	GO	Lei nº 20.510, de 11 de julho de 2019 "Altera a Lei nº 20.254, de 3 de agosto de 2018, para criar uma Vara dos Feitos Relativos a Delitos Praticados por Organização Criminosa e de Lavagem ou Ocultação de Bens, Direitos e Valores com Jurisdição no Estado de Goiás, e promove alterações na organização judiciária das Comarcas de Caiapônia e Goianira."
2019	SP	Resolução nº 811/2019, de 27 de novembro de 2019 Art. 1º. Remanejar a competência das 33ª e 34ª Varas Criminais para 1ª e 2ª Varas de Crimes Tributários, Organização Criminosa e Lavagem de Bens e Valores da Capital, respectivamente.
2020	MG	Resolução nº 956/2020 Art. 1º Fica alterada a denominação e a competência da 5ª Vara Criminal da Comarca de Belo Horizonte para 5ª Vara de Tóxicos, Organização Criminosa e Lavagem de Bens e Valores. Parágrafo único. Efetivada a alteração de que trata o art. 1º desta Resolução, a 12ª Vara Criminal da Comarca de Belo Horizonte passa a ter a denominação de 5ª Vara Criminal. Art. 2º Ficam alteradas a denominação e a competência das 1ª, 2ª, 3ª e 4ª Varas de Tóxicos da Comarca de Belo Horizonte de: I – 1ª Vara de Tóxicos para 1ª Vara de Tóxicos, Organização Criminosa e Lavagem de Bens e Valores; II – 2ª Vara de Tóxicos para 2ª Vara de Tóxicos, Organização Criminosa e Lavagem de Bens e Valores; III – 3ª Vara de Tóxicos para 3ª Vara de Tóxicos, Organização Criminosa e Lavagem de Bens e Valores; IV – 4ª Vara de Tóxicos para 4ª Vara de Tóxicos, Organização Criminosa e Lavagem de Bens e Valores;

Fonte: Elaboração própria a partir das resoluções e legislações estaduais.

Como a maior parte dos estados parece se especializar em razão dos crimes cometidos por facções criminosas, dada a relação entre drogas e crime organizado, verificamos alguns cenários subjacentes aos processos de especialização nos estados. A existência de facções nacionais e conflitos entre elas é um fenômeno presente na maior parte dos estados cuja especialização se deu motivada pelo combate a facções criminosas, correspondendo à segunda fase de especialização. A presença das facções criminosas Primeiro Comando da Capital (PCC) e Comando Vermelho (CV) é notável em estados do Nordeste (Alagoas, Rio Grande do Norte e Ceará) e Norte (Acre, Pará, Rondônia, Roraima, Tocantins).

Figura 17. Domínio das facções nos estados brasileiros em 2018

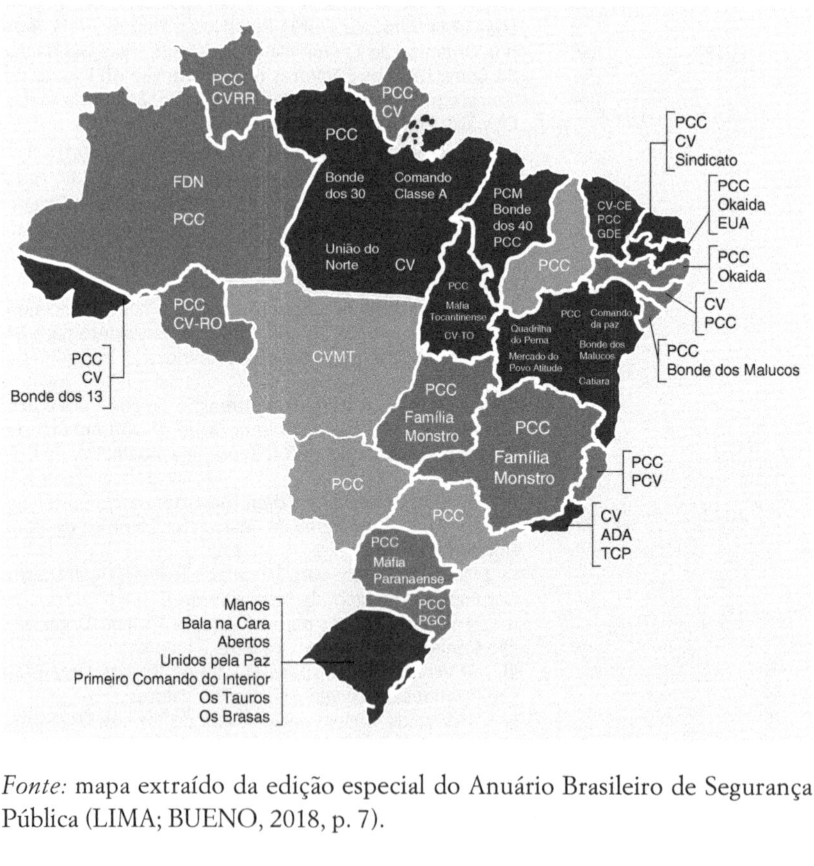

Fonte: mapa extraído da edição especial do Anuário Brasileiro de Segurança Pública (LIMA; BUENO, 2018, p. 7).

Os estados de São Paulo, Mato Grosso e Piauí figuram no mapa como os únicos em que haveria exclusividade de atuação do PCC. Todavia, no Mato Grosso, há menção a processos envolvendo tanto o PCC quanto o Comando Vermelho na vara especializada. A fala de uma magistrada do TJMT chama a atenção para a atuação de organizações criminosas nas regiões de fronteira: "A extensa faixa de terra facilita demais o tráfico de drogas. Toda a droga vinda de lá passa por aqui, além de carros roubados em outros estados. Temos locais policiados, por onde todos passam, mas há quem use fazendas para cruzar de um país a outro. Aqui é a boca larga do funil" (CNJ, 2016). Similar ao que analisamos na Justiça Federal, a região fronteiriça aparece como um dos fatores que levariam à especialização, especialmente relacionado aos crimes de tráfico de drogas e de lavagem de dinheiro, como no caso de Santa Catarina e do Paraná no TRF4.

Enquanto nos dois primeiros estados as varas especializadas têm competência para atacar a criminalidade organizada junto com a lavagem de dinheiro, no caso do Piauí (BRANDÃO; FRANCE, 2019), apesar de figurar em pesquisa anterior como um estado que abriga vara especializada em crime organizado, a atualização dos dados dá conta apenas de tratativas para sua criação, inclusive em parceria firmada entre o TJPI e o governo estadual, no âmbito de um plano de reestruturação da Justiça criminal no estado (PIAUÍ HOJE, 2023; SILVA, 2018).

Chama a atenção, reforçando o que apontamos mais acima, que em São Paulo e no Mato Grosso existe uma peculiaridade quanto à competência conjunta das varas especializadas em combater o crime organizado junto com os crimes contra a ordem tributária e econômica e os crimes contra a administração pública — de maneira similar ao modelo final de especialização dos TRFs. Aqui, tem-se a proximidade da política judicial com o modelo de enfrentamento da tríade da macrocriminalidade, observada no Capítulo 5 deste livro. A justificativa para essa competência ampliada pode ser ilustrada pela fala da mesma magistrada do TJMT quando diz, sobre o crime organizado, que "não raro, esses grupos têm um pé na administração pública. Precisam do poder público para se manter. Mesmo no caso do tráfico, necessitam de um policial ou alguém na alfândega" (CNJ, 2016).

O estado do Rio Grande do Sul, onde a especialização do tribunal ocorreu apenas na última onda, destaca-se nos dados do Fórum Brasileiro de Segurança Pública (LIMA; BUENO, 2018) por não apresentar atividade de facções nacionais, além de possuir o maior número de grupos criminosos locais (sete no total). Há, todavia, que se atualizar esse mapa, dadas as informações quanto a ligações recentes entre as facções locais e as nacionais, inclusive com a presença destas no comando de portos no estado. Dados da resolução dão conta que a especialização adveio de um processo administrativo iniciado em 2017 pela Corregedoria-Geral de Justiça do TJRS — processo administrativo 0010-17/000770-4 (número Themis) — que propôs a criação de vara criminal especializada, tendo como partes interessadas a Associação de Juízes do Rio Grande do Sul (AJURIS).

Há duas formas de especializar. Na primeira, endógena, que parte do próprio tribunal, a criação da política, não tendo custos orçamentários, pode ser feita por resolução, quando há simplesmente transformação de uma vara já existente em vara especializada. Por resolução tivemos os seguintes estados: Pará (2007), Mato Grosso (2008), Acre (2018), Santa Catarina (2018), Rio Grande do Sul (2019), Rio de Janeiro (2019), São Paulo (2019) e Minas Gerais (2020). O segundo mecanismo de institucionalização da política de especialização judicial é exógeno, com a criação de novas varas com competência especializada através de lei complementar estadual. Nestes casos pode haver tanto ampliação orçamentária quanto simples realocação da estrutura organizacional do tribunal sem ampliação orçamentária. Contudo, a especialização por meio de leis complementares implica em maior custo político e econômico, principalmente quando há necessidade de aumentar os recursos humanos do tribunal, alterando as despesas fixas. O Quadro 13 mostra esse cenário nas varas criminais estaduais.

Quadro 13. Estrutura e agentes na difusão da política judicial estadual de especialização

		Estrutura da Especialização	
		Cria novas varas	**Especializa varas existentes**
Agente (agência)	**Endógeno**	TJ/SC TJ/RR	TJ/PA TJ/MT TJ/AC TJ/RS TJ/SP TJ/RJ TJ/MG
	Exógeno	TJ/AL TJ/BA TJ/CE TJ/GO TJ/RR	TJ/MA TJ/MT

Fonte: Elaboração própria, adaptado a partir de trabalhos anteriores.

Curiosamente, a maioria dos estados optou por se especializar por meio de resoluções, sem envolver o Legislativo. A especialização realizada pela competência do Poder Legislativo (promulgação de leis complementares) foi o caso de Alagoas (2007) durante o mandato de Teotônio Vilela Filho (Partido da Social Democracia Brasileira – PSDB); Bahia (2015) com Rui Costa (Partido dos Trabalhadores – PT); Ceará (2018) com Camilo Sobreira de Santana (PT); Maranhão (2018) com Flávio Dino (Partido Comunista Brasileiro – PCdoB); e Goiás (2018) com José Elinton de Figuerêdo Júnior (PSDB).

Nesse tipo de especialização, a criação e execução da política judiciária está relacionada à política de governo, portanto, é resultado da relação do Poder Judiciário com o Executivo e o Legislativo. Como política de governo, a especialização pode ser relacionada à agenda política do partido no poder para refletir um espectro de opiniões ideológicas ou políticas daquilo que o Executivo e o Legislativo entendem como um problema público a ser combatido, seja na área de segurança pública ou na transparência da administração pública.

Embora o Executivo estadual não tenha jurisdição direta sobre a questão, um aspecto interessante que merece ser considerado é a preponderância dos partidos Partido da Social Democracia Brasileira (PSDB) e Partido Social Democrático (PSD) (centro/direita) no governo quando o estado foca na criação de varas especializadas com a narrativa de combate à corrupção. Chama a atenção, porém, o fato de que as estruturas legais e institucionais adotadas nesses estados em decorrência da difusão da política são oriundas do governo federal, criadas durante o governo do Partido dos Trabalhadores (PT) (esquerda). Considerando a rivalidade entre esses partidos e sua posição no poder nos governos federal e estadual, é interessante observar a competição política entre eles a partir da narrativa em torno do combate à corrupção. Em relação aos governos do grupo de estados que criaram varas especializadas no combate ao crime organizado, os partidos políticos mais frequentes são PT, PSB e PCdoB (esquerda).

Roraima é o único caso em que a especialização ocorreu tanto por lei complementar quanto por resolução. Esse caso dissidente demonstra que políticas iniciadas pelo Judiciário (endógenas) também podem entrar na arena política ao serem definidas por atores políticos (exógenos), legitimando a política judicial como política pública.

Ressalta-se que a última onda de especialização tem sido endógena, com resoluções produzidas pelo Judiciário, exceto no caso de Goiás, onde a especialização foi realizada por lei complementar em 2019.

A existência de varas criminais federais especializadas em praticamente todos os estados brasileiros parece não explicar a difusão da política de varas criminais estaduais especializadas. Esse fenômeno é reforçado pelo fato de que os estados que não possuíam varas da Justiça Federal com varas especializadas criminais (Alagoas, Mato Grosso, Roraima, Maranhão e Acre) estavam entre os exemplos mais notáveis de criação de varas especializadas em seu sistema judiciário.

No caso brasileiro, onde o sistema de Justiça é dividido entre federal e estadual, verificamos que o tipo de difusão encontrado não revela uma transmissão direta entre experiências federais localizadas nos estados para experiências estaduais nesses mesmos estados. O que está em curso é um movimento em que as boas práticas federais são geralmente promovidas por um órgão judiciário centralizado para serem replicadas entre os diferentes estados da federação. Esse movimento é semelhante ao descrito por Langer (2007) quando analisa as reformas penais latino-americanas que começaram na Argentina e no Chile e, por meio de organizações internacionais, acabaram se espalhando para outros países.

A figura abaixo ilustra o movimento integral de especialização que, ano a ano, vem ocorrendo no Poder Judiciário no Brasil. Nos mapas é possível identificar quatro padrões distintos: estados com (VFLD) ou sem a presença de varas federais de lavagem de dinheiro (N/VFLD); e estados com (VECO) ou sem a presença de varas estaduais de combate às organizações criminosas (N/VECO).

Figura 18. Varas federais e estaduais especializadas nos estados brasileiros (2003 a 2022)

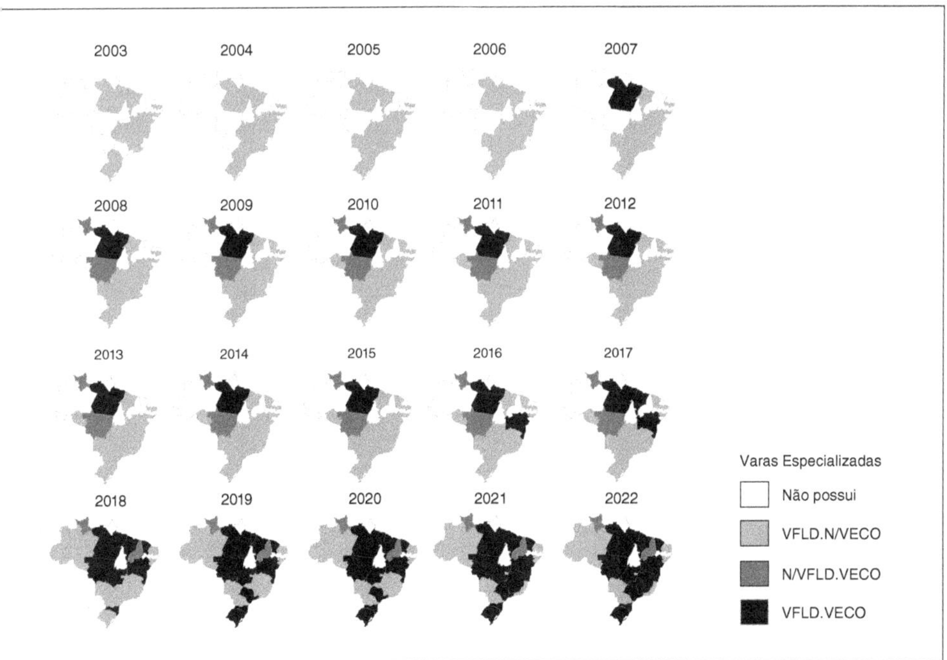

Fonte: Elaboração própria.

Outros fatores que podem estar relacionados à especialização dos tribunais estaduais são o desenvolvimento institucional dos estados e os diferentes esforços e graus de cooperação entre diferentes instituições de Justiça. A seu modo e a seu tempo, essas instituições se especializaram em lidar com o mesmo problema público. Um último aspecto é o papel das redes com outras instituições do sistema de Justiça, inclusive federais, na produção de demandas de especialização judicial penal estadual.

Aprendizagem e emulação são os dois principais mecanismos de difusão de políticas analisados neste estudo. A implementação da inovação nos estados foi realizada por meio de um mecanismo de aprendizado originado em varas federais especializadas, a partir de diretrizes elaboradas pelo CNJ. Posteriormente, a reprodução por outros grupos foi realizada por emulação, com os estados vizinhos tentando aprender e copiar tribunais estaduais especializados, na forma de disseminação voluntária e não coercitiva.

O Quadro 14 agrupa os casos nesses dois mecanismos. O aprendizado se expressa ao citar a Recomendação n° 3/2006 do CNJ, e a emulação, ao citar outras varas criminais especializadas estaduais como modelo ou referência.

Quadro 14. Aprendizado e emulação na difusão de varas estaduais especializadas

		Norma – Modelo (Recomendação nº 3/2006 do CNJ)	
		Menciona	**Não Menciona**
Referência a outras varas criminais especializadas	Menciona		TJ/BA TJ/CE
	Não Menciona	TJ/PA TJ/AL TJ/MT TJ/RR TJ/MA TJ/AC TJ/SP TJ/MG	TJ/SC TJ/RS TJ/RJ

Fonte: Elaboração própria a partir de trabalho anterior.

Na difusão por aprendizagem, como no caso deste estudo, é possível observar que, conforme demonstrado na literatura, os processos de difusão não são estáticos. As lições aprendidas durante o processo levam a mudanças na implementação, como observado no exemplo da troca de experiências entre os estados do Nordeste, a começar por Alagoas. Após a implementação da vara especializada no Tribunal de Justiça de Maceió, em 2007, outros tribunais do Nordeste foram inspirados a especializar também, a exemplo da Bahia em 2016 e do Ceará em 2018. As falas abaixo, de uma magistrada da vara especializada de Maceió e da coordenadora das varas criminais de Fortaleza, respectivamente, reforçam esse aprendizado:

> É um prazer compartilhar nossa experiência e vê-la replicada, com eventuais adaptações que podem até melhorar e beneficiar nosso modelo próprio no futuro (TJAL, 2018)
>
> Alagoas tem experiência na criação de uma vara voltada ao enfrentamento desse tipo de crime. No Ceará, vamos criar uma unidade semelhante. Acredito que dentro de seis meses ela já esteja em funcionamento (TJAL, 2018)

Também em matéria de aprendizado, um procurador da Bahia, entrevistado pela pesquisa, também aponta os ganhos obtidos em matéria de julgamento com a especialização judicial:

> O estado da Bahia agora pode mostrar que os seus investigados já estão sendo absolvidos, naturalmente, ou condenados. O ganho foi significativo. Temos uma autoridade que entende da matéria, além de advogados que, assim como juízes e promotores, se especializam. Desse modo, podemos ter um nível de debate mais qualificado e de resposta mais efetiva para a sociedade, porque a sociedade quer resolução de conflito, [quer que se estabeleça] que aquela conduta inadequada é ilícita e precisa ser reprimida (Entrevista 8).

Os entrevistados reforçam o que já apontamos neste livro como um dos benefícios da especialização: a criação de corpo técnico especializado que implica no ganho de *expertise* dos atores do sistema de

Justiça. Seja pelo aprendizado ou pela emulação, foi possível constatar quatro grandes ondas da especialização estadual em crime organizado.

6.5. Considerações

A especialização judicial vem se difundindo no Brasil de maneira inequívoca. Seguindo outros movimentos, tanto da Justiça Estadual, quanto da Federal, o Judiciário brasileiro rompeu com a regra de cortes generalistas ao longo dos últimos anos.

Ao atender especificidades locais dos estados, relacionadas ao narcotráfico, crime organizado e grupos criminosos, as estruturas da Justiça Federal destinadas ao combate à lavagem de dinheiro irradiaram-se para a Justiça dos estados. Esse processo ocorreu por difusão, utilizando as estruturas para objetivos diversos daqueles para os quais foram desenhadas — o que revela a capacidade de adaptação da política de especialização a diferentes contextos. Nos tribunais estaduais de muitos estados, a corrupção, o tráfico de drogas, o crime organizado e facções criminosas são temas de preocupação, aludindo ao problema da segurança pública.

Como vimos no Capítulo 5, no sistema de Justiça como um todo, houve um movimento inicial caracterizado pelo deslocamento do combate à corrupção nas esferas civil ou administrativa para a esfera criminal, ao mesmo tempo em que a competência da Justiça Estadual perdeu força especialmente para a Justiça Federal (ARANTES, 2011a, 2011b, 2015). A análise realizada neste capítulo identifica outro movimento, em que a especialização estadual de combate ao crime organizado surge atrelada aos enfrentamentos do tráfico de drogas e ao longo dos anos, especialmente após a Operação Lava Jato, aproxima-se do combate à lavagem de dinheiro e à corrupção. Logo, verifica-se um novo reforço da Justiça Estadual no enfrentamento dessa macrocriminalidade.

No próximo capítulo analisamos os movimentos mais recentes em relação à especialização federal, demonstrando que a criação e difusão em ondas chega a termo, indicando um novo movimento — só que agora de desmantelamento.

7.

POLICY DISMANTLING: A REVERSÃO DAS VARAS ESPECIALIZADAS EM LAVAGEM DE DINHEIRO

Após termos percorrido a trajetória de longo prazo, analisando as mudanças institucionais que resultaram na criação e na disseminação de varas especializadas em lavagem de dinheiro, com posterior difusão do modelo à Justiça Estadual e suas varas especializadas em organização criminosa, neste capítulo final buscamos descrever a reversão do modelo como parte de uma estratégia de *policy dismantling* na área da política judicial.

É preciso destacar que a hipótese primária deste estudo, que evidencia a centralidade da burocracia judicial nos processos de criação da especialização, também se verifica nos processos de desmantelamento. Veremos que embora os poderes Executivo e Legislativo tenham contribuído sobremaneira para a deslegitimação dessa política, os movimentos de desmantelamentos são encabeçados pela própria burocracia judicial, corroborando o argumento da validação do mecanismo causal como produto de um processo *bottom-up* de políticas públicas.

A última parte do mecanismo de especialização consiste, portanto, no processo de desmantelamento das varas especializadas por emulação da própria burocracia judicial — lembrando que a emulação é entendida como uma adoção voluntária (não coercitiva), na qual as ideias são transferidas de um grupo de inovadores para outros. Tal qual os processos de criação, os processos de desmantelamento também ocorrem em razão dos mesmos mecanismos descritos acima, seja por aprendizado, seja pela deslegitimação dos tribunais superiores, seja pela persuasão, ou mesmo pela emulação. Mas diferentemente do que vimos nas outras partes do mecanismo de difusão do processo de especialização, no *policy dismantling* não identificamos um movimento de indução por parte dos órgãos judiciais superiores, como vimos existir para a criação das varas tanto federais quanto estaduais.

7.1. O desmantelamento de políticas de especialização judicial

No Capítulo 1 exploramos os referenciais teóricos desta pesquisa, sendo importante aqui retomarmos alguns aspectos que ajudam a compreender a inflexão na política de especialização judicial, que aqui consideramos como estratégia de desmantelamento. Como mencionado no início deste livro, ocorre desmantelamento quando a mudança na política pública assume uma direção negativa, implicando em "redução", "corte" ou "remoção" de arranjos prévios (BAUER; KNILL, 2012; JORDAN; BAUER; GREEN-PEDERSEN, 2013), o que incide na redução de instrumentos e na intensidade, podendo afetar também a capacidade dos atores para implementar e supervisionar as políticas (BAUER; KNILL, 2014, p. 34). O desmantelamento é uma categoria particular de mudança em que "o desejo político de se esconder é particularmente forte" (JORDAN; BAUER; GREEN-PEDERSEN, 2013, p. 803, tradução nossa), muito embora estejam presentes resiliência e legados institucionais como constrangimentos (PIERSON, 1994).

A teoria de desmantelamento está interessada em descrever causas, condições e estratégias desse padrão específico de mudança. Nesta parte final, buscamos tratar das quatro dimensões centrais colocadas por essa literatura quando se dedica a elucidar quais são as fontes das preferências políticas (ou seja, por que os políticos desmontam?); as estruturas de oportunidades em que eles e outros atores desmontam; as estratégias empregadas (ou seja, como os atores desmontam); e os efeitos que eles geram (ou seja, principalmente no *status quo* da política).

A escolha desse quadro teórico deve-se à capacidade analítica propiciada pela compreensão de que as preferências dos atores políticos consideram os custos de desmantelar, sendo que as preferências

> ocorre[m] em contextos políticos e institucionais que moldam oportunidades e restrições para suas ações (BAUER; KNILL, 2012). As preferências desses atores envolvem a busca por permanecer nos cargos e a avaliação constante dos custos e benefícios políticos à luz das preferências dos demais atores, importando também fatores externos, oportunidades e constrangimentos institucionais (MADEIRA; PAPI; CARVALHO, no prelo).

Quando há desmantelamento, a densidade das políticas, medida em número de políticas e de instrumentos, sofre redução. Paralelamente, a intensidade é reduzida pela menor intervenção em uma determinada área temática. Aqui cabe uma distinção: a intensidade substancial é medida pelo alcance da intervenção governamental, seja em termos de instrumentos da política, de níveis de benefícios ou de escopo da intervenção, sendo comum o desmantelamento incidir justamente a partir de não ajustes; e a intensidade formal refere-se às capacidades e procedimentos administrativos atacados em caso de desmantelamento.

Embora a literatura aposte em quatro estratégias de desmantelamento, nesta obra consideramos que, enquanto a política anticorrupção como um todo vem sofrendo um desmonte de tipo ativo — caracterizado pela alta visibilidade, com forte e clara preferência ao desmantelamento, uma vez que nela os políticos não apenas querem ser vistos como desmanteladores, mas realmente querem desmantelar as políticas existentes (BAUER; KNILL, 2012), dado que isso pode ser recompensador política ou ideologicamente —, no caso da política de especialização judicial este desmantelamento pode ser classificado no âmbito das estratégias opacas. Nestas, por mudança de arena ou por inanição, encontra-se um não ajuste de intensidade substancial, que acaba por incidir sobre as capacidades de aplicação, capacidades administrativas e outros requisitos processuais de uma determinada política, os quais serão alterados de forma a tornar mais provável o desmantelamento da política (como efeito indireto), ou sobre o subfinanciamento, que também pode conduzir a uma deterioração da prestação de serviços (BAUER; KNILL, 2012).

A estratégia de desmantelamento por deslocamento de arena é central nesta análise, uma vez que, embora carregue uma decisão de desmantelamento ativa, recebe baixa visibilidade. Ela se caracteriza pelo deslocamento deliberado das decisões de desmantelamento para outra arena política — em nosso caso, na alteração de competência e jurisdição das varas especializadas. Encontra-se no âmbito das estratégias opacas pois, embora implique que decisões de desmantelamento sejam realmente tomadas, seus efeitos podem não ser óbvios para os atores que se beneficiam da política em questão, reduzindo-se os custos políticos dos tomadores de decisão quanto ao desmantelamento (BAUER; KNILL, 2012).

A política anticorrupção vem sofrendo um processo de desmantelamento a partir de ações do Poder Executivo de restrição orçamentária e das capacidades estatais de persecução, a exemplo do caso da Polícia Federal, ou do Poder Legislativo ao passar a nova lei contra o abuso de autoridade. Nos termos da hipótese rival deste estudo, consideramos que, em relação às políticas de controle como um todo, os Poderes Executivo e Legislativo são os principais agentes de promoção do desmantelamento. Contudo, isso não se aplica no caso da especialização judicial. O protagonismo se mantém com a própria burocracia judicial, sem gerência de outros poderes, que promove o desmonte das varas enquanto uma ação política de gestão dos tribunais. Assim, reforçando a hipótese primária sobre o papel das cortes, os protagonistas da criação da política passam a fazer as vezes de antagonistas da própria política que criaram, promovendo o seu desmonte.

Como vimos alertando desde o princípio, este não é um livro sobre a Operação Lava Jato. Nosso tema é a política anticorrupção em geral, e nosso foco empírico é o contexto no qual emergiram as varas especializadas. O alerta deve-se à possibilidade de consideração do desmantelamento tanto das estruturas e da política anticorrupção, quanto da própria Operação. Ocorre que este último já foi devidamente mapeado pela literatura. É no intuito de responder às questões colocadas por Bauer e Knill (2012, 2014) quanto às preferências, condições, estratégias e efeitos do desmantelamento que optamos por elencar fatores que estão diretamente envolvidos com o desmonte das varas federais especializadas.

Diante do interesse em demonstrar a trajetória recente da política de especialização judicial em termos de desmantelamento, cremos ser necessário reconstituir alguns elementos teóricos da própria especialização, seja em termos de seus propósitos, seja principalmente em relação às críticas e aos fatores elencados pela literatura para a retração desse movimento.

Como apontamos nos capítulos iniciais, a especialização surge no intuito de melhorar o processamento de casos judiciais mais complexos ou que exijam conhecimentos especiais além da lei, amparada na crença de maior *expertise*, eficiência e uniformização promovida por cortes especializadas (GRAMCKOW; WALSH, 2013). Como demonstramos acima, as escolhas das burocracias judiciais pela especialização, seja no movimento inicial encabeçado pela Justiça Federal, seja na difusão pelos Tribunais de Justiça estaduais, sempre estiveram assentadas nessa justificativa — a qual nem sempre, como veremos, é satisfeita pelas realidades práticas da Justiça especializada brasileira.

Apesar dos ganhos em termos de capital político, desenvolvimento de instrumentos de persecução penal e atuação junto à agenda legislativa, achamos importante retomar as críticas apontadas pela literatura quanto aos efeitos adversos da especialização. Com ela, concentra-se casos nas mãos de poucos juízes, cujas preferências, engajamento e insularidade podem impactar na política e também na dinâmica hierárquica entre instâncias — afinal, maiores autonomia e autoridade podem levar a menor deferência por parte dos juízes especializados ao posicionamento de tribunais superiores. Além disso, há risco de sujeição a grupos de interesses e políticos (BAUM, 2011), sendo a especialização criminal ainda mais atrativa para os juízes, por gerar satisfação, prestígio e poder, rompendo com a figura de um árbitro neutro para tornar-se o elemento central do time.

No modelo analítico que propusemos (MADEIRA; GELISKI, 2021) para compreender a adoção de varas especializadas, adotamos parâmetros relativos (1) à formulação, interessados em esclarecer a motivação dos diferentes atores em relação à política formulada (atores internos do sistema judicial, atores concorrentes na arena política e o interesse de agências internacionais e doadores); (2) ao desenho institucional, englobando a autonomia dos tribunais em relação à estrutura judiciária do país e a centralização ou descentralização geográfica dos tribunais; (3) à burocracia em torno da política em diferentes níveis, particularmente no que diz respeito aos processos de recrutamento para nomear os atores implementadores (juízes); (4) à atuação das varas especializadas, medida a partir de indicadores como condenação criminal e recuperação de bens; (5) ao nível de coordenação entre os departamentos do sistema de Justiça criminal na condução desses casos. Por fim, em um modelo que se propõe a analisar tribunais cujo impacto político transcende a atuação cotidiana do sistema de Justiça criminal, dois outros elementos precisam estar presentes: (6) o apoio ou oposição institucional à adoção e implementação da política pública, os quais podem ser oferecidos internamente nos tribunais ou pelos tribunais superiores e outros poderes; e (7) a durabilidade desse modelo de varas especializadas anticorrupção, em comparação com outras agências especializadas em outros poderes.

Consideramos ser útil nos debruçarmos sobre alguns desses aspectos, que têm relação direta com as escolhas políticas por manter ou desmantelar as varas especializadas. Nesse sentido, compreender as preferências, condições, estratégias e efeitos implica em revisitar e/ou readaptar os sete elementos, agora dando conta da dimensão negativa da política judicial, como veremos a seguir.

7.2. Algumas evidências do desmantelamento das varas federais

Nos capítulos anteriores, expusemos a trajetória de criação das varas especializadas federais, descrevendo cada um dos movimentos correspondentes às ondas, marcadas pela expansão do modelo e disseminação de varas em todo o país. Especificamente na seção relativa à implementação da política especializada federal, apontamos uma quarta onda marcada pela reestruturação das competências das varas federais nos TRF4, TRF3 e TRF2, indicando que aquele movimento daria indícios de desmantelamento.

As mudanças institucionais iniciadas em 2018 pelo TRF4 evidenciam a presença de uma nova onda nas políticas de especialização, demarcando um processo de desmantelamento por mudança de arena inaugurado pelo fenômeno da regionalização das varas especializadas. Em 2018, encerrou-se a competência exclusiva das varas especializadas em lavagem de dinheiro concentradas em Florianópolis para o julgamento desses crimes em todo o estado. Desse modo, estes foram devolvidos à competência criminal comum e determinou-se que os crimes de lavagem passassem a ser apurados pela jurisdição de origem — em um processo de dispersão de competências para outras estruturas. De forma similar, Rio Grande do Sul e Paraná seguiram o mesmo processo. Conforme anunciamos no Capítulo 5, trata-se de um deslocamento por mudança de arena, uma vez que há retração da política, muito embora pareça ser um movimento de expansão das subseções que contêm varas especializadas.

Alguns dos nossos entrevistados explicam o significado dessa regionalização das varas criminais, com o fechamento de algumas varas e aglutinação dos casos em outras, no caso do TRF4:

> A regionalização é [um processo no qual] uma vara federal em uma determinada seção judiciária ou em uma subseção absorve outras de regiões abrangidas por outras subseções, as quais passam a não ter mais aquela matéria. E pode acontecer até de essa vara absorver o estado inteiro (Entrevista 12).
>
> Na 4ª Região eles já estão na segunda geração da redivisão regional e temática. Eles acabaram com aquela ideia de que uma subseção judiciária trabalha com todas as áreas vinculadas a X municípios. Em Santa Catarina, por exemplo, a vara previdenciária pega o estado inteiro, as varas criminais pegam uma parte, então mudou completamente. E nós do Ministério Público Federal também mudamos totalmente porque estamos passando por uma reestruturação na qual a gente não tem mais vínculo, a gente está sediado no lugar fisicamente, mas esse lugar não trata mais de 50 municípios — ele pode estar tratando do estado inteiro, de parte do estado, da matéria indígena, de matéria criminal, de matéria

do meio ambiente. E na 4ª Região isso está mais avançado porque o próprio Judiciário já fez isso (Entrevista 7).

Em um movimento de emulação dessa reestruturação (desmantelamento por mudança de arena), uma mudança no TRF3, à qual foi dada maior visibilidade, através do provimento CJF3 nº 49, de 6 de dezembro de 2021 (TRF3, 2021), expandiu a competência de todas as varas criminais da Subseção de São Paulo, com exceção da 1ª, para o julgamento dos crimes contra o sistema financeiro nacional e delitos de lavagem. Quanto a essa estratégia de "generalizar" a especialização, um dos entrevistados já havia manifestado estranheza:

> Quando eu estava saindo do Conselho da Justiça Federal [...] veio um desembargador de São Paulo, com outros três desembargadores, dizendo que a ideia deles era — e ele ficou com medo porque eu digo as coisas — especializar as dez varas em lavagem de dinheiro. E eu digo: 'O quê? Especializar todas?' (Entrevista 3).

Movimento similar ocorreu no TRF2, cuja Resolução nº 60, de 3 de junho de 2022 (TRF2, 2022), estabeleceu a competência das 10 varas criminais da Seção Judiciária do Rio de Janeiro como especializadas exclusivas para processar e julgar crimes praticados por organizações criminosas, crimes contra o sistema financeiro nacional e crimes de "lavagem" ou ocultação de bens, direitos e valores (TRF2, 2022, artigo 1º).

Indicamos no Capítulo 5 que tais movimentos configuram processos de generalização da especialização, retirando uma de suas características centrais: a concentração de casos por competência exclusiva. Trata-se, em linhas gerais, da morte da política de especialização naquilo que ela tem de mais essencial. Destaque-se que enquanto uma política criada pelo próprio corpo burocrático, o processo de desmantelamento pode ser entendido como uma mudança na crença ou descrença institucional do que os tribunais consideram importante e dos custos associados a sua manutenção.

7.3. Desmantelamento: analisando fatores explicativos e dimensões negativas da política judicial

Ao longo das próximas páginas buscaremos elencar fatores explicativos para esse desmantelamento, considerando aspectos relativos aos contextos locais, mas principalmente elementos conjunturais. Tal qual em outras partes deste livro, análise documental e entrevistas com atores da burocracia judicial são as principais fontes de análise empírica.

Buscamos descrever aspectos que dizem respeito à (1) (re)formulação, interessados agora em esclarecer a motivação dos diferentes atores em relação à política (re)formulada, indicando os diferentes atores (internos, da arena política, internacionais) responsáveis pelas mudanças em termos de desmantelamento, assim como à (4) avaliação da atuação das varas especializadas, elencamos argumentos quanto ao desequilíbrio e à inefetividade.

O argumento de que a especialização acarretou um desequilíbrio entre a quantidade de processos ajuizados nessas varas, em comparação ao número elevado de processos nas varas criminais generalistas, é recorrente nos casos de desespecialização. Soma-se a ele o peso quantitativo que processos de áreas como o Direito Previdenciário têm para a Justiça Federal. Chama a atenção que os mesmos argumentos que foram utilizados para especializar agora são utilizados para desespecializar, indicando uma mudança da crença na missão institucional. Em outras palavras, após avaliar os efeitos produzidos pela política, na visão dos entrevistados, a especialização entra novamente na agenda do *policy making* judicial como um problema a ser enfrentado, retomando o antigo desenho das estruturas judiciais.

> As varas criminais começaram, aos olhos da Corregedoria do TRF, a ficar incompatíveis. [Era incompatível] em determinadas situações tu ter uma vara com uma estrutura inteira para atender a [apenas] 500, 600 ou 800 processos, enquanto tu tinha do lado uma vara previdenciária explodindo de processos. Então esse movimento efetivamente aconteceu. Quem não é da área do crime não consegue entender que tu ter 600 ou

> 800 processos criminais é muito pesado para a jurisdição, em comparação com 6.000 processos previdenciários, entende? [...] Mas é difícil de explicar. Tem gente que não consegue entender isso. Então é um movimento que veio com a Justiça querendo resolver a questão previdenciária, que é a que afeta realmente uma grande população necessitada, e acabaram fazendo esse movimento de distribuir os processos de lavagem e de organização criminosa (Entrevista 6).

O caso da 13ª Vara de Curitiba é exemplar desse desequilíbrio, uma vez que a vara ficou restrita ao julgamento da Operação Lava Jato, sem distribuição de novos processos, o que resultou em um universo residual de 200, 250 processos (Entrevista 6). A vara do ex-ministro e ex-juiz Sérgio Moro merece uma discussão à parte, que faremos mais adiante, devido a que as mudanças em curso suscitarem debates acalorados e grande visibilidade midiática.

No caso do TRF3, a desespecialização adotou uma estratégia de pulverização concentrada. Não houve o retorno às varas generalistas propriamente, mas todas as varas federais criminais da cidade de São Paulo passaram a ser competentes para julgamento dos crimes de lavagem:

> O Tribunal resolveu selecionando as varas da capital. Ele não mandou os casos de lavagem para o estado inteiro. Na capital, acho que são dez vagas criminais, e o Tribunal disse que [seriam especializadas] tantas varas. Não são todas porque uma delas continua sendo de execução e júri, que é a 1ª. [...] Então, do ponto de vista do Tribunal, eles decidiram deixar na capital porque ali as delegacias e todo mundo é especializado; mas disseram: 'Nós vamos aumentar o número de [varas], vamos dividir melhor esses processos' (Entrevista 7).

Ainda que o TRF3 emule o movimento de desmantelamento, a política de (des)especialização segue um desenho diferente daquele adotado pelo TRF4, onde a regionalização se traduz com a generalização da própria vara especializada. Em São Paulo, o tribunal "especializou" outras estruturas dissipando a competência sobre os crimes de lavagem.

Outro argumento veiculado como justificativa para a desespecialização refere-se ao não cumprimento da tão defendida eficiência apontada como razão primordial para especializar. Conforme demonstramos na última seção do Capítulo 5, as avaliações do GAFI de 2010 indicavam que, se houve um ganho estrutural com a especialização, tais mudanças não haviam sido acompanhadas de uma maior efetividade na persecução criminal à lavagem de dinheiro, cujas condenações continuavam em níveis baixos (FINANCIAL...; ORGANISATION..., 2010, p. 26, ponto 87).

Esse ponto sobre a ineficiência é mencionado na justificativa do TRF3 (TRF3, 2021) para redistribuir a competência sobre a lavagem de dinheiro entre as varas federais criminais da cidade de São Paulo, assim como também aparece nas falas de entrevistados de outras regiões, que a atribuem à falta de conhecimentos aprofundados na matéria:

> Desde que eu cheguei em [suprimido] havia uma crítica severa sobre essa sistemática de varas especializadas. Era senso comum nos comentários dos colegas da Justiça com quem eu conversava, eu tinha contato com a PF, e a reclamação era geral. Havia sérias críticas de que as coisas iam para as varas especializadas e não andavam. Todo mundo sempre questionava isso e falava-se que tinha muito mais a ver não com essa temática em si, mas com as pessoas que estavam à frente (Entrevista 12).
>
> Foi ali em 2018 que houve a alteração de competência. E foi um divisor de águas porque foi bem no momento da Operação [suprimido] e na sequência [...] a gente já começou a trabalhar nos casos de lavagem referentes ao tráfico. Talvez a principal questão que tenha pesado em relação a essa alteração seja o andamento [dos casos relacionados à] lavagem de dinheiro do tráfico. E era uma coisa que, tendo em vista a gravidade do crime e o volume financeiro envolvido... A gente fez uma conta por baixo na época das apreensões da PF, e dava mais ou menos R$ 1,6 bilhão de apreensão — seria de 20% a 30% do que teria transitado só nos portos de [suprimido]. E tinha-se medo de que esses casos de lavagem, que eram casos muito bons, [não dessem resultado]. Porque a investigação do crime antecedente já tinha se direcionado para a lavagem, porque você via os agentes delitivos utilizando veículos, utilizando

> imóveis, utilizando embarcações, com materialização do crime de lavagem (integração, colocação, ocultação e integração). Já eram bens integrados ao patrimônio dos agentes delitivos, e aí se tinha certa apreensão [...]. As coisas vão pra lá e nada anda na lavagem, não se tem noção nenhuma do que acontece lá dentro porque a gente não vê nenhuma sentença grande de lavagem saindo. Havia dois juízes nesse caso, um da lavagem e um do crime antecedente. E era o problema que estava acontecendo. Você tinha condenações bem efetivas do crime antecedente, mas a lavagem parava, não andava (Entrevista 12).

Outros fatores são elencados como motores dessa reestruturação, em especial a partir de 2020 com a pandemia de Covid-19, em que diversas instituições, incluindo os tribunais, passaram por uma aceleração dos processos de digitalização e informatização da sua atuação. No caso dos tribunais, isso se deu com a ampliação do processo eletrônico e a incorporação de instrumentos para a realização de audiências de forma *on-line*, prescindindo da mobilização de pessoas ou de uma estrutura física propriamente dita.

> Eu acho que essa desespecialização tem a ver com novas realidades, com processo eletrônico, diminuição de processos criminais e investigações de outros crimes, uma melhor equalização. Porque eles estão sempre procurando, do ponto de vista administrativo, melhores formas de equalização de trabalho. Agora essa equalização não quer dizer que todo juiz e todo procurador vão ter o mesmo número de processos, porque para o juiz uma coisa é um processo de execução fiscal, outra coisa é uma ação previdenciária, e outra coisa é ter que julgar uma ação penal com cinquenta réus. E é a mesma coisa para a gente [do MPF] (Entrevista 7).

A regionalização, facilitada pela digitalização, permitiu que varas no interior dos estados fossem fechadas, remanejando os juízes para varas de cidades com concentração de casos. Nesses casos a tendência é a concentração em varas criminais, sem dispersão de competência para julgamento de lavagem de dinheiro, que volta ao juízo natural correspondente aos crimes antecedentes (Entrevista 11).

As entrevistas (Entrevista 11) também apontaram razões relativas às dinâmicas de promoção entre entrâncias e instâncias incidindo nas mudanças nas varas. Especialmente na 4ª Região, a permissão para que houvesse ascensão ao cargo de desembargador sem deslocamento para a sede do tribunal em Porto Alegre teria sido propiciada pelo desmantelamento de varas especializadas em Santa Catarina — que, transformadas em gabinetes de segundo grau, aproveitaram-se da estrutura de recursos humanos já existente, dado o impedimento de novos concursos. Há outro aspecto a ser mencionado quanto aos ganhos para a desespecialização no que tange à gratificação por acúmulo de acervo. Esta não costuma ser comum em varas especializadas, devido ao número menor de processos. Nesse sentido, a distribuição destes para as outras varas e a chegada de processos de outras especialidades pode garantir um volume maior e, por consequência, a gratificação.

No intuito de apontar perspectivas que expliquem (2) o (re)desenho institucional, indicando as mudanças e o papel da autonomia dos tribunais em relação à estrutura judiciária, implicando em movimentos de centralização ou descentralização geográfica na competência dos tribunais, é importante elencar o tema da seletividade penal.

Um importante fator explicativo para a queda no número de processos judiciais encontra-se nos movimentos encabeçados pelo Ministério Público Federal quanto à seletividade penal, dentre eles o Acordo de Não Persecução Penal (ANPP) e sua consequente diminuição de processos nas varas criminais. No entanto, na ótica de integrantes do MPF, a redução de processos criminais em decorrência desse novo instituto atinge o varejo da criminalidade de competência da Justiça Federal, não atingindo propriamente os crimes de lavagem e organização criminosa, que continuariam em número elevado nas varas criminais.

> A gente tem que entender qual é a dinâmica de uma subseção da Justiça Federal no tribunal. As varas criminais hoje têm uma tendência a diminuir o processo, primeiro por conta do acordo de ANPP, que pega dois, três grandes processos do varejo do contrabando, descaminho, estelionato contra a Previdência, moeda falsa, para não falar nos outros.

> Então isso diminui, isso enxuga. Há um movimento também muito grande do Ministério Público Federal de enxugamento de abertura de inquéritos, de não fazer persecução penal de coisas insignificantes. Então acho que nossas câmaras trabalham muito com enunciados de não propositura de ação penal. [...] A gente está vivendo, com o acordo de não persecução penal, aquilo que já foi vivido lá atrás com a Lei 9.099 [de 26 de setembro de 1995], que criou a transação penal, quando várias varas criminais foram fechadas para virar juizado. Então tem esse enxugamento. E o que que vai acontecer? A vara de lavagem vai continuar sendo uma vara que tem processo pra caramba — porque se tem uma coisa que vai ter processo, vai ser a lavagem aliada com organização criminosa [...] Aí a vara de lavagem vai ser uma vara cheinha de processos e as outras varas vão ter menos processos (Entrevista 7).

Além da inclusão de um novo instrumento no âmbito da persecução criminal, na percepção desta entrevistada, a política de especialização pode sofrer mudanças associadas à dinâmica da própria criminalidade. Se na criação das varas especializadas tivemos o foco na tríade da macrocriminalidade — lavagem de dinheiro, crime organizado e corrupção —, agora outros delitos começam a ganhar relevância, especialmente os crimes cibernéticos (por exemplo a lavagem de dinheiro a partir de criptoativos) e os crimes ambientais (tais como a mineração ilegal). Retornando ao aspecto formal dessa nova reestruturação, a entrevistada destaca alguns elementos relacionadas à gestão dos tribunais:

> Do ponto de vista da administração, uma razão invocada [para a desespecialização é] uma melhor distribuição de processos entre todos os juízes criminais. De fato a tendência é que os processos criminais nas varas comuns diminuam por conta dos acordos de não persecução penal, por conta do trâmite direto do inquérito — porque um inquérito na área federal tramita diretamente com registro na Justiça Federal, mas o juiz não fica lá vendo o inquérito, por conta da suspensão condicional do processo e do próprio esforço do Ministério Público Federal e da Polícia Federal em enxugar investigações (Entrevista 7).

Soma-se a isso o desmantelamento geral da política anticorrupção levado a cabo pelo governo Bolsonaro e, antes disso, deflagrado pelo governo Temer e o movimento de "estancar a sangria, com Supremo, com tudo" (DA ROS; TAYLOR, 2021). As fontes entrevistadas apontam entraves do enfrentamento que acometeram o Coaf, sua composição e posição — se na Casa Civil, no Ministério da Fazenda ou no da Justiça, para enfim definir pelo Banco Central. Apesar de todo esse vaivém, o Coaf parece ter sido a instituição que menos sofreu intervenção, se comparada à Polícia Federal (FAGUNDES, 2022; FAGUNDES; MADEIRA, 2021), à Receita Federal e mesmo ao MPF na gestão Aras (FAGUNDES; MADEIRA, 2021). Se decorrente de intervenção ou do movimento deliberado de seletividade apontado acima, os entrevistados referem uma queda considerável nas investigações que chegam à Justiça, com decréscimo no número de inquéritos, apreensões e, por consequência, ações penais (Entrevista 6).

Mesmo com o Coaf tendo sido poupado de maiores ingerências, houve espera de quase dois anos para que o STF se definisse sobre o trânsito de informações dele oriundas. Foram relatadas ainda dificuldades no trânsito de informações nos sistemas bancários, que precisam de aperfeiçoamento de modo a mapear a comunicação entre os agentes (Entrevista 8). Dentro do contexto de controle da política e sua legitimidade pelos tribunais superiores, a decisão do STF sobre os relatórios de informação financeira (RIFs) da Unidade de Inteligência Financeira (antigo Coaf) teve efeito imediato dentro da dinâmica de persecução dos casos de lavagem de dinheiro, ao passo que restringiu as formas de acesso a esse instrumento. Na análise da Ação Direta de Inconstitucionalidade (ADI) de nº 6649 e da Arguição de Descumprimento de Preceito Fundamental (ADPF) de nº 695 (SUPREMO..., 2022a, 2022b), o Supremo fixou parâmetros para o acesso e compartilhamento de dados das unidades de inteligência e os seus limites, respeitando o acesso e proteção dos dados de interesse público (SUPREMO..., 2022c).

Como pontuamos nos capítulos anteriores, a atuação dos tribunais superiores dentro da arena judicial pode tanto interferir na legitimidade do poder dos tribunais para criarem varas especializadas quanto afetar a própria dinâmica da persecução penal. No contexto do desmantelamento, a atuação das cortes se concentra neste último aspecto, abordando tanto o questionamento sobre os instrumentos de produção de provas utilizadas nos casos de combate à corrupção quanto a dinâmica de julgamento dos crimes conexos — antecedentes — à lavagem de dinheiro.

Neste ponto, uma das decisões que simboliza as disputas associadas com a especialização judicial e as megaoperações de combate à corrupção, como a Operação Lava Jato, foi o julgamento da Pet 7319 (SUPREMO..., 2018), sob relatoria do ministro Edson Fachin, que reconheceu a competência da Justiça Eleitoral para processar os casos de lavagem de dinheiro quando o crime anterior fosse um crime eleitoral (por exemplo, casos de caixa dois eleitoral)[10]. Neste ponto, um dos entrevistados discorreu sobre a problemática envolvendo especificamente essa competência no Brasil:

> A impressão que eu tenho, pensando nos últimos 30 anos, é que o elemento competência jurisdicional no Brasil sempre foi um problema. Porque o regime de competência jurisdicional no Brasil, embora ambicione ser claro, está longe de ser claro o suficiente, a ponto de eliminar o risco de conflito. Sobram exemplos na história recente, não é só nesse episódio da Lava Jato mais a questão da Justiça Eleitoral. E aí entra uma questão que envolve essa discussão sobre corrupção e caixa dois na Justiça Federal *versus* Justiça Eleitoral, o contexto também criou oportunidade para uma maior restrição para o foro privilegiado também. Então isso também está dentro do pacote, de você ter uma atuação dos tribunais no julgamento de crimes de competência originária muito mais limitada (Entrevista 9).

As varas especializadas alteraram as formas de persecução em um movimento inicial de concentração de poderes e, recentemente, a sua regionalização implica na diluição de atribuições. A persecução das elites políticas pode tanto gerar efeitos positivos quanto negativos (*backlashes*) — seja com respeito à legalidade do processo, o que

[10] Ver também as decisões Petição nº 6533 – Agravo e Petição nº 6694 – Agravo do Supremo Tribunal Federal.

legitima a atuação das instituições judiciais, seja com o descumprimento de preceitos do devido processo legal, o que deslegitima as ações de seus atores perante as demais instituições e a sociedade civil.

Sobre isso, um dos entrevistados descreve que algumas dinâmicas podem estar mais associadas a esses espaços de disputa entre as arenas judicial e política.

> Na concepção, a Justiça Eleitoral foi pensada para julgar crimes? Não. A estrutura dela é a estrutura revisional. [...] A estrutura, os juízes e os promotores são indicados. Assim, a investidura é por indicação — tudo bem, vai por antiguidade, mas são indicados. Vai para os tribunais, é indicação também. Então isso são pontos de atenção. [...] Eu não sei qual é a resposta pra reduzir o risco de manipulação, influência. Você vê um dos nossos casos, que era contra o [suprimido], foi trancado o ano passado pelo ministro [suprimido]. Então eu acho que isso está dentro daquele caldo, não é no sistema de Justiça que eu vou fazer política pública de enfrentamento à corrupção, né? Isso está muito claro pra todo mundo. Mas abstraindo isso, essa excessiva especialização provoca disfuncionalidades, por conta do profundo grau de risco de interpretação ou de diferentes interpretações sobre critérios de competência. [...] E como lidar com isso? (Entrevista 9).

Para além dos tribunais, a estagnação da política de enfrentamento à corrupção é unânime na fala dos entrevistados, que se referem à diminuição das grandes operações — mesmo que ainda haja perseguição a outros crimes, como o tráfico de drogas e o crime ambiental, que hoje tomam a pauta das instituições como o Ministério Público e o Judiciário Federal.

> Agora a impressão que a gente tinha é que as grandes operações de combate à corrupção diminuíram. Agora no Norte [o foco] não era combate à corrupção, eram crimes ambientais. Entendeu? Porque no Norte, por exemplo, a gente não está falando de corrupção de desvio de verba pública. Está falando de garimpo ilegal, de dinheiro financiado pelo tráfico, de desmatamento ilegal, financiado pelo tráfico, de violência no campo e envolvimento de alguns servidores às vezes (Entrevista 7).

E, sem dúvida, esse novo cenário foi impactado pela atuação no mínimo desidiosa do Executivo Federal.

> É evidente que aqueles órgãos de fiscalização relacionados aos temas que não tinham nenhum interesse do Executivo foram enfraquecidos. Isso se revela no meio ambiente, nos povos originários, no IBAMA, no CBMI e FUNAI. Tudo que a gente viu foi um verdadeiro desmonte. Isso influencia na área penal? Claro, pois como é que vai fazer para combater gado ilegal? Tráfico de drogas no Norte? E proteger os povos indígenas? E combater desvio de dinheiro do povo indígena, se o cara que está lá é uma ONG que não tem a menor experiência? Mandaram pastores para cuidar do lugar, deixaram invadir as terras. Tudo isso influencia. Então esse desmonte também atingiu a polícia, atingiu todo mundo. E do ponto de vista do Ministério Público, o CNMP veio pra cima, vide a questão dos colegas do Rio de Janeiro que fizeram os processos em torno da corrupção do ex-governador Sérgio Cabral (Entrevista 7).

Na busca por descrever os fatores que implicam em (3) mudanças no padrão de recrutamento da burocracia e no (5) nível de coordenação/troca entre as instituições do sistema de Justiça criminal na condução desses casos e seus efeitos, especialmente com o caso Lava Jato, julgamos importante discutir, em primeiro lugar, o tema do protagonismo dos juízes de varas especializadas, dada a prevalência desse debate na literatura de especialização e sua repercussão no caso brasileiro.

Os riscos do protagonismo dos juízes são apontados tanto na literatura quanto entre os entrevistados, e se revelaram importante justificativa para o desmantelamento. Essa preocupação não é recente. Em 2013 o TRF3, cujo desmantelamento se fez efetivo em 2021, já havia discutido o tema da extinção das varas especializadas, embasado em argumentos quanto ao risco do protagonismo de um único juiz. Segundo relato de um ex-conselheiro do CNJ que esteve à frente da relatoria do processo, coordenando a comissão que decidiu pela manutenção das varas,

> Existiam argumentos que não eram de ordem técnica, jurídica: 'isso aí gera uma exacerbação de visibilidade de um determinado magistrado';

> 'ele ganha notoriedade por conta de um trabalho que poderia estar sendo desenvolvido por vários outros juízes'; 'não tem necessidade de só um juiz cuidar deste tema, visto que é um tema atual e que todos os membros da magistratura federal do estado de São Paulo têm condições de trabalhar'. (Entrevista 10).

Apesar disso, alguns consideram que esse protagonismo é inerente às características e à complexidade dos processos e seus procedimentos cautelares.

> Esses juízes passam a ter um protagonismo maior porque esses processos são mais complicados e as medidas são cautelares invasivas e que vão precisar de autorização judicial. Daí a polícia vai representar, o Ministério Público vai falar e vão levar o juiz. Então o juiz vai dar interceptação: primeiro vai autorizar quebra de sigilo telefônico, quase sempre, depois quebra de sigilo bancário, depois busca e apreensão e finalmente buscas com prisões temporárias e preventivas. Esse conjunto de medidas vai fazer com que esse juiz seja um juiz mais proativo no sentido de que ele dá início. Ele tem um protagonismo maior porque isso é exigido dele (Entrevista 7).

A literatura vem apontando elementos e marcos do desfazimento da Lava Jato (DA ROS; TAYLOR, 2021, 2022). Os autores apontam para os principais fatores que teriam feito "com que a Lava Jato perdesse força lentamente: ferimentos autoinfligidos que mudaram a percepção de promotores e juízes; a incapacidade de crescer além de Curitiba e Rio de Janeiro; a crescente controvérsia dentro da comunidade jurídica sobre o uso de novas doutrinas; e reformas que começaram a ser revertidas por uma nova coalizão anti-Lava Jato dentro do sistema político" (DA ROS; TAYLOR, 2022, tradução nossa).

Da Ros e Taylor (2022) enumeram seis episódios que, segundo eles, contribuíram com o prejuízo da imagem pública da operação Lava Jato: a divulgação ilegal de escuta telefônica entre a presidenta Dilma e o ex-presidente Lula em 2016; o uso de coletiva de imprensa para a exposição do ridicularizado PowerPoint em que não havia evidências de suporte às acusações ao presidente Lula; as irregularidades cometidas pelos promotores no âmbito da PGR chefiada por Rodrigo Janot; e as que dizem respeito à entrada definitiva de Moro [e da entrada e saída de Dallagnol] na política, primeiro como ministro da Justiça de Bolsonaro e depois como senador; seguidas pela série de reportagens da Vaza Jato, que demonstraram ao grande público o extrapolamento na cooperação entre as diversas instituições responsáveis pela persecução e julgamento dos casos da operação; culminando com a tentativa de abertura de uma fundação em Curitiba para autogestão de quase US$ 700 bilhões oriundos de acordo firmado com o Departamento de Justiça dos Estados Unidos e a Petrobras.

Toda política pública lida com resultados impremeditados. Não conhecendo a literatura de especialização judicial, poderíamos sustentar que a avalanche de críticas e vazamentos recentes sobre as formas de condução daquela que é a experiência mais conhecida e, até aquele momento, legitimada de especialização judicial brasileira, é um caso de desvio em meio a uma política pública com efetividade. No entanto, tanto a literatura de especialização judicial quanto a literatura sobre agências independentes de combate à corrupção apontam, justamente, os riscos que a criação de estruturas especializadas pode trazer para determinados tipos de casos e os seus reflexos políticos, tanto na atuação das instituições de controle quanto no próprio processo de produção legislativa e de políticas públicas.

Os efeitos adversos mais graves da especialização podem ser associados a três eixos principais: primeiro, a concentração de juízes no julgamento de um mesmo tipo de caso pode restringir o foco e as percepções sobre determinada matéria ao longo do tempo, impossibilitando a mudança de posicionamentos ou adoção de inovações legais (GRAMCKOW; WALSH, 2013); segundo, a adoção de posicionamentos mais ideológicos do que técnicos por parte dos juízes especialistas pode, em decorrência da estrutura especializada, culminar em decisões individuais com efeitos na substância da política judicial, levando ao favorecimento de determinados interesses (BAUM, 2011); e terceiro, pode haver confusão entre o produto da implementação da política de especialização judicial e a atuação do próprio burocrata.

De um modo geral, os críticos da especialização avocam a concentração de poder ao longo do tempo em um grupo diminuto de burocratas, que detêm capacidade de ação, podendo moldar substancialmente como determinada matéria será tratada ou como isso pode gerar efeitos para todo um campo da política. No caso das varas de lavagem de dinheiro, há reflexo sobre como se dá a persecução penal e sobre a política anticorrupção. Ainda sobre esse aspecto, dá-se especial atenção aos efeitos ideológicos em relação à *expertise* e experiência dos burocratas, assim como já mencionamos no capítulo teórico, cabendo reiterar a observação feita por Miller e Curry (2009) quanto à consistência ideológica da tomada de decisões judiciais poder ser influenciada pela familiaridade do juiz com a complexidade de assuntos jurídicos obscuros. No caso da literatura sobre cortes especializadas, esse risco pode ser observado com a atuação do burocrata da própria corte especializada quando toma decisões menos técnicas, mas movidas por posicionamentos ideológicos ou atendendo a grupos de interesses. Já a literatura sobre agências anticorrupção identifica os riscos de instrumentalização de tais instituições por agentes políticos em busca da perseguição da oposição.

Ligado a esse efeito adverso de instrumentalização das instituições, especialmente no campo da política anticorrupção, juízes, promotores de Justiça e procuradores da República podem valer-se do capital político da instituição, personificando as próprias burocracias judiciais. Essa ideia de capital político emprestado das instituições é bem sensível à pauta do combate anticorrupção, a ponto de que se, em um primeiro momento, o avanço da agenda pode ser traduzido em ganhos de independência e autonomia, ao se descolar da instituição, pode servir de aparato para atender interesses individuais daqueles burocratas que se deslocam para a arena política.

Abramovay e Lotta (2022) chamam a atenção para os efeitos de um processo de autonomização da burocracia que acabou por impulsionar o movimento radical que desembocou na Operação Lava Jato. Se num primeiro momento esse processo escancarou o desequilíbrio entre a técnica e a política, hoje se sabe que era caso muito mais de politização da Justiça do que o contrário. Segundo os autores,

> [a] informalidade dos diálogos da Vaza Jato já vinha se construindo em toda essa comunidade de combate à corrupção que atravessava setores do Executivo, do MP e do Judiciário e que se unia na visão de que esses servidores, legitimados por seus concursos públicos e pelas redes internacionais das quais faziam parte, tinham a responsabilidade de expurgar a política da República (ABRAMOVAY; LOTTA, 2022, p. 98).
>
> Aqui a participação empurra a burocracia na direção da política eleitoral, subvertendo por completo o sentido republicano da própria Constituição (ABRAMOVAY; LOTTA, 2022, p. 100).

Antes mesmo de toda essa exposição midiática, atores envolvidos com o processo de especialização já apontavam críticas duras à Operação Lava Jato em sua forma de atuação, mas também na falta de controle imposto aos órgãos atuantes no primeiro grau por parte dos tribunais intermediários e superiores:

> Eu comecei a criticar muito a Lava Jato. Eu reconhecia que foi o maior acontecimento do mundo, mas e os métodos? Prisões preventivas altamente questionáveis, alongadas, delação premiada, e o modo como era... Então foi realmente um massacre que houve com diligência dos tribunais, tribunais superiores e inclusive o STJ, o STF (Entrevista 3).
>
> Os Tribunais foram complacentes. Agora que estão começando [...] a tentar enquadrar (até pela experiência que se tem em decisões judiciais e doutrinas), a colocar dentro da caixinha, institutos novos como a Lei das Organizações Criminosas, a delação premiada, o acordo de leniência [...]. Não se tinha nenhuma experiência com eles, que são institutos próprios da negociação penal, mas que no Brasil não têm tradição. E mais, o Brasil não tinha o arcabouço constitucional e legal apto, pronto para receber essas novas medidas, que são importantíssimas para se olhar crimes de gravidade, complexos. Agora eu acho assim, não que não vai haver combate à corrupção, e tem que haver, mas o que importa é que agora vai haver maior cuidado dos tribunais em relação a essa matéria (Entrevista 3).

Mas as críticas mais duras eram justamente ao extrapolamento na cooperação entre os órgãos, já presentes nas entrevistas realizadas antes da conhecida Vaza Jato, e a perda de limites na atuação dos juízes:

> Logo no início da criação das varas especializadas, às vezes o local físico que era oferecido pela prefeitura [para instalar] o Ministério Público era em um prédio compartilhado [da própria prefeitura]. É claro que até hoje procurador tem [...] acesso diariamente, o advogado não tem. Então essa proximidade pode causar no juiz — tem causado, essa é a minha impressão e de amigos meus — que o juiz fica condicionado (Entrevista 3).
>
> [...] Tem vários juízes também que parecem assumir uma doutrina: 'A Lava Jato é uma instituição; é algo que está fora de mim, do relator; ela é um ideal; é um órgão, digamos, com vida própria, com uma história que nós temos que definir'. Este é o perigo de vários juízes não só aqui no Brasil, no mundo inteiro. Há uma proximidade. Bom? Ruim? Acho que o juiz não vai se contaminar por estar próximo à investigação, mas evidentemente essa cooperação, que eu disse que é necessária para o conhecimento de crimes complexos necessariamente, traz um diálogo entre os interessados. (Entrevista 3).

Diferente da centralidade da Lava Jato e da consideração quanto à reversão na equação de responsabilização como decorrência do *big bang* causado pela operação, consideramos neste trabalho que a Lava Jato, enquanto experiência mais publicizada de atuação das varas especializadas em lavagem de dinheiro, é fator importante de desmantelamento — e que, dentre esses fatores, aquele que diz respeito a abusos e vieses cometidos por juízes e promotores é importante aspecto a ser considerado em nossa análise.

Nesse sentido, o protagonismo dos atores diretamente envolvidos com a Operação Lava Jato (que, mais do que um protagonismo, implicou em subversão dos papéis legalmente atribuídos a cada uma das partes do processo judicial) apareceu nas entrevistas como um fator crucial para não apenas inibir que novos acontecimentos se repitam com esse modelo, mas principalmente para buscar uma reconquista de legitimidade do próprio Judiciário e do Ministério Público. Nesse contexto, as falas parecem evidenciar dois processos distintos de aprendizado institucional: um ligado às próprias instituições, que diz respeito ao desenho da política judicial e os seus reflexos sobre a própria persecução penal, principalmente aos modos como a concentração de casos e a competência exclusiva pode afetar o procedimento dos atores do sistema de Justiça; e um segundo relacionado ao aprendizados dos próprios atores dos sistema de Justiça sobre a forma de atuação da instituição nas megaoperações de combate à corrupção — Operação Lava Jato — e os custos institucionais ligados a elas.

Essas perspectivas de aprendizado aparecem como um elemento em mais de uma fala dos atores, em especial relativas ao aprendizado de atores sobre as formas de atuação e os reflexos destas na própria instituição.

> O protagonismo de algumas figuras certamente impactou nessa tomada de decisão. E o sistema está se reinventando. É aquela história da democracia e dos instrumentos de pressão e de controle. Então se a gente tem um determinado magistrado que se acha Deus, que acha que as decisões dele valem muito mais que as do Supremo, que se coloca na mídia como salvador da pátria, vamos dar mais a possibilidade de pulverizar esse poder entre outros atores. Então eu parto daquela máxima de que perdemos a batalha, mas a guerra não está perdida no combate ao crime organizado. A gente precisa aprender com os erros (Entrevista 5).

Uma dessas linhas de aprendizado se refere ao engajamento da própria burocracia nas pautas extrajudiciais e na dificuldade de dissociar os limites da atuação entre a missão institucional e engajamento político, em especial, na agenda anticorrupção.

> A questão da Lava Jato, das dez medidas contra a corrupção, por exemplo, para mim, e guardadas as devidas proporções, é como o *insider trading* no crime financeiro, ou seja, quando você tem informação privilegiada, vai lá e usa aquilo para poder operar no mercado financeiro. Eu me

> vejo hoje trabalhando em caso de investigação [e sei que] eu não posso usar minha investigação como um balão [de ensaio] para poder fazer advocacia em público. Eu acho que isso traz uma confusão de papéis muito grande. Não estou discutindo boa intenção, má intenção, não vou entrar nem nesse mérito. Mas acho que isso tudo é aprendizado, estou vendo isso tudo como uma curva de aprendizado. Uma coisa é você ir numa audiência pública porque você é convidado para participar porque você conhece determinado tema, e aí você vai dar uma contribuição para aquele assunto, acho que faz todo o sentido. Mas quando você trabalha dentro, faz um movimento de engajamento, eu acho que você fere um pouquinho aquele limite ético de expectativa que existe em relação ao papel que a tua instituição e você têm que ter no trato da coisa pública (Entrevista 9).

Outro fator, também apontado pela literatura de cortes especializadas e de políticas anticorrupção, é a ideia de construção de narrativas sobre o papel dos burocratas e da própria burocracia, o que pode dissociar a atuação técnica sobre os casos e deslocá-los para pautas ideológicas atendendo a certos grupos de interesse.

> O que a gente viveu no Brasil foi uma coisa perigosa, que foi por meio da mídia, a criação de um verdadeiro cenário hollywoodiano da Justiça. É uma coisa perigosa essa história de cultuar heróis. É algo que talvez tenha sido uma lição. Como pesquisadora, a senhora sabe que as instituições no Brasil não costumam olhar o que deu errado. A gente não fez um *briefing*, um *brainstorming*, um 'onde foi que a Lava Jato errou?', 'como a gente não repete esses erros?'. Então acho que esse é o momento de lavar roupa suja, de virar a página (Entrevista 8).
>
> Se tem um grande legado positivo da Lava Jato foi a atuação em conjunto dos órgãos de persecução penal, polícia, MPF e Receita e o respaldo dado pelo Judiciário. Não coloco o Judiciário para formar o quarteto porque aí o Judiciário deixou de ser parceiro. Deixou de ser imparcial. Deixou de cumprir o seu papel constitucional de imparcialidade. [...] A grande crítica que se faz dentro do MPF, que eu vejo, é que a Lava Jato criou dois MPFs, o MPF normal e ordinário e a estrutura paralela que foi criada para atender a Lava Jato (Entrevista 12).

Mas a *mea culpa* e o reconhecimento não são unânimes, encontrando-se muita resistência por parte de integrantes da Justiça, que tendem a considerar os ganhos da operação como maiores do que os erros. Não à toa, o TRF4 está sobrerrepresentado entre os atores que mantêm a defesa da operação.

> A Lava Jato fez um trabalho muito sério, repatriou recursos, bilhões de dólares, é muita grana que veio pra cá, que estava na Suíça, que estava em paraíso fiscal, então não pode dizer que não aconteceu, tanto que o governo que está aí agora não nega que teve corrupção. Eles estão admitindo, eles sabem que teve uma falha grande. Então totalmente equivocado não foi, né? Agora os excessos aconteceram, talvez, poderia pensar sim, mas também nós nunca tivemos uma coisa tão grande assim na história, né? Eu acho que que a gente começou a questionar inclusive novas formas de investigar, novas formas de tocar o processo penal, as colaborações premiadas, que a gente nunca teve acordo de leniência (Entrevista 6).
>
> Eu sei que houve equívocos ali. Eu não estou defendendo a operação cegamente. Mas eu acho que ela deu muito mais ao país em termos de restituição de patrimônio, inclusive patrimônio que agora, como os processos foram anulados, as pessoas estão pedindo ao Judiciário de volta dinheiro de corrupção. Isso eu acho inexplicável, eu não tenho coragem de ir lá falar com o pessoal do GAFI quando me perguntarem isso, porque é dinheiro oriundo do Estado, de corrupção e como os processos foram anulados isso tudo estava que bloqueado aqui, as pessoas agora entraram [na Justiça e] começaram a pedir a restituição desses valores (Entrevista 6).

Apesar dessa visão clara quanto à perda de legitimidade, as críticas quanto ao extrapolamento de limites e ilegalidades cometidas pela operação não são unânimes:

> Enfraqueceu na verdade não foi porque a vara não deu certo, porque a experiência não foi exitosa de ter especializado. Ao contrário, foi tão [exitosa] que acabamos tendo todos esses movimentos no país. Mas incomodou muita gente o protagonismo dos juízes (Entrevista 6).

> O Brasil era o único país na época, e continua sendo hoje, a punir esse tipo de criminalidade. É muito difícil fazer isso, e nos últimos tempos nós andamos para trás. Eu vejo hoje inclusive um desinteresse total por essa discussão. Eu não tenho visto os nossos líderes nacionais do Ministério Público, da magistratura preocupados com isso. O CNJ está preocupado? Porque não vejo. Falo com toda a seriedade que estavam criminalizando a política e seu discurso para desacreditar a Lava Jato, desacreditar muita coisa que não é Lava Jato, mas que combateu o crime organizado, desvio de bilhões, a Lava Jato do Rio de Janeiro, a Lava Jato não sei de onde. A Lava Jato é enfrentamento de organizações criminosas que estavam saqueando o erário. E desacreditaram tudo. E mais do que isso, desacreditaram, mas também passaram a dar retaliações àqueles que tiveram coragem de enfrentar isso. Na minha opinião o Ministério Público está inibido, está constrangido. E eu acho que essa é a tendência, esse ciclo, de dar passos para a frente e passos para trás. Nós estamos agora num momento ruim. Nós estamos em retrocesso (Entrevista 10).

É preciso reiterar que esta obra considera a operação Lava Jato como um exemplo, equivocado, das estruturas institucionais criadas pela Justiça Federal primeiro e das Justiças Estaduais posteriormente para lidar com a tríade lavagem de dinheiro, corrupção e crime organizado, conforme já expusemos em seções anteriores desta obra.

Os atores entrevistados demarcam o fim das forças-tarefas e das varas especializadas como movimentos de enfraquecimento que têm no deslocamento de agenda uma lógica visível:

> Como é que se arquiteta para acontecer esse enfraquecimento de ferramentas? Acaba com as forças-tarefas, não tem mais diária, aqui da Câmara está com o menor orçamento de todos, não tem curso para o combate à corrupção, vai esvaziando, [...] tira a vara especializada, teus eventos são todos do ambiental, sabe? E vai matando à míngua. Então o fim da especializada é só uma dessas ferramentas de míngua. Agora, por exemplo, estão criando as varas especializadas do ambiental e as procuradorias da Amazônia. Mas a corrupção continua acontecendo (Entrevista 11).

O desmantelamento seria uma maneira de desconcentrar o poder:

> Então aquela coisa de pulverizar: não podemos mais ter especialização, vamos pulverizar entre as varas para não concentrar o poder numa só. Eu acho que isso está por trás, que isso não está dito. Ninguém vai te dizer isso, mas a leitura que eu faço é essa (Entrevista 6).

Por fim, é preciso explorar os fatores que dizem respeito à (6) manutenção do apoio ou oposição institucional à política pública de especialização, bem como à (7) durabilidade, implicando na manutenção ou perda de poder ao longo do tempo, com atores judiciais e governamentais em busca da manutenção ou do desmantelamento do modelo de varas especializadas.

As tentativas de desmantelar varas especializadas não são novidade. Como demonstramos em capítulos anteriores, a história da especialização carrega uma série de contestações, tendo o STF um papel definitivo em garantir a manutenção das varas, a despeito de seu comportamento instável quanto à competência e aos resultados da atuação das estruturas especializadas. Esta atuação, aliás, é duramente criticada por atores protagonistas da especialização.

> Acho que o Supremo se aproveitou da fraqueza do Executivo e da fraqueza do Legislativo, foi acionado dentro de sua competência e extrapolou, passou a legislar, passou a ter papéis do Executivo, teve decisões aberrantes e algumas delas feitas pelo [suprimido], [suprimido] não permitindo que o Lula fosse ministro. Isso é uma coisa do Executivo, que é isso?! E outras matérias, mesmo o *impeachment* da Dilma — cassou, mas não cassou os direitos políticos. Então o Supremo virou uma corte penal junto com a Lava Jato. Só se ouvia falar do Supremo quando o Supremo ia soltar alguém, julgar alguém e mais, o individualismo tomou conta, a pavonice, as decisões individuais começaram a preponderar. Se não eram as mais importantes, eram as mais divulgadas porque tinham efeitos concretos imediatos. Então o Supremo passou por um péssimo momento. Agora acho que os integrantes do Supremo sentiram que chegaram no limite (Entrevista 3).

Os burocratas mencionam essa instabilidade — acarretada por mudanças de posição da Suprema Corte, que, entre intervalos curtos de tempo, assume posicionamentos às vezes contrários — como um fator de insegurança jurídica:

> A partir do momento em que o Supremo altera posicionamentos da Constituição, que a rigor teriam que ser posicionamentos que trazem uma estabilidade para o sistema; na medida em que o STF adota uma decisão e dois, três anos depois ela não cabe mais dentro da conjuntura política e você toma outro posicionamento completamente oposto, você desestabiliza o sistema, porque você perde o norte. O Supremo é quem tinha que ser o guardião, no sentido de trazer uma estabilidade para o sistema e mostrar posicionamento firme, que vai se manter por anos (Entrevista 12).

A literatura elenca, como uma decisão de repercussão com impacto no combate judicial à corrupção, a transferência de competência do julgamento de crimes de lavagem de dinheiro associados a campanhas políticas das varas criminais para a Justiça Eleitoral (DA ROS; TAYLOR, 2022). Esta é, dentre os burocratas do sistema de Justiça, a de maior impacto negativo na *accountability*.

> Uma decisão do Supremo que foi muito ruim para o controle da corrupção foi quando o Supremo disse que lavagem de dinheiro de corrupção eleitoral não é crime federal, mas sim crime da área eleitoral. Se você descobrir qual processo foi para a área eleitoral e já tem sentença ou acórdão condenatório, isso sim será um grande objeto. Eu acho que essa decisão foi horrível. Antigamente eu achava que a pior decisão do Supremo era a que derrubou a cláusula de barreira dos partidos, e há colegas que dizem que é a execução provisória após decisão do segundo grau. Essa decisão é muito ruim também. Mas essa outra decisão anulou todos os processos, e a corrupção eleitoral... Como a gente sabe, muitos dos desvios do dinheiro federal têm uma finalidade que vai chegar na corrupção eleitoral, no caixa dois ou no caixa três. Então o Supremo diz: o caixa dois que não foi para o bolso de ninguém não é crime. E eles mandaram para o crime e mandaram para o eleitoral. Então

> hoje em dia essa questão do desvio de uma empresa ou de uma obra ou de uma questão para fins eleitorais fica arrefecida, pelo menos por conta dos fundos eleitorais. A forma da corrupção eleitoral muda (Entrevista 7).
>
> Eu acho que [a pior decisão do Supremo] foi aquela decisão que mandou para a Justiça Eleitoral. Ela não se justifica juridicamente. Ela contraria tudo o que o Supremo falou a vida inteira sobre conexão de crimes, sobre competência residual da Justiça Eleitoral em relação à federal. Então ela caiu muito mal para todos nós, para os juízes criminais de modo geral. A gente não acreditava que aquilo tinha sido decidido assim. E a gente conhece a estrutura e os processos na Justiça Eleitoral. A gente tem notícia que eles estão parados porque a Justiça Eleitoral não tem estrutura, eles não têm servidores, o juiz fica dois, três anos. Então um juiz entra, outro sai e aquilo não tem continuidade. E os desembargadores também não estão preparados para enfrentar esse tipo de criminalidade. Então, tudo aquilo que a gente conseguiu ganhar com a especialização, a gente perdeu agora quando os processos foram para a Justiça Eleitoral. Foi um balde de água fria. Aquilo foi determinante para dizer que agora dificilmente a gente vai ter processo. (Entrevista 6).

Nessa decisão sobre a competência da Justiça Eleitoral, o deslocamento da competência para processar os crimes de lavagem de dinheiro quando conexos com crimes eleitorais afeta diretamente o desenho da política judicial, ao passo que o STF (re)disciplina a lógica de persecução até então vigente e modificada pelas varas especializadas, inclusive a que fundamentava parte dos casos da Operação Lava Jato.

> Eu gosto de chamar isso de disfuncionalidades do sistema jurídico brasileiro. O sistema jurisdicional brasileiro passa por esse modelo de excessiva especialização da Justiça. É Justiça Militar, é Justiça do Trabalho, é Justiça Federal, é Justiça Estadual. Então essa excessiva especialização gera uma expectativa de uma departamentalização como se uma coisa nunca fosse falar com a outra, o que não é verdade. Então isso abre um espaço muito grande para o questionamento e para a subida

> do problema para uma instância superior. Talvez o grande aprendizado que a gente tenha que ter disso tudo, porque o arranjo institucional está posto e não vai ser alterado do dia para a noite, é saber como reduzir o risco disso, para evitar esse tipo de questionamento (Entrevista 9).

Outra decisão de repercussão por parte do Supremo Tribunal Federal foi a liminar concedida pelo ministro Toffoli que suspendeu inicialmente o uso dos relatórios de inteligência financeira (RIFs) pelo Coaf e Receita Federal e, após demandas inclusive por parte de organismos internacionais como o GAFI, acabou sendo revertida em Plenário. Essa decisão afetou diretamente a persecução penal e os mecanismos de produção de provas, como já mencionamos anteriormente, mas não afetou diretamente a política especializada, uma vez que as manifestações dos tribunais superiores costumam incidir sobre a atuação dos juízes nas varas especializadas, sem questionar a estrutura especializada em si.

> A segunda tentativa foi a questão do Coaf, que foi ligada ao Bolsonaro, quando do nada se tenta dizer que o Coaf — que é a Unidade de Inteligência Financeira — não pode mandar relatórios de inteligência financeira para o Ministério Público, e isso vira o Tema 990. Só se consegue virar porque o Brasil não estava cumprindo as decisões das comissões internacionais. Quase que o negócio degringola, mas não degringolou. Neste momento o Brasil está sofrendo uma avaliação do GAFI, e quando sair esse relatório, acho que vão ter várias coisas que vão refletir o que se passou. (Entrevista 7).
>
> Eu acho que a decisão do Toffoli é a decisão mais central. E acho que ela não foi de todo ruim, porque no fundo a decisão que o Supremo acabou tomando foi, de alguma maneira, validar esse fluxo de informação. Antes dessa decisão do Supremo, tem uma decisão do STJ já mais antiga que foi tomada no caso da operação Boi Barrica, que envolvia a família Sarney nos anos 2000. Naquele caso também eles fizeram uma interpretação no sentido de que o RIF não pode ser interpretado como notícia de crime. Então para mim esse assunto sempre foi um assunto muito tormentoso, porque eu lembro de uma vez, conversando com o ex-presidente do Coaf, questionar o porquê de chamar de relatório

de inteligência financeira. Porque qual é o escopo do relatório em si? E o que a gente quer? Tem que ser relatório? Qual é o consumo que eu espero dele? Como é uma zona muito cinzenta, de indeterminação, isso foi gerando múltiplas interpretações. [...] O problema é quando eu quero fazer a transposição do ambiente da inteligência financeira para o ambiente da investigação. Esse movimento é sempre nebuloso pelo fato de que não há nenhuma definição muito clara de como fazer isso. E por se tratar de uma informação classificada pelo sigilo, o grande questionamento é de que isso poderia caracterizar, em tese, uma violação indevida do sigilo bancário. [...] O grande medo que havia quando o Supremo se posicionou era que o Supremo fosse literalmente colocar uma trava insuperável (Entrevista 9).

A decisão do ministro Toffoli, aquela que tentou colocar uma pá de cal na atuação do Coaf [...], atraiu os organismos internacionais. Baixou o GAFI aqui para dizer: 'Escuta, o que é que está havendo?' [...] Aí veio o julgamento do mérito do Supremo, e o voto do ministro é usado em tudo o que é lugar agora, porque ali está dito que a informação da autoridade financeira não é uma quebra de sigilo qualquer, aquilo ali é prova e pode ser juntada ao processo. Enfim, nós continuamos com alguns percalços nessa área e eles estão achando que dessa vez vão nos apertar pela questão da corrupção. A leitura internacional é que houve um retrocesso (Entrevista 6).

Esse entendimento dos burocratas encontra eco também no posicionamento da Plenária do GAFI, realizada em outubro de 2019, que demonstrou preocupação com a situação: "No entanto, o GAFI expressa suas sérias preocupações quanto à capacidade do Brasil de cumprir os padrões internacionais e combater a lavagem de dinheiro e o financiamento do terrorismo que resultam da limitação imposta por uma liminar recente expedida por um juiz do Supremo Tribunal Federal sobre o uso de inteligência financeira em investigações criminais. O GAFI também está preocupado que a decisão do tribunal esteja afetando a UIF [*Unidade de Inteligência Financeira*] do Brasil para compartilhar informações com as autoridades policiais" (FINANCIAL..., 2019, tradução nossa). Aliado a essa percepção externalizada pelo GAFI e pelos fatores elencados pela burocracia judicial, evidencia-se uma visão geral quanto ao desmantelamento generalizado da política anticorrupção:

> O tema da corrupção sumiu, né? Parece que é um pecado falar do tema agora. E quando a gente está falando de categorias como lavagem e organização criminosa, como a gente tem tipos penais específicos, tipologias muito bem fechadinhas, é fácil. Com a corrupção, não. Corrupção vira tudo ou nada em uma fração de segundo. No fundo, isso virou uma Cruzada, publicamente falando, o que não é bom também. As coisas têm que ter o seu curso normal. E não adianta, o aprendizado vem disso mesmo (Entrevista 9).

Principalmente depois de 2018, com o movimento de declínio das ações da Operação Lava Jato — seja por causa da reversão de decisões judiciais pelo STF ou em razão do escândalo da Vaza Jato —, e com a eleição de Jair Bolsonaro à Presidência da República, tem havido tanto um deslocamento na missão institucional dos órgãos, que passaram a priorizar outras pautas, a exemplo da pauta ambiental, quanto uma efetiva queda no número de inquéritos, denúncias e ações de combate à corrupção. Isso é destacado por uma das entrevistadas que atuam na Justiça Federal.

> A Polícia Federal vem trabalhando cada vez menos, não sei por quê. Diminuiu a quantidade de inquéritos, e aquilo que tinha de consistente, que era da nossa competência, está indo embora para a Justiça Eleitoral. E aí, em razão dos números, em razão de todos esses problemas que aconteceram, começaram a repensar a possibilidade de disseminar entre vários juízes (Entrevista 6).

Assim como ocorreu durante a criação e a implementação das varas federais especializadas, o desmantelamento das estruturas anticorrupção, seja por deslocamento de arena ou opacidade das políticas, parece se reproduzir entre os diferentes órgãos do sistema de Justiça, como o Ministério Público Federal e as polícias. No caso do primeiro, o marco de mudança institucional foi a substituição das forças-tarefas do MPF por grupos especializados permanentes de enfrentamento à criminalidade organizada, os Grupos de Atuação Especial de Combate ao Crime Organizado (KERCHE, 2021); além dos esforços para criação de grupos regionais voltados para o atendimento de questões envolvendo a Amazônia. Já na Polícia Federal, esse movimento foi marcado pela perda de autonomia, expressa com as diferentes trocas de postos de comando e com a constrição dos agentes que atuavam em investigações relacionadas a casos de corrupção e crime organizado, especialmente, quando envolviam agentes políticos do governo da época (FAGUNDES, 2022; FAGUNDES; MADEIRA, 2021).

Ainda é cedo para avaliarmos os efeitos dessas mudanças recentes; todavia, é preciso entender que o desmantelamento das varas especializadas está vinculado a esse movimento mais amplo em que as instituições têm priorizado determinados temas, em detrimento de outros, utilizando-se da seletividade como um mecanismo explícito de escolha do que será objeto de persecução criminal. Ainda que o desmantelamento das varas especializadas seja promovido pela própria burocracia judicial, corroborando a evidência sobre o seu protagonismo tanto para especializar quanto para desmantelar, ele não pode ser analisado de forma isolada. A perda de visibilidade da agenda anticorrupção e a elevada visibilidade negativa angariada com a condução da Operação Lava Jato têm servido como justificativas para o desmantelamento das varas especializadas, conforme demonstramos ao longo deste capítulo.

7.4. Considerações

Amparados teoricamente nas discussões de *policy dismantling*, observamos, ao longo deste capítulo, que a política judicial vem sendo enfraquecida por iniciativa da sua própria burocracia dos Tribunais Regionais Federais. Diferentemente do movimento inicial, em que a especialização foi concebida pelo Conselho da Justiça Federal e, posteriormente, irradiada para os TRFs, em um processo coordenado de aprendizado, o desmantelamento parte dos próprios tribunais, sem diretrizes das cúpulas do Poder Judiciário.

Conforme vimos anteriormente, a especialização pode trazer riscos substanciais para as dinâmicas políticas ao concentrar poder em um grupo limitado de burocratas. Se a especialização cria um corpo técnico de juízes que detêm o poder de agência sobre determinada matéria, a sua atuação pode borrar a linha do que se considera como ação da estrutura e o papel do burocrata.

Na literatura anticorrupção, os autores pontuam que, quando a persecução penal atinge a elite política/dirigente, pode ocorrer o que se chama de *backlash* (efeito adverso) nas instituições de controle, seja com o enfraquecimento do poder dessas estruturas, traduzido em perdas orçamentárias ou de independência, ou com respostas institucionais contra os próprios agentes da persecução. Essa descrição da literatura seria o que consideraríamos como um processo *top-down* de desmantelamento, gerenciado pelos outros poderes em detrimento das instituições judiciais. Contudo, o que vemos aqui é um processo oposto, em que a resposta à política anticorrupção se dá de forma contextual e não atinge diretamente o poder dos tribunais de especializar ou a legitimidade de suas políticas.

Em relação à legitimação, identificada como uma das partes do mecanismo causal de difusão, os tribunais superiores continuam validando as ações de autogestão dos tribunais — o *policy making* judicial —, bem como reconhecendo a legalidade dessas políticas (ver Capítulo 5). Mesmo que as cortes ainda adotem posição favorável à política judicial, o que afeta o desmantelamento são as decisões relativas às dinâmicas da própria Justiça Criminal, tais quais a produção de provas e a redistribuição de competências entre órgãos judiciais, como no caso da Justiça Eleitoral, o que afetou substancialmente o desenho das políticas especializadas e suas atribuições.

Dentro dessa conjuntura, aliado ao movimento de contenção das ações de combate à corrupção e às repercussões negativas da Lava Jato, operação que deu holofotes à existência de varas especializadas, as evidências apontam para uma ação dos próprios tribunais de conceber o desmantelamento em um movimento de resgate da legitimidade das políticas judiciais. Isto é, o desmonte parece mobilizar os mesmos argumentos utilizados outrora para criar as varas especializadas, só que agora para desmantelá-las. A política judicial de especialização, tal como inicialmente concebida pela Comissão do CJF, deveria focar no qualitativo para uma qualidade da persecução penal e adequado uso dos instrumentos processuais. No desmantelamento, alegam-se as mesmas questões, porém com objetivos opostos. No caso das varas especializadas, especialmente após a Operação Lava Jato, os ganhos políticos dessa estrutura parecem terem sido traduzidos em ônus para sua manutenção.

Se os mesmos argumentos utilizados para especializar agora são usados para desespecializar, pode-se apontar uma mudança de crença na missão institucional. Nesse ponto, consideramos o desmantelamento da política como uma resposta — *feedback* da política — da sua implementação. Em outras palavras, após avaliar os efeitos produzidos pela política, a especialização entra novamente na agenda do *policy making* judicial como um problema a ser enfrentado, retornando ao antigo desenho das estruturas judiciais, o de varas generalistas, ou da "generalização da especialização" para muitas varas.

Tal qual no processo de criação, no desmantelamento o mesmo tribunal tem novamente protagonismo. O TRF4 foi o laboratório tanto da implementação da política da Justiça Federal quanto de seu desmantelamento. Esse é um processo em curso. Diferentemente dos outros movimentos, já consolidados, o desmantelamento está em andamento. As análises feitas neste capítulo a partir de evidências permitem o rastreamento inicial desse processo e futuramente permitirão compreender o fenômeno como um todo.

Este capítulo, diferentemente dos anteriores, é o que apresenta maiores elementos conjunturais dado que esse é um processo em curso, sobre o qual é difícil estabelecer padrões e, principalmente, apontar trajetórias de médio e longo prazo. Enquanto escrevemos as linhas finais deste capítulo, uma série de eventos e mudanças acometem a política de especialização nos tribunais federais, ao mesmo tempo em que os imbricamentos entre o mundo da política e o mundo jurídico, das políticas judiciais, dão sinais de embate constante. Sob pena de tornarmos essa obra datada, vamos parar por aqui de descrever os acontecimentos, deixando a atualização desse fenômeno para textos de circulação mais rápida.

8.

CONCLUSÕES

Nas últimas décadas a política brasileira tem sido marcada profundamente pela atuação do Judiciário brasileiro. No caso da Justiça Federal, a Operação Lava Jato provocou mudanças profundas nas arenas judiciais e políticas, redefinindo desde trajetórias político-eleitorais a diferentes instrumentos de persecução penal da corrupção. A história contada neste livro tangencia a todo momento essa trajetória e as relações entre Judiciário, política e políticas públicas no Brasil; nosso foco, no entanto, é de maior abrangência institucional. A Operação Lava Jato e as operações que a antecederam não teriam acontecido sem que uma série de mudanças institucionais tivessem dado guarida à atuação cooperada entre juiz e demais atores do sistema de Justiça. Da mesma forma, elas dependiam de uma estrutura especializada, as varas federais especializadas, e de alterações legislativas que tornassem possível sua atuação.

Buscamos neste livro compreender os movimentos de criação, desenvolvimento e desmantelamento de varas especializadas no processamento de casos de lavagem de dinheiro pela Justiça Federal, e, posteriormente, a criação de estruturas especializadas no julgamento de crimes cometidos por organizações criminosas nos Tribunais de Justiça dos estados brasileiros. Nosso foco é a especialização judicial, entendida, enquanto fenômeno, como a concentração de juízes com *expertise* para atuar em demandas específicas; e, enquanto política, como a criação de estruturas especializadas para julgar determinados casos e problemas públicos.

Nesta obra propusemos o conceito de política judicial como chave teórica para entender os movimentos de especialização e de difusão de suas políticas promovidos pelo próprio Judiciário. Tradicionalmente, a política judicial é concebida pela literatura como decisões dos tribunais que podem afetar as políticas públicas, seja na sua formulação ou implementação. Aqui, transpomos a ideia da política judicial limitada à judicialização de políticas públicas, entendendo que a ação política de gestão das cortes para a alteração de sua estrutura, organização ou modo de atuação pode ser considerada como uma política judicial formulada e implementada pela própria burocracia dos tribunais. Aqui, entende-se a especialização como produto de um movimento *bottom-up* do processo de políticas públicas.

Esta foi a proposição da hipótese primária do estudo, que considerou a especialização como sendo concebida e impulsionada pelos tribunais, como ação política de suas burocracias (política judicial); enquanto a hipótese rival sustentou que a especialização, embora promovida pelos tribunais, foi reflexo da atuação dos Poderes Executivo e Legislativo, que concentravam o poder de agenda e de difusão de toda política criminal.

Adotamos a difusão — processo pelo qual as escolhas de determinada política pública em uma unidade são influenciadas pelas escolhas das políticas de outras unidades — como lente teórica do mecanismo causal de criação, implementação e desmantelamento da política de especialização judicial. Lembramos que o fenômeno investigado nesta obra envolveu dois grandes processos, relativos às políticas judiciais federal e estadual — esta última compreendida como um caso único, desencadeado em uma sequência de ondas de adoção da política em cada estado da federação.

Do ponto de vista metodológico, a pesquisa foi conduzida a partir de um rastreamento de processos (*process tracing*), buscando identificar o mecanismo causal de difusão e suas diferentes partes a partir da triangulação de diferentes evidências, prioritariamente entrevistas, notícias, documentos institucionais, normas e decisões judiciais. Em cada uma das partes do mecanismo descritas, indicamos a força e a fraqueza das peças de evidência apresentadas. Neste sentido, as entrevistas foram cruciais para a reconstituição da trajetória da política a partir das falas dos burocratas judiciais; os documentos foram evidências fortes da política resultante da atuação dessas burocracias em termos de normas (resoluções, recomendações, portarias, projetos de lei) e relatórios institucionais — a exemplo dos dados da ENCCLA e dos relatórios dos mecanismos de revisão dos tratados internacionais (OCDE, OEA e GAFI). Todo esse conjunto de evidências, considerados os seus diferentes pesos ao longo da pesquisa, foram as fontes capazes de subsidiar a análise da maioria das partes do mecanismo, incluindo o desmantelamento ao final da obra. Decisões judiciais, principalmente de tribunais superiores, foram evidências centrais da parte do mecanismo correspondente à legitimação. Um conjunto amplo de evidências tomadas em conjunto foi capaz de fornecer subsídios para reconstituir a difusão por aprendizado e emulação da política de especialização para os Tribunais de Justiça dos estados brasileiros.

Ao longo da obra descrevemos cada uma das partes do mecanismo de difusão da política de especialização judicial.

A primeira parte do mecanismo causal, correspondente aos processos de aprendizado, permitiu descrevermos a entrada da macrocriminalidade na agenda brasileira, influenciando a adoção das varas especializadas como política desenvolvida pela burocracia da Justiça Federal — que, a partir de um movimento *bottom-up*, promoveu, através do Conselho da Justiça Federal, o modelo e sua implementação no âmbito dos agora seis TRFs. Em especial, observou-se o papel central de mobilização dos burocratas na criação da política judicial e do TRF4 como tribunal pioneiro de sua implementação.

No decorrer dos vinte anos de existência da política de especialização da Justiça Federal, diferentes ondas alteraram o desenho das varas especializadas, desde a sua concepção a partir de uma pesquisa do Conselho da Justiça Federal à edição das resoluções nº 314/2003, nº 517/2006 e nº 273/2013. Essas ondas foram observadas pelo movimento de ampliação das competências das varas, antes restritas aos crimes contra o sistema financeiro nacional e a lavagem de dinheiro, para os crimes cometidos por organizações criminosas; ou com a expansão da política nos diferentes Tribunais Regionais Federais, a partir da Região Sul com o TRF4.

Ao analisarmos a trajetória da difusão nos estados brasileiros, tanto da política federal, como da política estadual, representamos o processo de difusão através da construção de mapas que projetaram a evolução desse mecanismo causal ao longo do tempo. Essa cartografia da difusão auxiliou na aplicação do método de *process tracing* ao triangular as evidências dos documentos e das entrevistas no plano espacial, dando conta do movimento de expansão da especialização pelo território brasileiro.

De modo a ilustrar as diferentes ondas identificadas no formato tradicional de visualização de dados de difusão sugerido pela literatura (ROGERS, 2003), o gráfico abaixo apresenta os números cumulativos de adotantes da política federal difundida e o número de novos adotantes por ano.

Gráfico 2. Curva de adoção de varas especializadas federais de lavagem de dinheiro nos estados

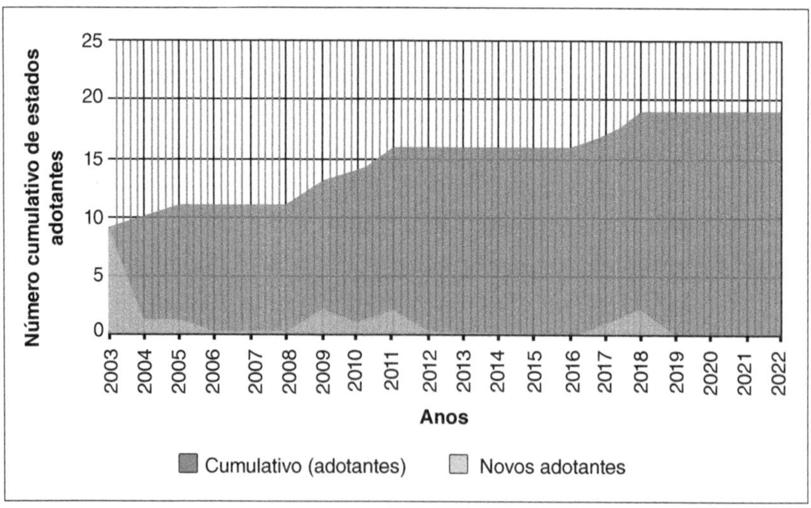

Fonte: Elaboração própria.

O gráfico acima apresenta a curva de difusão de varas especializadas federais de lavagem de dinheiro ao longo dos anos, sendo o número de adotantes da política representado pela criação ou não de vara especializada — sem relação com o número total de varas especializadas existentes por estado. Esse dado indica que a principal onda de especialização se concentrou nos momentos iniciais da política, a primeira resolução editada pelo CJF. A segunda onda, nos anos de 2008 a 2012, revela uma expansão do número de estados com varas especializadas federais.

O gráfico ilustra a conexão entre a primeira, a segunda e a terceira partes do mecanismo. A segunda referiu-se à legitimação de políticas públicas pelos tribunais superiores, caracterizada pelas decisões do STF e do STJ que reconheceram a legitimidade do poder de especializar das cortes, ou seja, da sua capacidade de produzir políticas judiciais como forma de auto-organização da instituição. Já a terceira referiu-se à persuasão, entendida como o processo de convencimento quanto à adoção de experiências e políticas locais por parte de órgãos ou instâncias superiores, que exercem um papel de coordenação ou regulamentação da referida área de políticas. As instâncias superiores do Poder Judiciário persuadiram tanto tribunais federais quanto estaduais a adotarem e generalizarem políticas de especialização judicial.

O lapso temporal correspondente à segunda onda identificada no gráfico coincide com os anos em que a política judicial foi legitimada pelo Supremo Tribunal Federal, com o reconhecimento do poder de especializar — autogestão — dos tribunais, bem como com o início da especialização dos Tribunais de Justiça dos estados brasileiros, após a segunda resolução do CJF e da edição da recomendação do Conselho Nacional de Justiça.

Desse contexto advém a quarta parte do mecanismo, correspondente aos processos de emulação das varas especializadas em crime organizado no âmbito dos Tribunais de Justiça dos estados a partir do movimento de incentivo por parte das burocracias judiciais federais — as quais promoveram a expansão dessa política via Conselho Nacional de Justiça. Entretanto, dadas as especificidades da criminalidade dos estados, houve a opção por especializar inicialmente varas em crime organizado e não em lavagem de dinheiro, revelando a capacidade de adaptação da política de especialização a diferentes contextos. No gráfico abaixo, representamos, assim como no caso anterior, a projeção da difusão da política judicial nos estados.

Gráfico 3. Curva de adoção de varas especializadas estaduais de crime organizado nos estados

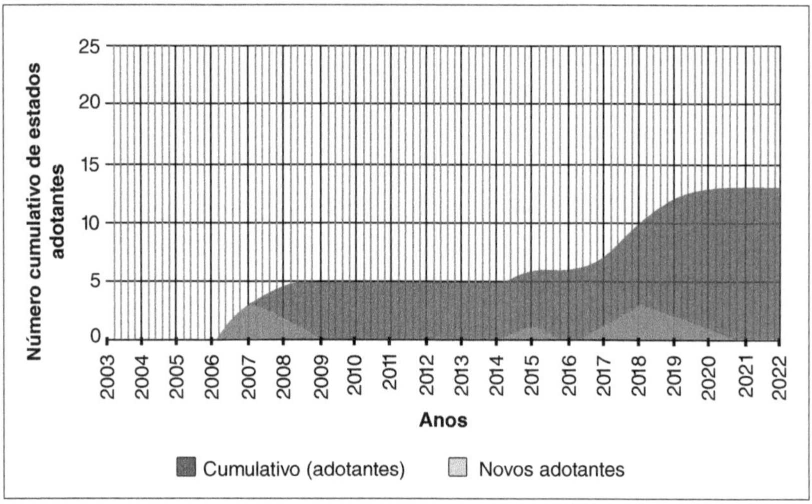

Fonte: Elaboração própria.

No caso da política judicial estadual, demonstramos que diferentes ondas caracterizam a expansão das varas especializadas. Mais do que pautadas no marco temporal, a especialização se conectava diretamente à matéria que seria julgada por essas estruturas. Em um olhar atento sobre os estados brasileiros, identificamos quatro ondas, em que a especialização estadual de combate ao crime organizado vinculou-se primeiramente ao enfrentamento do tráfico de drogas, depois ao combate das facções criminosas nos estados e, ao longo dos últimos anos, particularmente após a Operação Lava Jato, ao enfrentamento da lavagem de dinheiro e da corrupção.

Retomando a ideia de especialização judicial como um caso único, na análise deste livro, observamos como as diferentes partes do mecanismo se interconectam, seja de forma concomitante ou linear, de modo que as ondas da especialização federal se cruzam com os processos de adoção dessas políticas judiciais nos estados. Isso pode ser observado ao olharmos paralelamente o número de unidades federativas que contam com varas especializadas federais e estaduais, conforme ilustrado no gráfico abaixo.

Gráfico 4. Número cumulativo de estados que especializaram varas federais e estaduais

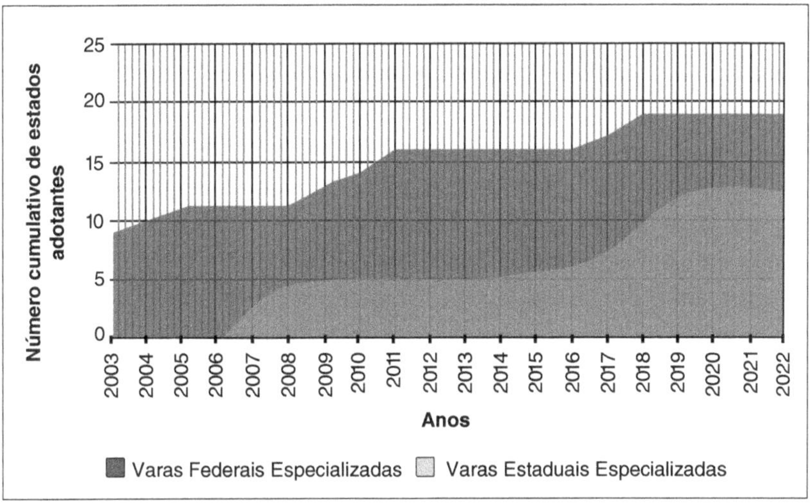

Fonte: Elaboração própria.

Durante esses anos de implementação da política, a persecução criminal na Justiça Federal e Estadual passou por transformações que padronizaram suas formas de processar tais delitos e desenharam diferenças entre as regiões brasileiras — com efeito, determinados estados possuem um arranjo mais complexo de instituições especializadas do que outros. Embora o gráfico indique um movimento de constante crescimento das estruturas especializadas, mudanças em curso têm indicado um princípio de reversão da política.

A obra termina justamente analisando esse último fenômeno, sustentando que o mecanismo causal de difusão responsável pela compreensão da criação e implementação da política judicial de especialização também pode servir de lente teórica para os processos de desmantelamento, seja por aprendizado, pela deslegitimação dos tribunais superiores, pela persuasão, ou mesmo pela emulação.

Se ao longo do livro confirmamos nossa hipótese primária quanto à especialização ter sido concebida e impulsionada pelos tribunais, como ação política de suas burocracias (política judicial), em um movimento *bottom-up* — logo, refutando a hipótese rival que pressupunha a especialização como reflexo indireto da atuação dos Poderes Executivo e Legislativo, em especial no âmbito da ENCCLA, que concentrou durante todos esses anos o poder de agenda e de difusão de toda a política criminal, em um movimento *top-down* — a mesma hipótese primária serve agora para compreender que a política judicial vem sendo enfraquecida por iniciativa da sua própria burocracia; no caso examinado, pelos Tribunais Regionais Federais. A diferença reside em que desta vez o processo não parece ter um órgão central indutor, em uma dinâmica coordenada de aprendizado, mas sim ocorrer de maneira local (*bottom-up*), com o desmantelamento partindo dos próprios tribunais, sem diretrizes das cúpulas do Poder Judiciário.

Os mecanismos de aprendizado estão presentes justificando o desmantelamento, principalmente aqueles que indicam os riscos substanciais da especialização judicial para as dinâmicas políticas ao concentrar poder em um grupo limitado de burocratas. Conforme anunciamos ao longo do último capítulo, o desmantelamento vem ocorrendo através de uma estratégia de mudança de arena, indicando processos de reestruturação de competência das varas federais, prioritariamente nos tribunais das Regiões Sul e Sudeste. Essa última etapa cobre um dos processos finais por que uma política pública pode passar, a sua "morte" pelo desmantelamento; nesse caso, a política judicial.

A especialização judicial não é novidade no Judiciário brasileiro; ela já esteve presente desde as varas da infância e juventude até as varas de violência doméstica, sendo uma política direcionada ao aperfeiçoamento e promoção de eficiência na atuação dos tribunais. Nesta obra, a contribuição empírica está na apresentação da especialização com uma política do próprio Judiciário, e na reconstituição de todo o seu ciclo: criação, implementação, legitimação e desmantelamento — assim ilustrando como a ideia e os fundamentos que baseiam a sua origem, por ora, também fundamentam a sua extinção. É importante dizer que estudos sobre a abertura da agenda, passando por processos de formulação e implementação, são comuns em Políticas Públicas, mas que a última etapa, correspondente ao desmantelamento, é pouco conhecida e investigada, ainda mais em se tratando de políticas judiciais.

Uma grande contribuição empírica foi dada com a defesa da experiência brasileira de varas especializadas como instituições do âmbito das cortes especializadas anticorrupção. Embora a literatura seja receosa em fazer tal incorporação, a forma como contribuímos para demonstrar que corrupção tem imbricamentos inequívocos com lavagem de dinheiro e crime organizado dirime as incertezas, lançando luz sobre essa questão.

Por fim, a obra contribui com uma gama de estudos que demonstram que a atuação do sistema de Justiça criminal pode moldar as relações entre os atores tradicionais, e mais do que isso, promover mudanças na política criminal como um todo. Nesse sentido, as instituições judiciais brasileiras têm desde o seu desenho a capacidade de produzir políticas institucionais que afetam diretamente outras políticas públicas. A política judicial de especialização é um exemplo disso.

Em relação ao campo de estudos sobre instituições de controle, as contribuições empíricas transcendem o objeto Justiça Federal e Estadual, uma vez que demonstramos as conexões dessas instituições com os outros dois poderes e os resultados práticos dessas inter-relações. Nesse sentido, uma das inovações da obra está na descrição do papel da Justiça Federal no processo de criação e de implementação da ENCCLA, contribuindo com os movimentos de alteração da legislação anticorrupção e de lavagem de dinheiro, ao mesmo tempo em que se defendia o papel das varas especializadas como política anticorrupção brasileira diante dos organismos internacionais e seus mecanismos de acompanhamento e de revisão da implementação de tratados.

Do ponto de vista teórico, a principal contribuição desta obra está em sintetizar, sistematizar e operacionalizar o conceito de política judicial para além da judicialização. Acreditamos que esta forma de olhar para os processos de *policy making* judicial pode servir a uma série de outros estudos para além da especialização, uma vez que costumam descrever a maneira como a tomada de decisão das cortes se dá em matéria da gestão de seus tribunais. Outra grande contribuição teórica está na operacionalização do conceito de especialização judicial para a análise das cortes anticorrupção, conforme apontamos acima.

Do ponto de vista metodológico, a obra teve um grande fôlego e especialmente um grande mérito em realmente aplicar o método de *process tracing* em sua vertente aprofundada, apresentando as diferentes partes do mecanismo causal e, mais do que isso, arriscando naquela que é das suas maiores dificuldades, que diz respeito aos testes e pesos das evidências.

Para terminar, é importante ressalvar que houve uma opção por focar na política de especialização em si, deixando aos cientistas políticos puros a compreensão das grandes implicações políticas deste objeto. Atrevemo-nos a ingressar nessa seara em uma série de artigos, colunas e *papers*, mas aqui preferimos que a obra tivesse uma durabilidade para além da mutável e movediça conjuntura política brasileira.

Ainda que haja lacunas a serem preenchidas daqui para diante, acreditamos que a obra contribuiu sobremaneira com os estudos recentes que têm foco na Operação Lava Jato — mas que, muito mais do que isso, permitiu transcender este que é, apesar da repercussão, apenas um dos casos resultantes de toda essa estrutura especializada. A existência e as diferentes formas de atuação das varas especializadas, seja nas agora seis regiões da Justiça Federal, seja em cada estado brasileiro, abrem um leque de possibilidades para a continuidade dessa agenda de pesquisa, que precisa ser abraçada por outros pesquisadores. Uma vez que as relações entre a especialização judicial e a política seguem em curso, neste livro apresentamos diferentes lentes teórico-metodológicas, que poderão vir a ser utilizadas para prospectar como a própria especialização e seu desmantelamento poderão se desdobrar futuramente.

Esperamos que os leitores tenham ficado tão fascinados quanto nós por esta história toda!

APÊNDICE A

NORMAS DA POLÍTICA DE ESPECIALIZAÇÃO JUDICIAL DA JUSTIÇA FEDERAL E DOS TRIBUNAIS DE JUSTIÇA

Instituição	Data	Normativa	Fonte
Ano de 2003			
CJF	12/05/2003	Resolução nº 314, de 12 de maio de 2003	(CJF, 2003)
TRF4	26/05/2003	Resolução nº 20, de 26 de maio de 2003	(TRF4, 2003)
TRF2	20/06/2023	Resolução Conjunta no 001/2003, de 20 de junho de 2003	(TRF2, 2003)
TRF1	19/12/2003	Resolução nº 600-21, de 19 de dezembro de 2003	(TRF1, 2003)
Ano de 2004			
TRF3	27/08/2004	Provimento nº 238, de 27 de agosto de 2004	(TRF3, 2004)
Ano de 2005			
TRF2	09/06/2005	Resolução Conjunta no 001/2005, de 9 de junho de 2005	(TRF2, 2005)
TRF3	11/10/2005	Provimento nº 275, de 11 de outubro de 2005	(TRF3, 2005)
TRF4	29/09/2005	Resolução nº 109, de 29 de setembro de 2005	(TRF4, 2005)
Ano de 2006			
CNJ	30/05/2006	Recomendação nº 3 de 2006	(CNJ, 2006)
TRF4	19/07/2006	Resolução nº 42, de 19 de julho de 2006	(TRF4, 2006a)
CJF	30/06/2006	Resolução nº 517, de 30 de junho de 2006	(CJF, 2006)
TRF4	06/09/2006	Resolução nº 56, de 6 de setembro de 2006	(TRF4, 2006b)
TRF4	05/10/2006	Resolução nº 63, de 5 de outubro de 2006	(TRF4, 2006c)

Instituição	Data	Normativa	Fonte
Ano de 2007			
TRF4	24/04/2007	Resolução nº 18, de 24 de abril de 2007	(TRF4, 2007)
Ano de 2008			
TRF4	08/05/2008	Resolução nº 12, de 8 de maio de 2008	(TRF4, 2008)
Ano de 2009			
TRF5	25/11/2009	Resolução nº 27, de 25 de novembro de 2009	(TRF5, 2009)
Ano de 2010			
TRF1	13/04/2010	Resolução Presi/Cenag nº 12, de 13 de abril de 2010	(TRF1, 2010)
Ano de 2011			
TRF2	23/08/2011	Resolução nº 42, de 23 de agosto de 2011	(TRF2, 2011)
TRF3	11/10/2011	Provimento nº 327, de 21 de fevereiro de 2011	(TRF3, 2011)
Ano de 2013			
CJF	18/12/2013	Resolução nº 273, de 18 de dezembro de 2013	(CJF, 2013)
Ano de 2014			
TRF3	30/01/2014	Provimento nº 405, de 30 de janeiro de 2014	(TRF3, 2014a)
TRF5	19/02/2014	Resolução nº 1, de 19 de fevereiro de 2014	(TRF5, 2014a)
TRF5	19/02/2014	Resolução nº 3, de 19 de fevereiro de 2014	(TRF5, 2014b)
TRF1	23/04/2014	Resolução Presi/Secge nº 7, de 23 de abril de 2014	(TRF1, 2014)
TRF3	27/06/2014	Provimento nº 417, de 27 de junho de 2014	(TRF3, 2014b)
Ano de 2016			
TRF5	04/02/2016	Resolução nº 1, de 4 de fevereiro de 2016	(TRF5, 2016)
TRF2	08/07/2016	Resolução nº 21, de 8 de julho de 2016	(TRF2, 2016)
Ano de 2017			
TRF5	29/03/2017	Resolução nº 5, de 29 de março de 2017	(TRF5, 2017)
TRF1	29/11/2017	Resolução Presi nº 54, de 29 de novembro de 2017	(TRF1, 2017)
Ano de 2018			
TRF1	02/08/2018	Resolução Presi nº 6535439, de 2 de agosto de 2018	(TRF1, 2018)
TRF4	29/11/2018	Resolução nº 102, de 29 de novembro de 2018	(TRF4, 2018)

Instituição	Data	Normativa	Fonte
Ano de 2019			
TRF4	26/04/2019	Resolução nº 43, de 26 de abril de 2019	(TRF4, 2019a)
TRF1	30/04/2019	Resolução Presi nº 8092227, de 30 de abril de 2019	(TRF1, 2019)
TRF4	10/05/2019	Resolução nº 48, de 10 de maio de 2019	(TRF4, 2019b)
Ano de 2020			
TRF4	28/10/2020	Resolução nº 56, de 29 de outubro de 2020	(TRF4, 2020d)
TRF4	28/10/2020	Resolução nº 55, de 29 de outubro de 2020	(TRF4, 2020c)
TRF4	29/10/2020	Resolução nº 54, de 29 de outubro de 2020	(TRF4, 2020b)
TRF4	29/10/2020	Resolução nº 53, de 29 de outubro de 2020	(TRF4, 2020a)
Ano de 2021			
TRF3	06/12/2021	Provimento nº 49, de 6 de dezembro de 2021	(TRF3, 2021)
Ano de 2022			
TRF2	03/06/2022	Resolução nº 60, de 3 de junho de 2022	(TRF2, 2022)
TRF6	22/09/2022	Resolução PRESI nº 9, de 22 de setembro de 2022	(TRF6, 2022)
TRF4	01/12/2022	Resolução nº 258, de 1 de dezembro de 2022	(TRF4, 2022)

Fonte: Elaboração própria a partir das normativas do CJF, CNJ e TRFs.

APÊNDICE B

LISTA DE ENTREVISTADOS

As entrevistas presentes nesta obra foram realizadas no período de 2018 a 2023, durante os cinco anos de execução das pesquisas *Specialized Courts and Anti-corruption judicial policy in the Global South: actors and networks in process of policy transfer in different institutional contexts* e *A Justiça Federal na formulação e implementação de uma política pública judiciária de combate à corrupção: desenvolvimento institucional e atuação no Brasil*, ambas desenvolvidas no Núcleo de Estudos em Direitos, Desenvolvimento, Instituições e Políticas Públicas (NEDIPP), junto ao Instituto de Filosofia e Ciências Humanas (IFCH) da Universidade Federal do Rio Grande do Sul.

Sob a premissa da proteção de dados e da identidade das pessoas entrevistadas, todas as entrevistas foram anonimizadas, mantendo-se apenas a relação institucional associada ao entrevistado, bem como a data e forma de realização das entrevistas.

Entrevista	Entrevistado	Data	Local
01	Técnica aposentada do CJF	04/07/2018	Brasília
02	Desembargadora federal	05/07/2018	Porto Alegre
03	Ministro aposentado do STJ	19/10/2018	Brasília
04	Ex-diretor geral da Polícia Federal	02/09/2019	Brasília

Entrevista	Entrevistado	Data	Local
05	Ex-representante da DPF na ENCCLA	02/09/2019	Brasília
06	Desembargadora Federal	03/03/2023	On-line
07	Procuradora da República	17/03/2023	On-line
08	Conselheiro do CNJ	20/03/2023	On-line
09	Promotor de Justiça do MP Estadual	21/03/2023	On-line
10	Promotor de Justiça do MP Estadual	22/03/2023	On-line
11	Analista MPF	02/03/2023	On-line
12	Analista MPF	24/03/2023	On-line

REFERÊNCIAS

ABRAMOVAY, Pedro; LOTTA, Gabriela. *A democracia equilibrista: Políticos e burocratas no Brasil.* São Paulo: Companhia das Letras, 2022.

ADORNO, Sergio. Democracy in Progress in Contemporary Brazil: Corruption, Organized Crime, Violence and New Paths to the Rule of Law. *International Journal of Criminology and Sociology*, [*s. l.*], 2013. Disponível em: https://www.lifescienceglobal.com/83-abstract/ijcs/307-abstract-democracy-in-progress-in-contemporary-brazil-corruption-organized-crime-violence-and-new-paths-to-the-rule-of-law. Acesso em: 17 jul. 2023.

ADORNO, Sergio. Fluxo de operações do crime organizado: questões conceituais e metodológicas | Flow of Organized Crime Operations: Conceptual and Methodological Issues. *Revista Brasileira de Sociologia*, [*s. l.*], v. 7, n. 17, p. 9, 2019.

ALAGOAS. *Lei nº 6.806.* Cria, no âmbito do Poder Judiciário Estadual, a 17ª Vara Criminal da Capital, com competência exclusiva para processar e julgar delitos praticados por organizações criminosas (crime organizado) dentro do território alagoano e adota providências correlatas. Maceió, 22 mar. 2007. Disponível em: https://www.tjal.jus.br/vicepresidencia/arquivos/gmf/estadual_tj/1Lei6.80623-03-07.pdf. Acesso em: 20 ago. 2023.

ALBANESE, Jay S. Organized Crime as Financial Crime: The Nature of Organized Crime as Reflected in Prosecutions and Research. *Victims & Offenders*, [*s. l.*], v. 16, n. 3, p. 431-443, 2021.

ARANHA, Ana Luiza Melo. *A rede brasileira de instituições de accountability: um mapa do enfrentamento da corrupção na esfera local.* 2015. 495 f. Doutorado

(Ciência Política) – Universidade Federal de Minas Gerais, Belo Horizonte, MG, 2015. Disponível em: https://repositorio.ufmg.br/handle/1843/BUOS-A4RF5P. Acesso em: 16 jun. 2023.

ARANHA, Ana Luiza Melo. Accountability, Corruption and Local Government: Mapping the Control Steps. *Brazilian Political Science Review*, [*s. l.*], v. 11, p. 1-31, 2017.

ARANHA, Ana Luiza Melo; FILGUEIRAS, Fernando. Instituições de accountability no Brasil: mudança institucional, incrementalismo e ecologia processual. *Cadernos Enap,* [*s. l.*], v. 44, 2016. Disponível em: http://repositorio.enap.gov.br/jspui/handle/1/2561. Acesso em: 16 jun. 2023.

ARANTES, Rogério B. et al. Controles Democráticos sobre a administração pública no Brasil: Legislativo, tribunais de contas, Judiciário e Ministério Público. *In*: ABRUCIO, Fernando Luiz; LOUREIRO, Maria Rita; PACHECO, Regina Silvia (org.). *Burocracia e política no Brasil: desafios para a ordem democrática no século XXI.* Rio de Janeiro: Editora FGV, 2010. p. 109-147.

ARANTES, Rogério B. *Ministério Público e política no Brasil.* [*S. l.*]: Editora Sumaré, 2002.

ARANTES, Rogério B. Polícia Federal e construção institucional. *In*: AVRITZER, Leonardo; FILGUEIRA, Fernando (org.). *Corrupção e sistema político no Brasil.* Rio de Janeiro: Civilização Brasileira, 2011a, p. 99-132.

ARANTES, Rogério B. The Federal Police and the Ministério Público. *In*: POWER, Timothy Joseph; TAYLOR, Matthew M. (org.). *Corruption and Democracy in Brazil: The Struggle for Accountability*. Notre Dame: University of Notre Dame Press, 2011b. p. 184-217.

ARANTES, Rogério B. Rendición de cuentas y pluralismo estatal en Brasil: Ministerio Público y Policía Federal. *Desacatos*, [*s. l.*], v. 49, p. 28–47, 2015.

ARAUJO, Felipe Dantas de. Analysis of the National Strategy against Corruption and Money Laundering (ENCCLA) by Its Directives. *Brazilian Journal of Public Policy*, [*s. l.*], v. 2, n. 1, p. 53-82, 2012.

AVRITZER, Leonardo; FILGUEIRAS, Fernando de Barros. Corrupção e controles democráticos no Brasil. *www.ipea.gov.br*, [*s. l.*], 2011. Disponível em: https://repositorio.ipea.gov.br/handle/11058/1402. Acesso em: 16 jun. 2023.

BAHIA. *Lei nº 13.375.* Altera a redação do inciso XVI do art. 130 da Lei nº 10.845, de 27 de novembro de 2007, e acrescenta o inciso XX e os artigos 130-A e

130-B à Lei nº 10.845, relativa à criação do Juízo de Ocorrências Relativas a Crimes Praticados por Organização Criminosa, de 27 de novembro de 2007 e dá outras providências. Salvador, 23 set. 2015. Disponível em: https://leisestaduais.com.br/ba/lei-ordinaria-n-13375-2015-bahia-altera-a-redacao-do-inciso-xvi-do-art-130-da-lei-n-10845-de-27-de-novembro-de-2007-e-acrescenta-o-inciso-xx-e-os-artigos-130-a-e-130-b-versando-sobre-a-criacao-da-vara-dos-feitos-relativos-a-delitos-praticados-por-organizacao-criminosa-a-lei-n-10-845-de-27-de-novembro-de-2007-e-da-outras-providencias. Acesso em: 20 ago. 2023.

BAUER, Michael W. et al. (org.). *Dismantling Public Policy:* Preferences, Strategies, and Effects. Oxford: Oxford University Press, 2012. *E-book*. Disponível em: https://doi.org/10.1093/acprof:oso/9780199656646.003.0002. Acesso em: 15 jun. 2023.

BAUER, Michael W.; KNILL, Christoph. Understanding Policy Dismantling: An Analytical Framework. *In*: BAUER, Michael W. et al. (org.). *Dismantling Public Policy: Preferences, Strategies, and Effects*. Oxford: Oxford University Press, 2012. p. 0. *E-book*. Disponível em: https://doi.org/10.1093/acprof:oso/9780199656646.003.0002. Acesso em: 15 jun. 2023.

BAUER, Michael W.; KNILL, Christoph. A Conceptual Framework for the Comparative Analysis of Policy Change: Measurement, Explanation and Strategies of Policy Dismantling. *Journal of Comparative Policy Analysis: Research and Practice*, [*s. l.*], v. 16, n. 1, p. 28-44, 2014.

BAUER, Michael W.; KNILL, Christoph; TOSUN, Jale. European Policies and their Effects on National Policy Dismantling: The Impact of Different Implementation Modes. *In*: SVERDRUP, U.; TRONDAL, J. (org.). *The Organizational Dimensions of Politics*. [*S. l.*]: Fagbokforlaget, 2008. p. 284-30.

BAUM, Lawrence. Implementation of Judicial Decisions: An Organizational Analysis. *American Politics Quarterly*, [*s. l.*], v. 4, n. 1, p. 86-114, 1976.

BAUM, Lawrence. Judicial Specialization, Litigant Influence, and Substantive Policy: The Court of Customs and Patent Appeals. *Law & Society Review*, [*s. l.*], v. 11, n. 5, p. 823-850, 1977.

BAUM, Lawrence. Specializing the Federal Courts: Neutral Reforms or Efforts to Shape Judicial Policy. *Judicature*, [*s. l.*], v. 74, n. 4, p. 217-224, 1990.

BAUM, Lawrence. Specialization and Authority Acceptance: The Supreme Court and Lower Federal Courts. *Political Research Quarterly*, [*s. l.*], v. 47, n. 3, p. 693-703, 1994.

BAUM, Lawrence. Probing the Effects of Judicial Specialization Special Symposium Issue Measuring Judges and Justice: Response. *Duke Law Journal*, [*s. l.*], v. 58, n. 7, p. 1667-1684, 2009.

BAUM, Lawrence. *Specializing the Courts*. Chicago: University of Chicago Press, 2011. *E-book*. Disponível em: https://press.uchicago.edu/ucp/books/book/chicago/S/bo10415141.html#anchor-reviews.

BAUM, Lawrence. Specialization in the Courts. *In*: NIEMI, Richard G.; DYCK, Joshua J. (org.). *Guide to State Politics and Policy*. Los Angeles, California: CQ Press, 2014.

BEACH, Derek; PEDERSEN, Rasmus Brun. *Process-Tracing Methods: Foundations and Guidelines*. 2nd editioned. Ann Arbor: University of Michigan Press, 2019. *E-book*.

BECHARA, F. R.; SMANIO, G. P.; GIRARDI, K. B. Cooperação jurídica internacional na Operação "Lava Jato": análise crítica a partir da diversidade entre os sistemas jurídicos nacionais. *Revista Brasileira de Direito Processual Penal*, [s. l.], v. 5, n. 2, p. 703-736, 2019.

BENTO, Juliane Sant'Ana; DA ROS, Luciano; LONDERO, Bruno Alex. Condenando políticos corruptos? Análise quantitativa dos julgamentos de prefeitos municipais pelo Tribunal de Justiça do Rio Grande do Sul (1992--2016). *Civitas: revista de Ciências Sociais*, [*s. l.*], v. 20, n. 3, p. 348-376, 2020.

BRANDÃO, Bruno; FRANCE, Guilherme. Varas especializadas: o futuro no combate à corrupção? *In*: CARNEIRO, Rafael Araripe (org.). *Novas perspectivas jurídicas: Uma homenagem a Gilson Dipp*. [*S. l.*]: Trevisan Editora, 2019.

BRASIL. Presidência da República. *Lei nº 7.492, de 16 de julho de 1986*. Define os crimes contra o sistema financeiro nacional, e dá outras providências. Brasília, 16 jul. 1986. Disponível em: https://www.planalto.gov.br/ccivil_03/leis/l7492.htm. Acesso em: 4 jun. 2023.

BRASIL. Presidência da República. *Lei nº 9.034, de 3 de maio de 1995*. Dispõe sobre a utilização de meios operacionais para a prevenção e repressão de ações praticadas por organizações criminosas. Brasília, 3 maio 1995. Disponível em: http://www.planalto.gov.br/ccivil_03/leis/l9034.htm. Acesso em: 4 jun. 2023.

BRASIL. Presidência da República. *Lei nº 9.613, de 3 de março de 1998*. Dispõe sobre os crimes de "lavagem" ou ocultação de bens, direitos e valores; a prevenção da utilização do sistema financeiro para os ilícitos previstos nesta Lei; cria o Conselho de Controle de Atividades Financeiras – COAF, e dá outras providências. Brasília, 3 mar. 1998. Disponível em: https://www.planalto.gov.br/ccivil_03/leis/l9613.htm. Acesso em: 4 jun. 2023.

BRASIL. Presidência da República. *Decreto nº 3.678, de 30 de novembro de 2000*. Promulga a Convenção sobre o Combate da Corrupção de Funcionários Públicos Estrangeiros em Transações Comerciais Internacionais, concluída em Paris, em 17 de dezembro de 1997. Brasília, 30 nov. 2000. Disponível em: http://www.planalto.gov.br/ccivil_03/decreto/d3678.htm. Acesso em: 4 jun. 2023.

BRASIL. Presidência da República. *Decreto nº 4.410, de 7 de outubro de 2002*. Promulga a Convenção Interamericana contra a Corrupção, de 29 de março de 1996, com reserva para o art. XI, parágrafo 1º, inciso "c". Brasília, 7 out. 2002a. Disponível em: https://www.planalto.gov.br/ccivil_03/decreto/2002/d4410.htm. Acesso em: 4 jun. 2023.

BRASIL. Presidência da República. *Lei nº 10.467, de 11 de julho de 2002*. Acrescenta o Capítulo II-A ao Título XI do Decreto-Lei nº 2.848, de 7 de dezembro de 1940 – Código Penal, e dispositivo à Lei nº 9.613, de 3 de março de 1998, que "dispõe sobre os crimes de 'lavagem' ou ocultação de bens, direitos e valores; a prevenção da utilização do Sistema Financeiro para os ilícitos previstos nesta Lei, cria o Conselho de Controle de Atividades Financeiras (Coaf), e dá outras providências. Brasília, 11 jul. 2002b. Disponível em: https://www.planalto.gov.br/ccivil_03/leis/2002/L10467.htm#art3. Acesso em: 4 jun. 2023.

BRASIL. Presidência da República. *Lei nº 10.701, de 9 de julho de 2003*. Altera e acrescenta dispositivos à Lei nº 9.613, de 3 de março de 1998, que dispõe sobre os crimes de lavagem ou ocultação de bens, direitos e valores; a prevenção da utilização do sistema financeiro para os ilícitos previstos nesta Lei; cria o Conselho de Controle de Atividades Financeiras – Coaf, e dá outras providências. Brasília, 9 jul. 2003. Disponível em: https://www.planalto.gov.br/ccivil_03/leis/2003/L10.701.htm#art1art1ii. Acesso em: 4 jun. 2023.

BRASIL. Presidência da República. *Decreto nº 5.015, de 12 de março de 2004*. Promulga a Convenção das Nações Unidas contra o Crime Organizado Transnacional. Brasília, 12 mar. 2004a. Disponível em: http://www.planalto.gov.br/ccivil_03/_ato2004-2006/2004/decreto/d5015.htm. Acesso em: 4 jun. 2023.

BRASIL. Presidência da República. *Decreto nº 5.016, de 12 de março de 2004*. Promulga o Protocolo Adicional à Convenção das Nações Unidas contra o Crime Organizado Transnacional, relativo ao Combate ao Tráfico de Migrantes por Via Terrestre, Marítima e Aérea. Brasília, 12 mar. 2004b. Disponível em: https://www.planalto.gov.br/ccivil_03/_ato2004-2006/2004/decreto/d5016.htm. Acesso em: 4 jun. 2023.

BRASIL. Presidência da República. *Decreto nº 5.017, de 12 de março de 2004*. Promulga o Protocolo Adicional à Convenção das Nações Unidas contra o Crime Organizado Transnacional Relativo à Prevenção, Repressão e Punição do Tráfico de Pessoas, em Especial Mulheres e Crianças. Brasília, 12 mar. 2004c. Disponível em: http://www.planalto.gov.br/ccivil_03/_ato2004-2006/2004/decreto/d5017.htm. Acesso em: 4 jun. 2023.

BRASIL. Presidência da República. *Emenda Constitucional nº 45, de 30 de dezembro 2004*. Altera dispositivos dos arts. 5º, 36, 52, 92, 93, 95, 98, 99, 102, 103, 104, 105, 107, 109, 111, 112, 114, 115, 125, 126, 127, 128, 129, 134 e 168 da Constituição Federal, e acrescenta os arts. 103-A, 103B, 111-A e 130-A, e dá outras providências. Brasília, 30 dez. 2004d. Disponível em: https://www.planalto.gov.br/ccivil_03/constituicao/emendas/emc/emc45.htm. Acesso em: 4 jun. 2023.

BRASIL. Presidência da República. *Decreto nº 5.687, de 31 de janeiro de 2006*. Promulga a Convenção das Nações Unidas contra a Corrupção, adotada pela Assembleia-Geral das Nações Unidas em 31 de outubro de 2003 e assinada pelo Brasil em 9 de dezembro de 2003. Brasília, 31 jan. 2006. Disponível em: https://www.planalto.gov.br/ccivil_03/_ato2004-2006/2006/decreto/d5687.htm. Acesso em: 4 jun. 2023.

BRASIL. Presidência da República. *Lei Complementar nº 135, de 4 de julho de 2010*. Altera a Lei Complementar nº 64, de 18 de maio de 1990, que estabelece, de acordo com o § 9º do art. 14 da Constituição Federal, casos de inelegibilidade, prazos de cessação e determina outras providências, para incluir hipóteses de inelegibilidade que visam a proteger a probidade administrativa e a moralidade no exercício do mandato. 4 jun. 2010. Disponível em: https://www.planalto.gov.br/ccivil_03/leis/lcp/lcp135.htm. Acesso em: 16 jun. 2023.

BRASIL. Presidência da República. *Lei nº 12.683, de 9 de julho de 2012*. Altera a Lei nº 9.613, de 3 de março de 1998, para tornar mais eficiente a persecução penal dos crimes de lavagem de dinheiro. Brasília, 9 jul. 2012a. Disponível em: https://www.planalto.gov.br/ccivil_03/_Ato2011-2014/2012/Lei/L12683.htm#art2. Acesso em: 4 jun. 2023.

BRASIL. Presidência da República. *Lei nº 12.694, de 24 de julho de 2012*. Dispõe sobre o processo e o julgamento colegiado em primeiro grau de jurisdição de crimes praticados por organizações criminosas; altera o Decreto-Lei nº 2.848, de 7 de dezembro de 1940 – Código Penal, o Decreto-Lei nº 3.689, de 3 de outubro de 1941 – Código de Processo Penal, e as Leis nos 9.503, de 23 de setembro de 1997 – Código de Trânsito Brasileiro, e 10.826, de 22 de dezembro de 2003; e dá outras providências. Brasília, 24 jul. 2012b. Disponível em: https://www.planalto.gov.br/ccivil_03/_ato2011-2014/2012/lei/L12694.htm. Acesso em: 4 jun. 2023.

BRASIL. Presidência da República. *Lei nº 12.846, de 1º de agosto de 2013*. Dispõe sobre a responsabilização administrativa e civil de pessoas jurídicas pela prática de atos contra a administração pública, nacional ou estrangeira, e dá outras providências. 1 ago. 2013a. Disponível em: https://www.planalto.gov.br/ccivil_03/_ato2011-2014/2013/lei/l12846.htm. Acesso em: 16 jun. 2023.

BRASIL. Presidência da República. *Lei nº 12.850, de 2 de agosto de 2013*. Define organização criminosa e dispõe sobre a investigação criminal, os meios de obtenção da prova, infrações penais correlatas e o procedimento criminal; altera o Decreto-Lei nº 2.848, de 7 de dezembro de 1940 (Código Penal); revoga a Lei nº 9.034, de 3 de maio de 1995; e dá outras providências. Brasília, 2 ago. 2013b. Disponível em: http://www.planalto.gov.br/ccivil_03/_Ato2011-2014/2013/Lei/L12850.htm#art26. Acesso em: 4 jun. 2023.

BRASIL. Presidência da República. *Lei nº 13.964, de 24 de dezembro de 2019*. Aperfeiçoa a legislação penal e processual penal. Brasília, 24 dez. 2019. Disponível em: https://www.planalto.gov.br/ccivil_03/_ato2019-2022/2019/lei/l13964.htm. Acesso em: 16 jun. 2023.

BRAUN, Dietmar; GILARDI, Fabrizio. Taking 'Galton's Problem' Seriously: Towards a Theory of Policy Diffusion. *Journal of Theoretical Politics*, [s. l.], v. 18, n. 3, p. 298-322, 2006.

BUTT, Simon. Asian Law in Translation: Translator's Note on the Indonesian Corruption Court Law: The Unravelling of Indonesia's Anti-Corruption Framework through Law and Legal Process Translation and Commentary. *Australian Journal of Asian Law*, [s. l.], v. 11, n. 2, p. 302-307, 2009a.

BUTT, Simon. 'Unlawfulness' and corruption under Indonesian law. *Bulletin of Indonesian Economic Studies*, [s. l.], v. 45, n. 2, p. 179-198, 2009b.

BUTT, Simon. Anti-corruption reform in indonesia: an obituary?. *Bulletin of Indonesian Economic Studies*, [s. l.], v. 47, n. 3, p. 381-394, 2011.

BUTT, Simon. *Corruption and Law in Indonesia*. [*S. l.*]: Routledge, 2017.

BUTT, Simon; SCHÜTTE, Sofie Arjon. Assessing judicial performance in Indonesia: the court for corruption crimes. *Crime, Law and Social Change*, [*s. l.*], v. 62, n. 5, p. 603-619, 2014.

CALDERONI, Francesco. *Organized Crime Legislation in the European Union:* Harmonization and Approximation of Criminal Law, National Legislations and the EU Framework Decision on the Fight Against Organized Crime. Heidelberg; New York: Springer, 2010.

CANON, Bradley C.; JOHNSON, Charles. *Judicial Policies: Implementation and Impact*. 2nd ed. Washington, D.C: CQ Press, 1999.

CASEY, Pamela M.; ROTTMAN, David B. Problem-Solving Courts: Models and Trends. *Justice System Journal*, [*s. l.*], v. 26, n. 1, p. 35-56, 2005.

CEARÁ. *Lei nº 16.505*. Altera as Leis nº 14.605, de 5 de janeiro de 2010; 14.786, de 13 de agosto de 2010; 16.208, de 3 de abril de 2017 e 16.397, de 14 de novembro de 2017. Fortaleza, 22 fev. 2018. Disponível em: https://belt.al.ce.gov.br/index.php/legislacao-do-ceara/organizacao-tematica/trabalho-administracao-e-servico-publico/item/6092-lei-n-16-505-de-22-02-18-d-o-28-02-18. Acesso em: 20 ago. 2023.

CIPRIANI, Marcelli. *Os coletivos criminais de Porto Alegre: entre a "paz" na prisão e a guerra na rua*. São Paulo: Hucitec, 2021.

CONSELHO DA JUSTIÇA FEDERAL (CJF). *Resolução nº 314, de 12 de maio de 2003*. Dispõe sobre a especialização de varas federais criminais para processar e julgar, na Justiça Federal, crimes contra o sistema financeiro nacional e de lavagem ou ocultação de bens, direitos e valores. Brasília, 12 maio de 2003. Disponível em: https://www.cjf.jus.br/publico/biblioteca/2003%20-%20RES%20314%20(12.03.2003).pdf.

CONSELHO DA JUSTIÇA FEDERAL (CJF). *Resolução nº 517, de 30 de junho de 2006*. Altera a Resolução nº 314, de 12 de maio de 2003, para incluir os crimes praticados por organizações criminosas na competência das varas federais criminais especializadas em crimes contra o sistema financeiro nacional e lavagem de dinheiro ou ocultação de bens, direitos e valores. Brasília, 30 jun. 2006. Disponível em: https://jef.trf5.jus.br/resolucoes/PDFsNormas/resolucoes/CJF/N%BA%20517%20-%202006.pdf. Acesso em: 4 jun. 2023.

CONSELHO DA JUSTIÇA FEDERAL (CJF). *Resolução nº CJF-RES-2013/00273 de 18 de dezembro de 2013*. Dispõe sobre os critérios de distribuição de competência das varas federais especializadas em crimes contra o sistema financeiro nacional e de lavagem de dinheiro ou ocultação de bens, direitos e valores e naqueles praticados por organizações criminosas. Brasília, 18 dez. 2013. Disponível em: https://www.cjf.jus.br/publico/biblioteca/Res%20 273-2013.pdf.

CONSELHO DA JUSTIÇA FEDERAL (CJF). *Resolução nº 742/2021, de 14 de dezembro de 2021*. Dispõe sobre a organização inicial do Tribunal Regional Federal da 6ª Região, a reestruturação das unidades da Seção Judiciária de Minas Gerais localizadas em Belo Horizonte e a implementação de medidas administrativas para cumprimento da Lei n. 14.226, de 20 de outubro de 2021. 14 dez. 2021. Disponível em: https://www.cjf.jus.br/publico/biblioteca/Res%20742-2021.pdf. Acesso em: 16 jun. 2023.

CONSELHO NACIONAL DE JUSTIÇA (CNJ). *Recomendação nº 3, de 30 de maio de 2006*. Recomenda a especialização de varas criminais para processar e julgar delitos praticados por organizações criminosas e dá outras providências. Brasília, 30 maio de 2006. Disponível em: https://atos.cnj.jus.br/files//recomendacao/recomendacao_3_30052006_23042019140017.pdf. Acesso em: 4 jun. 2023.

CONSELHO NACIONAL DE JUSTIÇA (CNJ). *Julgamento de crime organizado já segue rito próprio na maior parte do país*. [*S. l.*], 2016. Disponível em: <https://www.sedep.com.br/noticias/ulgamento-de-crime-organizado-ja-segue-rito-proprio-na-maior-parte-do-pais/#:~:text=Crimes%20de%20fac%C3%A7%C3%B5es%20criminosas%20passaram,agilizar%20o%20tr%C3%A2mite%20dos%20casos.>; <https://www.sedep.com.br/noticias/ulgamento-de-crime-organizado-ja-segue-rito-proprio-na-maior-parte-do-pais/>. Acesso em: 17 jun. 2023.

COÊLHO, Denilson Bandeira. Mecanismos Políticos e Institucionais da Difusão de Políticas. *In*: FARIA, Carlos Aurélio Pimenta de; COÊLHO, Denilson Bandeira (org.). *Difusão de Políticas Públicas*. São Bernardo do Campo: Editora UFABC, 2016. p. 35–64.

COÊLHO, Denilson Bandeira. Determinants of Policy Diffusion in Brazil and the U.S. *International Review of Public Policy*, [*s. l.*], v. 3, n. 2, p. 194-215, 2021.

COÊLHO, Denilson Bandeira; CAVALCANTE, Pedro; TURGEON, Mathieu. Mecanismos de difusão de políticas sociais no Brasil: uma análise do Programa Saúde da Família. *Revista de Sociologia e Política*, [*s. l.*], v. 24, p. 145-165, 2016.

COLLIER, David. Understanding Process Tracing. *PS: Political Science & Politics*, [*s. l.*], v. 44, n. 4, p. 823-830, 2011.

COLLINS, Erin R. The Problem of Problem-Solving Courts. *UC Davis Law Review*, [*s. l.*], v. 54, n. 3, p. 1573-1630, 2020.

CONSELHO DA JUSTIÇA FEDERAL. *Uma Análise Crítica da Lei dos Crimes de Lavagem de Dinheiro (Série Pesquisas do CEJ; 9)*. Brasília: Conselho da Justiça Federal, Centro de Estudos Judiciários, Secretaria de Pesquisa e Informação Jurídica, 2002. *E-book*. Disponível em: https://www.cjf.jus.br/cjf/corregedoria-da-justica-federal/centro-de-estudos-judiciarios-1/publicacoes-1/pesquisas-do-cej/uma-analise-critica-da-lei-dos-crimes-de-lavagem-de-dinheiro. Acesso em: 4 jun. 2023.

COSTA, Arthur Trindade Maranhão; MACHADO, Bruno Amaral; ZACKSESKI, Cristina (org.). *A investigação e a persecução penal da corrupção e dos delitos econômicos: uma pesquisa empírica no sistema de justiça federal: Tomo II*. Brasília: Escola Superior do Ministério Público da União (ESMPU), 2016. v. 2

COX, Dennis. *Handbook of Anti-Money Laundering*. [*S. l.*]: John Wiley & Sons, 2014.

DA ROS, Luciano. *Mayors in the Dock: Judicial Responses to Local Corruption in Brazil*. 2014. 395 f. Tese (Doutorado em Philosophy in Political Science) – Graduate College of the University of Illinois at Chicago, Chicago, Illinois, 2014.

DA ROS, Luciano. Accountability Legal e Corrupção. *Revista da CGU*, [*s. l.*], v. 11, n. 20, p. 25–25, 2019.

DA ROS, Luciano; TAYLOR, Matthew M. Checks and Balances: The Concept and Its Implications for Corruption. *Revista Direito GV*, [*s. l.*], v. 17, p. 1-30, 2021.

DA ROS, Luciano; TAYLOR, Matthew M. *Brazilian Politics on Trial: Corruption & Reform under Democracy*. Colorado, USA: Lynne Rienner Publishers Inc, 2022.

DELMAS-MARTY, Mireille. *Os grandes sistemas de política criminal*. [*S. l.*]: Manole, 2004.

DIAS, Camila Nunes; MANSO, Bruno Paes. Tecendo redes criminais: as políticas de encarceramento e a nacionalização das facções prisionais. *In*: LIMA, Renato Sérgio de; BUENO, Samira (org.). *Anuário Brasileiro de Segurança Pública: 2014 a 2017 (Edição Especial 2018)*. São Paulo: Fórum

Brasileiro de Segurança Pública, 2018. p. 5-6. *E-book*. Disponível em: https://forumseguranca.org.br/wp-content/uploads/2018/09/FBSP_ABSP_edicao_especial_estados_faccoes_2018.pdf. Acesso em: 16 jun. 2023.

DIPP, Gilson Langaro. Varas federais de combate aos crimes contra o sistema financeiro: a justiça federal contra o crime organizado (Entrevista concedida à Revista do Tribunal Regional Federal da 1ª Região). *BDJur*, Brasília, DF, 2004. Disponível em: http://bdjur.stj.jus.br/dspace/handle/2011/8633.

DIPP, Gilson Langaro. Crime Organizado e a Importância das Varas Especializadas da Justiça Federal. *Revista CEJ*, [*s. l.*], 2016. Disponível em: //revistacej.cjf.jus.br/cej/index.php/revcej/article/view/2122. Acesso em: 4 jun. 2023.

DOBBIN, Frank; SIMMONS, Beth; GARRETT, Geoffrey. The Global Diffusion of Public Policies: Social Construction, Coercion, Competition, or Learning? *Annual Review of Sociology*, [*s. l.*], v. 33, n. 1, p. 449-472, 2007.

DORF, Michael C.; FAGAN, Jeffrey A. Problem-Solving Courts: From Innovation to Institutionalization Community Courts and Community Justice: Foreword. *American Criminal Law Review*, [*s. l.*], v. 40, n. 4, p. 1501-1512, 2003.

ENCCLA. *ENCCLA: Estratégia Nacional de Combate à Corrupção e Lavagem de Dinheiro: Ações e Metas*. [*S. l.*], [*s. d.*]. Página Institucional. Disponível em: http://enccla.camara.leg.br/acoes. Acesso em: 16 jun. 2023.

FAGUNDES, Andréa Lucas. *A polícia federal e o combate à corrupção: transformação discursiva e mudança institucional endógena*. 2022. 282 f. Tese (Doutorado em Políticas Públicas) – Programa de Pós-Graduação em Políticas Públicas. Universidade Federal do Rio Grande do Sul, Porto Alegre, 2022. Disponível em: https://lume.ufrgs.br/handle/10183/254680. Acesso em: 3 mar. 2023.

FAGUNDES, Andréa Lucas; MADEIRA, Lígia Mori. A Polícia Federal e o governo Bolsonaro: duas décadas de desenvolvimento e dois anos de ataques e resistência? *In*: AVRITZER, Leonardo; KERCHE, Fábio; MARONA, Marjorie (org.). *Governo Bolsonaro: Retrocesso Democrático e Degradação Política*. Belo Horizonte: Autêntica, 2021. p. 175-186.

FAIRFIELD, Tasha; CHARMAN, Andrew E. *Social Inquiry and Bayesian Inference: Rethinking Qualitative Research*. New ed. Cambridge: Cambridge University Press, 2022.

FARZANEGAN, M. R.; HOFMANN, H. P. Effect of public corruption on the COVID-19 immunization progress. *Scientific Reports*, [*s. l.*], v. 11, n. 1, p. 23.423, 2021.

FINANCIAL ACTION TASK FORCE. *Outcomes FATF Plenary, 16-18 October 2019*. [*S. l.*], 2019. Página Institucional. Disponível em: https://www.fatf-gafi.org/en/publications/Fatfgeneral/Outcomes-plenary-october-2019.html. Acesso em: 15 jun. 2023.

FINANCIAL ACTION TASK FORCE; ORGANISATION FOR ECONOMIC CO-OPERATION AND DEVELOPMENT. *Mutual Evaluation Report – Anti-Money Laundering and Combating the Financing of Terrorism – Federative Republic of Brazil*. Paris, France: FATF/OECD, 2010. Disponível em: https://www.fatf-gafi.org/en/publications/Mutualevaluations/Mutualevaluationreportofbrazil.html. Acesso em: 15 jun. 2023.

FREEMAN, Richard. Learning in Public Policy. *In*: GOODIN, Robert; MORAN, Michael; REIN, Martin (org.). *The Oxford Handbook of Public Policy*. [*S. l.*]: Oxford University Press, 2006. p. 367–388. *E-book*. Disponível em: https://doi.org/10.1093/oxfordhb/9780199548453.003.0017. Acesso em: 16 jun. 2023.

GARLAND, David. *A cultura do controle: crime e ordem social na sociedade contemporânea*. Rio de Janeiro: Revan, 2008. *E-book*. Disponível em: https://www.lexml.gov.br/urn/urn:lex:br:rede.virtual.bibliotecas:livro:2008;000847699. Acesso em: 16 jun. 2023.

GELISKI, Leonardo. Brazil in the anti-corruption international system: international anticorruption conventions. *Transparência Internacional (não publicado)*, [*s. l.*],

GELISKI, Leonardo. *The politics of prosecution policies: specializing to fight organized crime*. No prelo. Tese (Doutorado em Políticas Públicas) – Universidade Federal do Rio Grande do Sul, Porto Alegre, no prelo.

GILARDI, Fabrizio. Four Ways We Can Improve Policy Diffusion Research. *State Politics & Policy Quarterly*, [*s. l.*], v. 16, n. 1, p. 8-21, 2016.

GOIÁS. Lei nº 20.254. Altera a Organização Judiciária do Estado de Goiás e dá outras providências. Goiânia, 3 ago. 2018. Disponível em: https://legisla.casacivil.go.gov.br/api/v2/pesquisa/legislacoes/100189/pdf. Acesso em: 20 ago. 2023.

GOIÁS. Lei nº 20.510. Altera a Lei nº 20.254, de 3 de agosto de 2018, para criar uma Vara dos Feitos Relativos a Delitos Praticados por Organização Criminosa e de Lavagem ou Ocultação de Bens, Direitos e Valores com Jurisdição no Estado de Goiás, e promove alterações na organização judiciária das Comarcas de Caiapônia e Goianira. Goiânia, 11 jul. 2019. Disponível em: https://legisla.casacivil.go.gov.br/api/v2/pesquisa/legislacoes/100712/pdf. Acesso em: 20 ago. 2023.

GONNET, Cecília. Mecanismos y actores en los procesos de difusión: discusión a partir de los casos de los Programas de Transferencia Condicionada en América Latina. *In*: FARIA, Carlos Aurélio Pimenta de; COÊLHO, Denilson Bandeira (org.). *Difusão de Políticas Públicas*. São Bernardo do Campo: Editora UFABC, 2016. p. 65-100.

GRAMCKOW, Heike; WALSH, Barry. *Developing Specialized Court Services: International Experiences and Lessons Learned*. Washington, DC: World Bank, 2013. Disponível em: https://openknowledge.worldbank.org/handle/10986/16677. Acesso em: 7 fev. 2023.

GRIGORESCU, A. *IGO Relations in the Anti-corruption Realm and in Promoting Integrity in Public Procurement*. Em: KOOPS, J. A.; BIERMANN, R. (org.). *Palgrave Handbook of InterOrganizational Relations in World Politics. London: Palgrave Macmillan UK*, 2017. p. 627-647. E-book. Disponível em: http://link.springer.com/10.1057/978-1-137-36039-7_30. Acesso em: 7 ago. 2022.

GUERZOVICH, Florencia; MICHELE, Roberto de. The Anticorruption Agenda in Latin America: National and International Developments. *In*: BLAKE, Charles H.; MORRIS, Stephen D. (org.). *Corruption and Politics in Latin America: National and Regional Dynamics*. Boulder, Colo: Lynne Rienner Publishers Inc, 2010. p. 193-218.

HALL, Peter A. Policy Paradigms, Social Learning, and the State: The Case of Economic Policymaking in Britain. *Comparative Politics*, [*s. l.*], v. 25, n. 3, p. 275-296, 1993.

HAMMERGREN, Linn. *Envisioning Reform: Improving Judicial Performance in Latin America*. University Park, Pa: Penn State University Press, 2007.

HANNAH-MOFFAT, Kelly; MAURUTTO, Paula. Shifting and targeted forms of penal governance: Bail, punishment and specialized courts. *Theoretical Criminology*, [*s. l.*], v. 16, n. 2, p. 201-219, 2012.

HARGROVE, Erwin C. *The Missing Link: The Study of the Implementation of Social Policy*. [*S. l.*]: Urban Institute, 1975.

HELMKE, Gretchen; RÍOS-FIGUEROA, Julio. *Courts in Latin America*. [*S. l.*]: Cambridge University Press, 2011.

INGRAM, Matthew C. *Crafting Courts in New Democracies: The Politics of Subnational Judicial Reform in Brazil and Mexico*. Reprint ed. New York, NY: Cambridge University Press, 2017.

INGRAM, Matthew C.; KAPISZEWSKI, Diana (org.). *Beyond High Courts: The Justice Complex in Latin America*. Notre Dame, Indiana: University of Notre Dame Press, 2019.

JAKOB, André. A experiência da ENCCLA: organizações e governança. *In*: COSTA, Arthur Trindade Maranhão; MACHADO, Bruno Amaral; ZACKSESKI, Cristina (org.). *A investigação e a persecução penal da corrupção e dos delitos econômicos: uma pesquisa empírica no sistema de justiça federal: Tomo II*. Brasília: Escola Superior do Ministério Público da União (ESMPU), 2016. v. 2, p. 227-352.

JONES, Bryan D. Causation, Constraint, and Political Leadership. *In*: JONES, Bryan D. (org.). *Leadership and Politics: New Perspectives in Political Science*. Illustrated ed. Lawrence, Kan: University Press of Kansas, 1989a. p. 3-16.

JONES, Bryan D. (org.). *Leadership and Politics: New Perspectives in Political Science*. Illustrated ed. Lawrence, Kan: University Press of Kansas, 1989b.

JORDAN, Andrew; BAUER, Michael W.; GREEN-PEDERSEN, Christoffer. Policy Dismantling. *Journal of European Public Policy*, [*s. l.*], v. 20, n. 5, p. 795-805, 2013.

KAPISZEWSKI, Diana; SILVERSTEIN, Gordon; KAGAN, Robert A. (org.). *Consequential Courts: Judicial Roles in Global Perspective*. Cambridge; New York: Cambridge University Press, 2013.

KAPISZEWSKI, Diana; TAYLOR, Matthew M. Doing Courts Justice? Studying Judicial Politics in Latin America. *Perspectives on Politics*, [*s. l.*], v. 6, n. 4, p. 741-767, 2008.

KARKLINS, Rasma. Typology of Post-Communist Corruption. *Problems of Post-Communism*, [*s. l.*], v. 49, n. 4, p. 22-32, 2002.

KERCHE, Fabio. *Virtude e Limites. Autonomia e Atribuições do Ministério Público no Brasil*. São Paulo, SP, Brasil: EDUSP, 2009.

KERCHE, Fábio. Bolsonaro, o MPF e o equilibrista-geral da República. *In*: AVRITZER, Leonardo; KERCHE, Fábio; MARONA, Marjorie (org.). *Governo Bolsonaro: Retrocesso Democrático e Degradação Política*. Belo Horizonte: Autêntica, 2021. p. 165-174.

KERCHE, Fábio; MARONA, Marjorie. *A política no banco dos réus: a Operação Lava Jato e a erosão da democracia no Brasil*. (Kindle). Belo Horizonte: Autêntica, 2022.

KINGDON, John W. *Agendas, Alternatives, and Public Policies*. 2. ed. New York: Pearson, 2002.

KNILL, Christoph et al. Policy dismantling, accumulation and performance. *In*: A MODERN GUIDE TO PUBLIC POLICY. [*S. l.*]: Edward Elgar Publishing, 2020. p. 242–264. *E-book*. Disponível em: https://www.elgaronline.com/display/edcoll/9781789904970/9781789904970.00025.xml. Acesso em: 16 jun. 2023.

KUVVET, Emre. Anti-corruption courts and foreign direct investments. *International Review of Economics & Finance*, [*s. l.*], v. 72, p. 573-582, 2021.

LANGER, Maximo. Revolution in Latin American Criminal Procedure: Diffusion of Legal Ideas from the Periphery. *American Journal of Comparative Law*, [*s. l.*], v. 55, n. 4, p. 617-676, 2007.

LEVCOVITZ, Silvio. *A corrupção e a atuação do judiciário federal 1991-2010*. 2014. 166 f. Doutorado (Ciência Política) – Universidade Federal de São Carlos, São Paulo, SP, 2014. Disponível em: https://repositorio.ufscar.br/handle/ufscar/1027?show=full. Acesso em: 16 jun. 2023.

LIMA, Renato Sérgio de; BUENO, Samira. *Anuário Brasileiro de Segurança Pública: 2014 a 2017 (Edição Especial 2018)*. São Paulo: Fórum Brasileiro de Segurança Pública, 2018. *E-book*. Disponível em: https://forumseguranca.org.br/wp-content/uploads/2018/09/FBSP_ABSP_edicao_especial_estados_faccoes_2018.pdf. Acesso em: 16 jun. 2023.

LONDERO, Daiane. *O desenvolvimento de capacidades institucionais do Ministério público federal no combate à corrupção (1988-2018)*. 2021. 354 f. Tese (Doutorado em Políticas Públicas) – Programa de Pós-Graduação em Políticas Públicas. Universidade Federal do Rio Grande do Sul, Porto Alegre, 2021. Disponível em: https://lume.ufrgs.br/handle/10183/225991. Acesso em: 3 mar. 2023.

LORA, Eduardo. *The State of State Reforms in Latin America*. New York, NY: Inter-American Development Bank; Stanford University Press, 2007. *E-book*. Disponível em: https://documents1.worldbank.org/curated/en/550461468269684873/pdf/387800PAPER0LA101OFFICIAL0USE0ONLY1.pdf. Acesso em: 8 fev. 2023.

MADEIRA, Lígia Mori. STF como ator político no Brasil: o papel do tribunal no julgamento de ações de políticas sociais entre 2003 e 2013. *Revista Debates*, [*s. l.*], v. 8, n. 3, p. 57-95, 2014.

MADEIRA, Lígia Mori et al. Judicial policy diffusion: a model to analyze specialized state courts fighting organized crime in Brazil. *Sociologies in*

Dialogue – Journal of the Brazilian Sociological Society, [*s. l.*], v. 5, n. 2, p. 24-51, 2019.

MADEIRA, Lígia Mori et al. Difusión de políticas judiciales: un modelo para analizar los tribunales estatales especializados en la lucha contra el crimen organizado en Brasil. *In*: AGUILAR, Azul A. Aguiar (org.). *No prelo (não publicado)*. [*S. l.: s. n.*], no prelo.

MADEIRA, Lígia Mori; GELISKI, Leonardo. Políticas sociais nos tribunais intermediários: Tribunais Regionais Federais em evidência. *Anuario de derecho constitucional latinoamericano*, Bogotá, Colombia, v. 23, p. [305]-326, 2017.

MADEIRA, Lígia Mori; GELISKI, Leonardo. The Federal Justice act in combating corruption in Southern Brazil. *Revista de Administração Pública*, [*s. l.*], v. 53, p. 987-1010, 2020.

MADEIRA, Lígia Mori; GELISKI, Leonardo. An Analytical Model of the Institutional Design of Specialized Anti-corruption Courts in the Global South: Brazil and Indonesia in Comparative Perspective*. *Dados*, [*s. l.*], v. 64, 2021. Disponível em: http://www.scielo.br/j/dados/a/bQ7GJkZxgkh5hnyfh8tPBcC/abstract/?lang=en. Acesso em: 7 fev. 2023.

MADEIRA, Lígia Mori; PAPI, Luciana Pazini; CARVALHO, Luísa Barreto. Policy dismantling: bases, conceitos e desdobramentos de(em) um framework de policy change de polo negativo. *In*: OLIVEIRA, Vanessa Elias de (org.). *Novas Perspectivas Analíticas em Políticas Públicas*. [*S. l.: s. n.*], No prelo (não publicado).

MADEIRA, Lígia Mori; RODRIGUES, Alexandre Ben. Novas bases para as políticas públicas de segurança no Brasil a partir das práticas do governo federal no período 2003-2011. *Revista de Administração Pública*, v. 49, p. 3-22, 2015.

MADRUGA, Antenor. Origens da ENCCLA. *In*: SECRETARIA NACIONAL DE JUSTIÇA; DEPARTAMENTO DE RECUPERAÇÃO DE ATIVOS E COOPERAÇÃO JURÍDICA INTERNACIONAL (org.). *Enccla: Estratégia nacional de combate à corrupção e à lavagem de dinheiro: 10 anos de organização do estado brasileiro contra o crime organizado*. Brasília: Ministério da Justiça, 2012. *E-book*. Disponível em: http://enccla.camara.leg.br/quem-somos/enccla-10-anos. Acesso em: 16 jun. 2023.

MAGGETTI, Martino; GILARDI, Fabrizio. Problems (and solutions) in the measurement of policy diffusion mechanisms. *Journal of Public Policy*, [*s. l.*], v. 36, n. 1, p. 87-107, 2016.

MANSO, Bruno Paes; DIAS, Camila Nunes. *A Guerra: a ascensão do PCC e o mundo do crime no Brasil*. São Paulo, SP: Todavia, 2018.

MARANHÃO. *Lei Complementar nº 188*. Altera a redação dos dispositivos da Lei Complementar nº 14, de 17 de dezembro de 1991 (Código da Divisão e Organização Judiciária do Estado do Maranhão); acrescenta dispositivos à própria Lei Complementar e dá outras providências. São Luís, 18 mai. 2017. Disponível em: http://arquivos.al.ma.leg.br:8080/ged/legislacao/LC_188#:~:text=LEI%20COMPLEMENTAR%20N%C2%BA%20188%20DE,Complementar%20e%20d%C3%A1%20outras%20provid%C3%AAncias. Acesso em: 20 ago. 2023.

MARINHO JR., Inezil Penna. *Processo Penal nos Crimes Federais*. 2ª ed. Salvador: Editora JusPODIVM, 2023. *E-book*. Disponível em: Acesso em: 4 jun. 2023.

MARONA, Marjorie; KERCHE, Fábio. From the Banestado Case to Operation Car Wash: Building an Anti-Corruption Institutional Framework in Brazil*. *Dados*, [*s. l.*], v. 64, 2021. Disponível em: http://www.scielo.br/j/dados/a/PsJQh5QJJSrDcCN86xh5NfC/. Acesso em: 8 fev. 2023.

MATHIAS, Carlos Fernando. *Notas para uma história do judiciário no Brasil*. Brasília: FUNAG, 2009.

MATO GROSSO. *Lei complementar nº 313*. Altera a redação do Art. 14, caput e §§ 1º e 2º, da Lei nº 4.964, de 26 de dezembro de 1985, modificada pela Lei Complementar nº 281, de 27 de setembro de 2007, e dá outras providências. Cuiabá, 16 abr. 2008. Disponível em: https://leisestaduais.com.br/mt/lei-complementar-n-313-2008-mato-grosso-altera-a-redacao-do-art-14-caput-e-1-e-2-da-lei-n-4964-de-26-de-dezembro-de-1985-modificada-pela-lei-complementar-n-281-de-27-de-setembro-de-2007-e-da-outras-providencias. Acesso em: 20 ago. 2023.

MECANISMO de Acompanhamento da Implementação da Convenção Interamericana contra a Corrupção. *República Federativa do Brasil – Relatório Final (Aprovado na Sessão Plenária de 14 de setembro de 2012). OEA/Ser.L., SG/MESICIC/doc.330/12 rev. 4*. Washington, DC: OEA, 2012. Disponível em: http://www.oas.org/juridico/PDFs/mesicic4_bra_por.pdf. Acesso em: 6 jun. 2023.

MECANISMO de Acompanhamento da Implementação da Convenção Interamericana contra a Corrupção. *República Federativa do Brasil – Relatório Final (Aprovado na Sessão Plenária de 15 de Março de 2018). OEA/Ser.L., SG/*

MESICIC/doc.518/17 rev. 4. Washington, DC: OEA, 2018. Disponível em: http://www.oas.org/juridico/PDFs/mesicic5_bra_rep_por.pdf. Acesso em: 6 jun. 2023.

MENA, Fernanda. *Facções criminosas disputam rotas do tráfico na área do Trapézio Amazônico*. [*S. l.*], 2017. Jornal – Portal de Notícias. Disponível em: https://www1.folha.uol.com.br/paywall/login.shtml?https://www1.folha.uol.com.br/cotidiano/2017/01/1846819-faccoes-disputam-rotas-de-trafico-na-regiao-do-trapezio-amazonico.shtml. Acesso em: 17 jun. 2023.

MENDEZ, Juan E.; O'DONNELL, Guillermo; PINHEIRO, Paulo Sergio (org.). *(Un)Rule of Law and the Underprivileged in Latin America*. Notre Dame, Ind: University of Notre Dame Press, 1999.

MESEGUER, Covadonga. Rational Learning and Bounded Learning in the Diffusion of Policy Innovations. *Rationality and Society*, [*s. l.*], v. 18, n. 1, p. 35-66, 2006.

MILLER, Banks; CURRY, Brett. Expertise, Experience, and Ideology on Specialized Courts: The Case of the Court of Appeals for the Federal Circuit. *Law & Society Review*, [*s. l.*], v. 43, n. 4, p. 839-864, 2009.

MOROFF, Holger. Fighting corruption globally: A case of norm diffusion in international relations. *In*: UNDERSTANDING GLOBAL POLITICS. [*S. l.*]: Routledge, 2019. p. 391-407. *E-book*. Disponível em: https://www.taylorfrancis.com/books/9781134818600/chapters/10.4324/9781315545288-26.

MUGARURA, Norman. The institutional framework against money laundering and its underlying predicate crimes. *Journal of Financial Regulation and Compliance*, [*s. l.*], v. 19, n. 2, p. 174-194, 2011.

MUNGIU-PIPPIDI, Alina. *The Quest for Good Governance: How Societies Develop Control of Corruption*. Cambridge: Cambridge University Press, 2015.

O'DONNELL, Guillermo. Horizontal Accountability in New Democracies. *In*: SCHEDLER, Andreas; DIAMOND, Larry Jay; PLATTNER, Marc F. (org.). *The Self-restraining State: Power and Accountability in New Democracies*. [*S. l.*]: Lynne Rienner Publishers, 1999.

OEA, Departamento de Cooperação Jurídica. *A Convenção e o MESICIC: Brasil – Estado Parte da Convenção Interamericana contra a Corrupção*. Washington, D.C., [*s. d.*]. Página Institucional. Disponível em: http://www.oas.org/juridico/portuguese/bra.htm. Acesso em: 6 jun. 2023.

OLIVEIRA, Vanessa Elias de. Apresentação. *In*: OLIVEIRA, Vanessa Elias de (org.). *Judicialização de políticas públicas no Brasil*. Rio de Janeiro, RJ: Editora Fiocruz, 2019a. p. 15-39.

OLIVEIRA, Vanessa Elias de (org.). *Judicialização de políticas públicas no Brasil*. Rio de Janeiro: Fiocruz, 2019b.

OLIVEIRA, Marcus Vinicius Berno N. de; MACHADO, Bruno Amaral. O fluxo do sistema de justiça como técnica de pesquisa no campo da segurança pública / The flux of the justice system as a technique for empirical research in the field of public security. *Revista Direito e Práxis*, [*s. l.*], v. 9, n. 2, p. 781-809, 2018.

ORGANISATION FOR ECONOMIC CO-OPERATION AND DEVELOPMENT. *Brazil: Phase 1 – Review of Implemantation of the Convention and 1997 Recommendation*: Report on Implementing the OECD Anti-Bribery Convention. Paris, France: OECD Working Group on Bribery, 2004. Report on Implementing the OECD Anti-Bribery Convention. Disponível em: https://www.oecd.org/daf/anti-bribery/anti-briberyconvention/33742137.pdf. Acesso em: 3 abr. 2023.

ORGANISATION FOR ECONOMIC CO-OPERATION AND DEVELOPMENT. *Brazil: Phase 2. Report on the Application of the Convention on Comabating Bribery of Foreign Public Officials in International Business Transactions and the 1997 Recommendation on Combating Bribery in International Business Transactions*: Report on Implementing the OECD Anti-Bribery Convention. Paris, France: OECD Working Group on Bribery, 2007. Report on Implementing the OECD Anti-Bribery Convention. Disponível em: https://www.oecd.org/daf/anti-bribery/anti-briberyconvention/39801089.pdf. Acesso em: 3 abr. 2023.

ORGANISATION FOR ECONOMIC CO-OPERATION AND DEVELOPMENT. *Brazil: Phase 2. Follow-Up Report on the Implementation of the Phase 2 Recommendations*: Report on Implementing the OECD Anti-Bribery Convention. Paris, France: OECD Working Group on Bribery, 2010. Report on Implementing the OECD Anti-Bribery Convention. Disponível em: https://www.oecd.org/daf/anti-bribery/anti-briberyconvention/45518279.pdf. Acesso em: 3 abr. 2023.

ORGANISATION FOR ECONOMIC CO-OPERATION AND DEVELOPMENT. *Phase 3 Report on Implementing the OECD Anti-Bribery Convention in Brazil*: Report on Implementing the OECD Anti-Bribery

Convention. Paris, France: OECD Working Group on Bribery, 2014a. Report on Implementing the OECD Anti-Bribery Convention. Disponível em: https://www.oecd.org/daf/anti-bribery/Brazil-Phase-3-Report-EN.pdf. Acesso em: 3 abr. 2023.

ORGANISATION FOR ECONOMIC CO-OPERATION AND DEVELOPMENT. *Phase 3 Report on Implementing The OECD Anti-Bribery Convention in Brazil*: Report on Implementing the OECD Anti-Bribery Convention. Paris, France: OECD Working Group on Bribery, 2014b. Report on Implementing the OECD Anti-Bribery Convention. Disponível em: https://www.oecd.org/daf/anti-bribery/Brazil-Phase-3-Report-EN.pdf. Acesso em: 3 abr. 2023.

ORGANISATION FOR ECONOMIC CO-OPERATION AND DEVELOPMENT. *Brazil: Follow-Up to the Report & Recommendations*: Report on Implementing the OECD Anti-Bribery Convention. [*S. l.*]: OECD Working Group on Bribery, 2017. Report on Implementing the OECD Anti-Bribery Convention. Disponível em: https://www.oecd.org/corruption/anti-bribery/Brazil-Phase-3-Written-Follow-Up-Report-ENG.pdf. Acesso em: 4 abr. 2023.

PAIVA, Luiz Flávio. Dinâmicas das violências em tempos de facções criminosas no Ceará. *In*: ASSEMBLEIA LEGISLATIVA DO ESTADO DO CEARÁ (org.). *Cada vida importa: relatório do segundo semestre de 2017 do Comitê Cearense pela Prevenção de Homicídios na Adolescência*. Fortaleza, Ceará: Assembleia Legislativa do Estado do Ceará, 2017. v. 2017.2, p. 23-26. *E-book*. Disponível em: https://cadavidaimporta.com.br/wp-content/uploads/2018/05/Relato%CC%81rio-2017.2-CORRIGIDO.pdf. Acesso em: 17 jun. 2023.

PETERS, B. Guy. *The Politics of Bureaucracy: An Introduction to Comparative Public Administration*. 5th editioned. New York: Routledge, 2010.

PIAUÍ HOJE. *TJ-PI e Governo Estadual firmam parceira para reestruturação da Justiça Criminal*. [*S. l.*], 2023. Portal de Notícias. Disponível em: https://piauihoje.com/noticias/politica/tj-pi-e-governo-estadual-firmam-parceira-para-reestruturacao-da-justica-criminal-415953.html. Acesso em: 17 jun. 2023.

PIERSON, Paul. *Dismantling the Welfare State? Reagan, Thatcher and the Politics of Retrenchment*. Cambridge: Cambridge University Press, 1994.

POWER, Timothy J.; TAYLOR, Matthew M. Conclusion: The Web of Accountability Institutions in Brazil. *In*: POWER, Timothy J.; TAYLOR,

Matthew M. (org.). *Corruption and Democracy in Brazil: The Struggle for Accountability*. Illustrated ed. Notre Dame, Ind: University of Notre Dame Press, 2011a, p. 250-275.

POWER, Timothy J.; TAYLOR, Matthew M. (org.). *Corruption and Democracy in Brazil: The Struggle for Accountability*. Illustrated ed. Notre Dame, Ind: University of Notre Dame Press, 2011b.

POWER, Timothy J.; TAYLOR, Matthew M. Introduction: Accountability Institutions and Political. *In*: POWER, Timothy J.; TAYLOR, Matthew M. (org.). *Corruption and Democracy in Brazil: The Struggle for Accountability*. Illustrated ed. Notre Dame, Ind: University of Notre Dame Press, 2011c, p. 1-28.

PRESSMAN, Jeffrey L.; WILDAVSKY, Aaron. *Implementation: How Great Expectations in Washington Are Dashed in Oakland; Or, Why It's Amazing that Federal Programs Work at All, This Being a Saga of the Economic Development Administration as Told by Two Sympathetic Observers Who Seek to Build Morals on a Foundation*. [*S. l.*]: University of California Press, 1984.

QUAH, Jon S.T. Defying institutional failure: learning from the experiences of anti-corruption agencies in four Asian countries. *Crime, Law and Social Change*, [*s. l.*], v. 53, n. 1, p. 23-54, 2010.

REID, Traciel V. Judicial Policy-Making and Implementation: An Empirical Examination. *The Western Political Quarterly*, [*s. l.*], v. 41, n. 3, p. 509-527, 1988.

RICKS, Jacob I.; LIU, Amy H. Process-Tracing Research Designs: A Practical Guide. *PS: Political Science & Politics*, [*s. l.*], v. 51, n. 4, p. 842-846, 2018.

RÍOS-FIGUEROA, Julio; STATON, Jeffrey K. *Unpacking the Rule of Law: A Review of Judicial Independence Measures*. Versão 1434234. Rochester, NY: [*s. n.*], 2009. SSRN Scholarly Paper. Disponível em: https://papers.ssrn.com/abstract=1434234. Acesso em: 16 jun. 2023.

RÍOS-FIGUEROA, Julio; STATON, Jeffrey K. An Evaluation of Cross-National Measures of Judicial Independence. *Journal of Law, Economics, & Organization*, [*s. l.*], v. 30, n. 1, p. 104-137, 2014.

RÍOS-FIGUEROA, Julio; TAYLOR, Matthew M. Institutional Determinants of the Judicialisation of Policy in Brazil and Mexico. *Journal of Latin American Studies*, [*s. l.*], v. 38, n. 4, p. 739-766, 2006.

RISSE-KAPPEN, Thomas. Bringing transnational relations back in: introduction. *In*: RISSE-KAPPEN, Thomas (org.). *Bringing Transnational*

Relations Back In: Non-State Actors, Domestic Structures and International Institutions. Cambridge: Cambridge University Press, 1995. (Cambridge Studies in International Relations). p. 3–34. *E-book*. Disponível em: https://www.cambridge.org/core/books/bringing-transnational-relations-back-in/bringing-transnational-relations-back-in-introduction/61857222393F1F31093AC8C28EA456A5. Acesso em: 8 jun. 2023.

RODRIGUES, Fabiana Alves. *Lava Jato: Aprendizado institucional e ação estratégica na Justiça*. (Kindle)ed. São Paulo: WMF Martins Fontes, 2020.

ROGERS, Everett M. *Diffusion of Innovations,* 5th ed. New York: Free Press, 2003.

RORAIMA. *Lei Complementar nº 154*. Altera os artigos 31 e 41 da Lei Complementar nº 002, de 22 de setembro de 1993, e dá outras providências. Boa Vista, 30 dez. 2009. Disponível em: https://www.tjrr.jus.br/legislacao/phocadownload/LeisComplementaresEstaduais/2009/Lei_Comp_Est_154-2009.pdf. Acesso em: 20 ago. 2023.

ROSE-ACKERMAN, Susan. Introduction: The Role of International Actors in Fighting Corruption. *In*: ROSE-ACKERMAN, Susan (org.). *Anti-Corruption Policy: Can International Actors Play a Constructive Role?* Illustrated ed. Durham, North Carolina: Carolina Academic Press, 2013. p. 3-38.

ROSE-ACKERMAN, Susan; PALIFKA, Bonnie J. *Corruption and Government: Causes, Consequences, and Reform*. 2. ed. (Kindle)ed. New York, NY: Cambridge University Press, 2016.

ROTBERG, Robert I. *The Corruption Cure: How Citizens and Leaders Can Combat Graft*. (Kindle)ed. Princeton, New Jersey: Princeton University Press, 2017.

ROTH, Mitchel P. *Global Organized Crime: A Reference Handbook*. Illustrated ed. Santa Barbara, Calif: ABC-CLIO, 2010.

ROTHSTEIN, Bo; VARRAICH, Aiysha. *Making Sense of Corruption*. Cambridge: Cambridge University Press, 2017. *E-book*.

ROURKE, Francis Edward. *Bureaucracy, Politics, and Public Policy*. Boston: Harper Collins, 1984.

SANCHOTENE, Salise Monteiro. 10 anos da Estratégia Nacional de Combate à Corrupção e à Lavagem de Dinheiro. *In*: SECRETARIA NACIONAL DE JUSTIÇA; DEPARTAMENTO DE RECUPERAÇÃO DE ATIVOS E COOPERAÇÃO JURÍDICA INTERNACIONAL (org.). *Enccla: Estratégia nacional de combate à corrupção e à lavagem de dinheiro: 10 anos de organização do estado brasileiro contra o crime organizado.* Brasília: Ministério da Justiça, 2012. p. 71. *E-book.* Disponível em: http://enccla.camara.leg.br/quem-somos/enccla-10-anos. Acesso em: 16 jun. 2023.

SECRETARIA NACIONAL DE JUSTIÇA; DEPARTAMENTO DE RECUPERAÇÃO DE ATIVOS E COOPERAÇÃO JURÍDICA INTERNACIONAL (org.). *Enccla: Estratégia nacional de combate à corrupção e à lavagem de dinheiro: 10 anos de organização do estado brasileiro contra o crime organizado.* Brasília: Ministério da Justiça, 2012. *E-book.* Disponível em: http://enccla.camara.leg.br/quem-somos/enccla-10-anos. Acesso em: 16 jun. 2023.

SEILER, N.; MADIR, J. Fight against Corruption: Sanctions Regimes of Multilateral Development Banks. *Journal of International Economic Law*, [*s. l.*], v. 15, nº 1, p. 5-28, 2012.

SHAPIRO, Martin; SWEET, Alec Stone. *On Law, Politics, and Judicialization.* [*S. l.*]: Oxford University Press, 2002.

SIEDER, Rachael; SCHJOLDEN, Line; ANGELL, Alan (org.). *The Judicialization of Politics in Latin America.* New York, NY: Palgrave MacMillan, 2005. (Studies of the Americas). *E-book.* Disponível em: https://link.springer.com/book/10.1007/978-1-137-10887-6. Acesso em: 17 jul. 2023.

SILVA, Daniel. *O GLOBO: TJ-PI está entre os únicos 2 tribunais do país com varas exclusivas para julgar crime organizado e lavagem de dinheiro | Tribunal de Justiça do Piauí.* [*S. l.*], 2018. Página Institucional. Disponível em: https://www.tjpi.jus.br/portaltjpi/tjpi/noticias-tjpi/o-globo-tj-pi-esta-entre-os-unicos-2-tribunais-do-pais-com-varas-exclusivas-para-lavagem-de-dinheiro-e-crime-organizado/. Acesso em: 17 jun. 2023.

SIMMONS, Beth A. International Law and International Relations. *In*: WHITTINGTON, Keith E.; KELEMEN, R. Daniel; CALDEIRA, Gregory A. (org.). *The Oxford Handbook of Law and Politics.* [*S. l.*]: OUP Oxford, 2010.

SORDI, Neide Alves Dias de. CEJ: produção, gestão e disseminação do conhecimento na Justiça Federal. *Revista CEJ*, [*s. l.*], 2016. Disponível em: https://revistacej.cjf.jus.br/cej/index.php/revcej/article/view/2127. Acesso em: 4 jun. 2023.

SOUSA, Luís de. Anti-corruption agencies: between empowerment and irrelevance. *Crime, Law and Social Change*, [*s. l.*], v. 53, n. 1, p. 5-22, 2010.

STEPHENSON, Matthew C.; SCHÜTTE, Sofie Arjon. Specialised anti-corruption courts: A comparative mapping. *U4 Issue*, [*s. l.*], n. 7, p. 1-36, 2016.

STEPHENSON, Matthew C.; SCHÜTTE, Sofie Arjon. Specialised anti-corruption courts – A comparative mapping (2022 update). *U4 Issue*, [*s. l.*], n. 14, p. 1-51, 2022.

STONE, Diane; OLIVEIRA, Osmany; PAL, Leslie A. Transnational policy transfer: the circulation of ideas, power and development models, *Policy and Society*, [*s. l.*], v. 39, n. 1, p. 1-18, 2019. Disponível em: https://www.tandfonline.com/doi/full/10.1080/14494035.2019.1619325. Acesso em: 11 ago. 2023.

SUPERIOR TRIBUNAL DE JUSTIÇA. Superior Tribunal de Justiça – STJ, Quinta Turma. Habeas Corpus nº 237.956/MT. HC n. 237.956/MT, julgado em 5/6/2014, DJe de 12/6/2014. *Min. Jorge Mussi*, Brasília, 5 jun. 2014.

SUPERIOR TRIBUNAL DE JUSTIÇA. Superior Tribunal de Justiça – STJ, Quinta Turma. Recurso em Habeas Corpus nº 46.881/RJ. RHC nº 46.881/RJ, julgado em 4/9/2018, DJe de 14/9/2018. *Min. Ribeiro Dantas*, Brasília, 4 set. 2018a.

SUPERIOR TRIBUNAL DE JUSTIÇA. Superior Tribunal de Justiça – STJ, Sexta Turma. Recurso em Habeas Corpus nº 93.295/RJ. RHC n. 93.295/RJ, julgado em 16/8/2018, DJe de 28/8/2018. *Min. Rogerio Schietti Cruz*, Brasília, 16 ago. 2018b.

SUPERIOR TRIBUNAL DE JUSTIÇA. Superior Tribunal de Justiça – STJ, Quinta Turma. Agravo Regimental do Recurso Ordinário em Habeas Corpus nº 115.811/ES. AgRg no RHC nº 115.811/ES, julgado em 15/8/2019, DJe de 22/8/2019. *Min. Jorge Mussi*, Brasília, 15 ago. 2019.

SUPREMO TRIBUNAL FEDERAL. Supremo Tribunal Federal – STF, Primeira Turma. Habeas Corpus nº 85060. HC 85060, Primeira Turma, julgado em 23/09/2008, PUBLIC 13-02-2009. *Min. Eros Graus*, Brasília, 23 set. 2008a.

SUPREMO TRIBUNAL FEDERAL. Supremo Tribunal Federal – STF, Segunda Turma. Habeas Corpus nº 94146. HC nº 94.146, Segunda Turma, julgado em 21/10/2008, DJe-211 DIVULG 06-11-2008 PUBLIC 07-11-2008 EMENT VOL-02340-03 PP-00483 RTJ VOL-00207-03 PP-01181. *Min. Ellen Gracie*, Brasília, 21 out. 2008b.

SUPREMO TRIBUNAL FEDERAL. Supremo Tribunal Federal – STF. Ação Direta de Inconstitucionalidade de nº 4414. Origem: AL-Alagoas. *Min. Luiz Fux*, Brasília, p.259, 31 maio de 2012a. Disponível em: https://portal.stf.jus.br/processos/downloadPeca.asp?id=148211182&ext=.pdf. Acesso em: 16 jun. 2023.

SUPREMO TRIBUNAL FEDERAL. Informativo STF nº 668 (Organização criminosa e vara especializada). *Informativo STF*, Brasília, 28 maio 2012b. Disponível em: https://www.stf.jus.br/arquivo/informativo/documento/informativo668.htm. Acesso em: 5 jun. 2023.

SUPREMO TRIBUNAL FEDERAL. Supremo Tribunal Federal – STF. Petição nº 7.319/DF. *Min. Edison Fachin*, Brasília, 27 mar. 2018. Disponível em: https://portal.stf.jus.br/processos/downloadPeca.asp?id=314292304&ext=.pdf. Acesso em: 16 jun. 2023.

SUPREMO TRIBUNAL FEDERAL. Supremo Tribunal Federal – STF. Ação Direta de Inconstitucionalidade de nº 6649. Origem: DF-Distrito Federal. *Min. Gilmar Mendes*, Brasília, 15 set. 2022a. Disponível em: https://portal.stf.jus.br/processos/detalhe.asp?incidente=6079238.

SUPREMO TRIBUNAL FEDERAL. Supremo Tribunal Federal – STF. Arguição de Descumprimento de Preceito Fundamental de nº 695. Origem: DF-Distrito Federal. *Min. Gilmar Mendes*, Brasília, 15 set. 2022b. Disponível em: https://portal.stf.jus.br/processos/detalhe.asp?incidente=5938693.

SUPREMO TRIBUNAL FEDERAL. *STF valida compartilhamento de dados mediante requisitos*. [*S. l.*], 2022c. Página Institucional. Disponível em: https://portal.stf.jus.br/noticias/verNoticiaDetalhe.asp?idConteudo=494227. Acesso em: 15 jun. 2023.

TAYLOR, Matthew M. O judiciário e as políticas públicas no Brasil. *Dados*, v. 50, p. 229-257, 2007.

TAYLOR, Matthew M. *Judging Policy: Courts and Policy Reform in Democratic Brazil.* Stanford, CA: Stanford University Press, 2008.

TJAC. Tribunal de Justiça do Estado do Acre. *Resolução nº 229/2018*. Altera a Resolução nº 154, de 2 de fevereiro de 2011, que dispõe sobre as Unidades Judiciárias do Poder Judiciário do Estado do Acre, sua denominação e competência. Rio Branco, 21 nov. 2018. Disponível em: https://www.tjac.jus.br/wp-content/uploads/2018/11/Resolucao_TPADM_TJAC_229_2018.pdf. Acesso em: 20 ago. 2023.

TJAL. *Comitiva do Ceará conhece funcionamento da 17ª Vara Criminal de Maceió: Unidade é especializada no combate ao crime organizado; modelo semelhante deverá ser implantado em Fortaleza*. Maceió, 2018. Página Institucional. Disponível em: https://www.tjal.jus.br/?pag=verNoticia&not=13166. Acesso em: 17 jun. 2023.

TJMG. Tribunal de Justiça do Estado de Minas Gerais. *Resolução nº 956/2020.* Altera a denominação e a competência de Varas da Comarca de Belo

Horizonte e dá outras providências. Belo Horizonte, 28 dez. 2020. Disponível em: http://www8.tjmg.jus.br/institucional/at/pdf/re09562020.pdf. Acesso em: 20 ago. 2023.

TJMT. Tribunal de Justiça do Estado do Mato Grosso. *Provimento nº 004/2008/CM*. Atribui nova competência e denominação a Varas Judiciais da Comarca de Cuiabá. Cuiabá, 26 fev. 2008. Disponível em: http://www.tjmt.jus.br/intranet.arq/downloads/Conselho%20da%20Magistratura/Provimentos/004.2008_Atribui%20compet%C3%AAncia%20e%20denomina%C3%A7%C3%A3o%20%C3%A0s%20Varas%20de%20Cuiab%C3%A1.doc. Acesso em: 20 ago. 2023.

TJPA. Tribunal de Justiça do Estado do Pará. *Resolução nº 008/2007-GP*. Especializa a competência da 20ª Vara Criminal da Capital, criada pela Lei nº6.480, de 13 de setembro de 2002, e ainda não instalada, para processar e julgar os crimes praticados por organizações criminosas. Belém, 1 mar. 2007. Disponível em: https://www.tjpa.jus.br/CMSPortal/VisualizarArquivo?idArquivo=8722. Acesso em: 17 jun. 2023.

TJPA. Tribunal de Justiça do Estado do Pará. *Resolução nº 004/2009-GP*. Dispõe sobre a redefinição de competência da Vara de Combate às Organizações Criminosas. Belém, 2009. Disponível em: https://www.tjpa.jus.br/CMSPortal/VisualizarArquivo?idArquivo=8671. Acesso em: 17 jun. 2023.

TJPA. Tribunal de Justiça do Estado do Pará. *Resolução nº 008/2013-GP*. Altera a competência da Vara de Entorpecentes e Combate às Organizações Criminosas, redistribui a competência para processar e julgar os Crimes de Entorpecentes e dá outras providências. Belém, 2013. Disponível em: https://www.tjpa.jus.br/CMSPortal/VisualizarArquivo?idArquivo=9376. Acesso em: 17 jun. 2023.

TJPA. Tribunal de Justiça do Estado do Pará. *Resolução nº 026/2014-GP*. Atualiza a denominação, classifica e renumera as unidades judiciárias criminais comuns e especializadas da Capital, as distritais, as unidades das Comarcas de Abaetetuba, Altamira, Ananindeua, Marabá, Paragominas, Parauapebas, Redenção e Sentarém, respeitadas as competências estabelecidas pelas normas respectivas. Belém, 26 nov. 2014. Disponível em: https://www.tjpa.jus.br/CMSPortal/VisualizarArquivo?idArquivo=13055. Acesso em: 20 ago. 2023.

TJRJ. Tribunal de Justiça do Estado do Rio de Janeiro. *Resolução TJ/OE/RJ nº 10/2019*. Cria a 1ª Vara Especializada Criminal da Comarca da Capital, por transformação, da 25ª Vara Criminal da Comarca da Capital. Rio de Janeiro, 1 jul. 2019. Disponível em: http://www4.tjrj.jus.br/biblioteca/index.asp?codigo_sophia=217124&integra=1. Acesso em: 20 ago. 2023.

TJRR. Tribunal de Justiça do Estado de Roraima. *Resolução nº 12*. Fixa a competência da 2ª Vara Criminal da Comarca de Boa Vista para processar e julgar as causas decorrentes da prática de Crime Organizado e de lavagem ou ocultação de bens, direitos e valores. Boa Vista, 6 ago. 2008. Disponível em: https://www.tjrr.jus.br/legislacao/phocadownload/Resolucoes/TribunalPleno/2021/12_2021_.pdf. Acesso em: 20 ago. 2023.

TJRS. Tribunal de Justiça do Estado do Rio Grande do Sul. *Resolução nº 1.250/2019-COMAG*. Especializa a 17ª Vara Criminal da Comarca de Porto Alegre para o processo e julgamento dos feitos relacionados aos crimes de 'lavagem' ou ocultação de bens, direitos e valores e/ou praticados por organizações criminosas, e dá outras providências. Porto Alegre, 5 fev. 2019. Disponível em: https://www.tjrs.jus.br/publicacoes/publ_adm_xml/documento.php?cc=2&ct=3&ap=2019&np=1250&sp=1. Acesso em: 20 ago. 2023.

TJSC. Tribunal de Justiça do Estado de Santa Catarina. *Resolução nº 01/2013 – Conselho da Magistratura*. Instituir, em regime de exceção, unidade para processar os Inquéritos Policiais e as medidas cautelares nos Inquéritos Policiais, bem como processar e julgar as ações referentes a ilícitos praticados pelo Crime Organizado (Lei n. 9.034, de 3 de maio de 1995), da Região Metropolitana de Florianópolis, oriundos das comarcas da Capital, de Biguaçu, de Palhoça, de Santo Amaro da Imperatriz e de São José. Florianópolis, 22 fev. 2013. Disponível em: http://busca.tjsc.jus.br/buscatextual/integra.do?cdSistema=1&cdDocumento=172060&cdCategoria=1&q=crime%20organizado&frase=&excluir=&qualquer=&prox1=&prox2=&proxc=. Acesso em: 17 jun. 2023.

TJSC. Tribunal de Justiça do Estado de Santa Catarina. *Resolução nº 12/2013-TJ*. Denomina, define a competência e regulamenta a instalação e funcionamento da unidade estabelecida em regime de exceção pela Resolução nº 1/2013-CM, de 19 de fevereiro de 2013. Florianópolis, 5 jun. 2013. Disponível em: https://busca.tjsc.jus.br/buscatextual/integra.do?cdSistema=1&cdDocumento=2932&cdCategoria=1&q=&frase=&excluir=&qualquer=&prox1=&prox2=&proxc=. Acesso em: 20 ago. 2023.

TJSC. Tribunal de Justiça do Estado de Santa Catarina. *Resolução nº 6 do Tribunal de Justiça*. Disciplina a competência e a instalação de vara criada pela

Lei Complementar estadual n. 516, de 8 de setembro de 2010, e transformada em vara de entrância especial pela Lei Complementar estadual n. 659, de 5 de novembro de 2015, na comarca da Capital, extingue a Unidade de Apuração de Crimes Praticados por Organizações Criminosas da Região Metropolitana de Florianópolis e a Unidade Judiciária de Cooperação do Sul da Ilha, redefine a denominação e a competência do Juizado Especial Criminal do Foro do Continente e Unidade de Delitos de Trânsito da comarca da Capital, e dá outras providências. Florianópolis, 2 maio 2018. Disponível em: https://busca.tjsc.jus.br/buscatextual/integra.do?cdSistema=1&cdDocumento=171852&cdCategoria=1&q=Resolu%E7%E3o&frase=&excluir=&qualquer=&prox1=&prox2=&proxc=. Acesso em: 20 ago. 2023.

TJSP. Tribunal de Justiça do Estado de São Paulo. *Resolução nº 811/2019*. Remaneja a competência das 33ª e 34ª Varas Criminais para 1ª e 2ª Varas de Crimes Tributários, Organização Criminosa e Lavagem de Bens e Valores da Capital, respectivamente. São Paulo, 27 nov. 2019. Disponível em: https://www.conjur.com.br/dl/resolucao-tj-sp-fixa-regras-remuneracao.pdf. Acesso em: 20 ago. 2023.

TJSP. *TJSP instala duas Varas Especializadas em Crimes Tributários, Organização Criminosa e Lavagem de Bens e Valores*. São Paulo, 2019. Página Institucional. Disponível em: https://www.tjsp.jus.br/Noticias/Noticia?codigoNoticia=59664. Acesso em: 20 ago. 2023.

TOURINHO, Marcos. Brazil in the global anticorruption regime. *Revista Brasileira de Política Internacional*, [*s. l.*], v. 61, 2018. Disponível em: http://www.scielo.br/j/rbpi/a/Qq9qqBCyn6mXfJNyRF5MQRH/abstract/?lang=en. Acesso em: 8 fev. 2023.

TRF1. Tribunal Regional Federal da 1ª Região. *Resolução nº 600-21, de 19 de dezembro de 2003*. Dispõe sobre a especialização de varas criminais para processar e julgar, na Justiça Federal, crimes contra o sistema financeiro nacional e de lavagem ou ocultação de bens, direitos e valores e dá outras providências. Brasília, 19 dez. 2003. Disponível em: http://www.trf1.jus.br/dspace/handle/123/11648. Acesso em: 16 jun. 2023.

TRF1. Tribunal Regional Federal da 1ª Região. *Resolução Presi/Cenag nº 12, de 13 de abril de 2010*. Dispõe sobre a especialização da 3ª Vara Federal da Seção Judiciária de Rondônia em matéria criminal. Brasília, 13 abr. 2010. Disponível em: https://portal.trf1.jus.br/dspace/handle/123/24143. Acesso em: 20 ago. 2023.

TRF1. Tribunal Regional Federal da 1ª Região. *Resolução PRESI/SECGE nº 7, de 23 de abril de 2014*. Dispõe sobre a especialização da 11ª Vara Federal da Seção Judiciária do Estado Minas Gerais em crimes contra o sistema financeiro nacional e de lavagem de dinheiro ou ocultação de bens, direitos e valores e naqueles praticados por organizações criminosas. Brasília, 23 abr. 2014. Disponível em: https://portal.trf1.jus.br/dspace/bitstream/123/34956/1/RES_07_2014_PRESI_SECGE.pdf. Acesso em: 16 jun. 2023.

TRF1. Tribunal Regional Federal da 1ª Região. *Resolução PRESI nº 54, de 29 de novembro de 2017*. Dispõe sobre a conversão da 15ª Vara Federal em vara federal criminal e sobre a especialização da 10ª e da 12ª Varas Federais da Seção Judiciária do Distrito Federal. Brasília, 30 nov. 2017. Disponível em: https://portal.trf1.jus.br/dspace/bitstream/123/164862/1/Resolu%c3%a7%c3%a3o%20Presi%2054%20-%20Convers%c3%a3o%20da%2015%c2%aa%20vara%20federal%20criminal%20da%20SJDF..pdf. Acesso em: 16 jun. 2023.

TRF1. Tribunal Regional Federal da 1ª Região. *Resolução PRESI nº 6535439, de 2 de agosto de 2018*. Dispõe sobre a especialização de varas federais para processar e julgar crimes contra o sistema financeiro nacional e de lavagem de dinheiro ou ocultação de bens, direitos e valores, e os praticados por organizações criminosas, no âmbito da 1ª Região. Brasília, 2 ago. 2018. Disponível em: https://portal.trf1.jus.br/dspace/bitstream/123/184229/1/Resolu%c3%a7%c3%a3o%20Presi%206535439%20-%20Disp%c3%b5e%20sobre%20a%20especializa%c3%a7%c3%a3o%20de%20varas%20federais%20criminais.pdf. Acesso em: 16 jun. 2023.

TRF1. Tribunal Regional Federal da 1ª Região. *Resolução PRESI nº 8092227, de 30 de abril de 2019*. Dispõe sobre a especialização de varas federais para processar e julgar crimes contra o sistema financeiro nacional e de lavagem de dinheiro ou ocultação de bens, direitos e valores, e os praticados por organizações criminosas, no âmbito da 1ª Região. Brasília, 30 abr. 2019. Disponível em: https://portal.trf1.jus.br/dspace/bitstream/123/205785/1/Resolu%c3%a7%c3%a3o%20Presi%208092227%20-%20Disp%c3%b5e%20sobre%20a%20especializa%c3%a7%c3%a3o%20de%20varas%20federais%20criminais..pdf. Acesso em: 16 jun. 2023.

TRF2. Tribunal Regional Federal da 2ª Região. *Resolução Conjunta nº 001/2003, de 20 de junho de 2003*. Dispõe sobre a especialização de varas federais criminais para processar e julgar, na Justiça Federal da 2ª Região, crimes contra o sistema financeiro nacional e de lavagem ou ocultação de bens, direitos e valores e dá outras providências. Rio de Janeiro, 20 jun. 2003. Disponível em: https://www.trf2.jus.br/sophia_web/index.html. Acesso em: 16 jun. 2023.

TRF2. Tribunal Regional Federal da 2ª Região. *Resolução Conjunta nº 001/2005, de 9 de junho de 2005*. Ficam especializadas as 2a, 3a, 5a e 7a Vara Criminal da Seção Judiciária do Rio de Janeiro e a 5a Vara Federal da Seção Judiciária do Espírito Santo, para o processamento e julgamento dos crimes contra o sistema financeiro nacional e de lavagem ou ocultação de bens, direitos e valores. Rio de Janeiro, 9 jun. 2005. Disponível em: https://www7.trf2.jus.br/sophia_web/index.html.

TRF2. Tribunal Regional Federal da 2ª Região. *Resolução nº 42, de 23 de agosto de 2011*. Dispõe sobre a competência territorial e em razão da matéria da Justiça Federal da 2ª Região. Rio de Janeiro, 23 ago. 2011. Disponível em: https://www7.trf2.jus.br/sophia_web/index.html.

TRF2. Tribunal Regional Federal da 2ª Região. *Resolução nº TRF2-RSP-2016/00021, de 8 de julho de 2016*. Regula as competências territoriais e em razão da matéria das Varas e Juizados Especiais Federais da 2ª Região. Rio de Janeiro, 8 jul. 2016. Disponível em: https://www.jfrj.jus.br/sites/default/files/SESOR/resolucao_21_2016_compilado.pdf. Acesso em: 20 ago. 2023.

TRF2. Tribunal Regional Federal da 2ª Região. *Resolução TRF2-RSP-2022/00060 de 3 de junho de 2022*. Altera a Resolução nº TRF2-RSP-2016/00021, de 8 de julho de 2016, no tocante à competência territorial e à material das Varas Federais Criminais instaladas na sede da Seção Judiciária do Rio de Janeiro. Rio de Janeiro, 3 jun. 2022. Disponível em: https://dje.trf2.jus.br/DJE/Paginas/VisualizaDocumento.aspx?ID=17433146. Acesso em: 15 jun. 2023.

TRF3. Tribunal Regional Federal da 3ª Região. *Provimento nº 238, de 27 de agosto de 2004*. Dispõe sobre a implantação das 9ª e 10ª Varas Criminais da 1ª Subseção Judiciária de São Paulo/SP e a especialização das 2ª e 6ª Varas Criminais da 1ª Subseção Judiciária de São Paulo/SP, para processar e julgar crimes contra o sistema financeiro nacional e crimes de "lavagem" ou ocultação de bens, direitos e valores, e dá outras providências. São Paulo, 27 ago. 2004. Disponível em: https://www.trf3.jus.br/atos-normativos/atos-normativos-dir/Conselho%20da%20Justi%C3%A7a/Provimentos/2004/Provimento0238.htm. Acesso em: 16 jun. 2023.

TRF3. Tribunal Regional Federal da 3ª Região. *Provimento nº 275, de 11 de outubro de 2005*. Dispõe sobre a especialização da 3ª Vara Federal de Campo

Grande, Seção Judiciária do Estado de Mato Grosso do Sul, e das 4ª Vara Federal de Ribeirão Preto e 1ª Vara Federal de Campinas, ambas da Seção Judiciária do Estado de São Paulo, para processar e julgar crimes contra o sistema financeiro nacional e crimes de "lavagem" ou ocultação de bens, direitos e valores, e alteração da especialização da 5ª Vara Federal de Campo Grande, e dá outras providências. São Paulo, 11 out. 2005. Disponível em: https://www.trf3.jus.br/atos-normativos/atos-normativos-dir/Conselho%20da%20Justi%C3%A7a/Provimentos/2005/Provimento0275.htm. Acesso em: 16 jun. 2023.

TRF3. Tribunal Regional Federal da 3ª Região. *Provimento nº 327, de 21 de fevereiro de 2011.* Implanta a 9ª Vara Federal de Campinas – 5ª Subseção Judiciária do Estado de São Paulo. São Paulo, 21 fev. 2011. Disponível em: https://www.trf3.jus.br/atos-normativos/atos-normativos-dir/Conselho%20da%20Justi%C3%A7a/Provimentos/2011/Provimento0327.htm. Acesso em: 16 jun. 2023.

TRF3. Tribunal Regional Federal da 3ª Região. *Provimento nº 405, de 30 de janeiro de 2014.* Altera a competência de Varas de Subseções da Seção Judiciária do Estado de São Paulo. São Paulo, 30 jan. 2014a. Disponível em: https://web.trf3.jus.br/atos-normativos/atos-normativos-dir/Conselho%20da%20Justi%C3%A7a/Provimentos/2014/Provimento0405.htm. Acesso em: 20 ago. 2023.

TRF3. Tribunal Regional Federal da 3ª Região. Provimento nº 417, de 27 de junho de 2014. Fixa a competência da 10ª Vara Federal Criminal da 1ª Subseção Judiciária – São Paulo. São Paulo, 27 jun. 2014b. Disponível em: https://web.trf3.jus.br/atos-normativos/atos-normativos-dir/Conselho%20da%20Justi%C3%A7a/Provimentos/2014/Provimento0417.htm. Acesso em: 20 ago. 2023.

TRF3. Tribunal Regional Federal da 3ª Região. *Provimento CJF3R nº 49, de 6 de dezembro de 2021.* Dispõe sobre a competência das Varas Federais com competência criminal da Justiça Federal da 3ª Região. 6 dez. 2021. Disponível em: https://www.trf3.jus.br/atos-normativos/atos-normativos-dir/Conselho%20da%20Justi%C3%A7a/Provimentos/2021/Provimento0049.htm. Acesso em: 15 jun. 2023.

TRF4. Tribunal Regional Federal da 4ª Região. *Resolução nº 20, de 26 de maio de 2003.* Dispõe sobre a especialização de varas federais criminais para processar e julgar, na Justiça Federal, crimes contra o sistema financeiro nacional e de lavagem ou ocultação de bens, direitos e valores e dá outras providências. Porto Alegre, RS, 26 maio 2003. Disponível em: https://biblioteca.trf4.jus.br/diap/legis/RESOL2003020.PDF.

TRF4. Tribunal Regional Federal da 4ª Região. *Resolução nº 109, de 29 de setembro de 2005*. Dispõe sobre a alteração de competência para o processamento das execuções penais nas Varas Federais Criminais da Subseção Judiciária de Porto Alegre, Seção Judiciária do Rio Grande do Sul, e dá outras providências. Porto Alegre, RS, 29 set. 2005. Disponível em: https://biblioteca.trf4.jus.br/diap/legis/RESOL20050109.pdf. Acesso em: 16 jun. 2023.

TRF4. Tribunal Regional Federal da 4ª Região. *Resolução nº 42, de 19 de julho de 2006*. Dispõe sobre a inclusão dos crimes praticados por organizações criminosas, independentemente do caráter transnacional das infrações, na competência das Varas Federais Criminais especializadas, e a reorganização das competências das Varas Federais Criminais da Subseção Judiciária de Curitiba. Porto Alegre, RS, 19 jul. 2006a. Disponível em: https://biblioteca.trf4.jus.br/diap/legis/RESOL2006042.PDF. Acesso em: 16 jun. 2023.

TRF4. Tribunal Regional Federal da 4ª Região. *Resolução nº 56, de 6 de setembro de 2006*. Dispõe sobre a reorganização das competências especializadas das Varas Federais Criminais da Justiça Federal da 4ª Região, estabelecidas pela Resolução nº 42, de 19/07/2006, e dá outras providências. Porto Alegre, RS, 6 set. 2006b. Disponível em: https://biblioteca.trf4.jus.br/diap/legis/RESOL2006056.PDF. Acesso em: 16 jun. 2023.

TRF4. Tribunal Regional Federal da 4ª Região. *Resolução nº 63, de 5 de outubro de 2006*. Altera a Resolução nº 56, de 06/09/2006, estabelecendo à 2ª Vara Federal Criminal de Curitiba e à 2ª Vara Federal Criminal de Foz do Iguaçu, ambas da Seção Judiciária do Paraná, competência para processar e julgar os crimes praticados por organizações criminosas, independentemente do caráter transnacional das infrações, e dá outras providências. Porto Alegre, RS, 5 out. 2006c. Disponível em: https://biblioteca.trf4.jus.br/diap/legis/RESOL2006063.PDF. Acesso em: 16 jun. 2023.

TRF4. Tribunal Regional Federal da 4ª Região. *Resolução nº 18, de 24 de abril de 2007*. Dispõe sobre a inclusão dos crimes praticados por organizações criminosas, independentemente do caráter transnacional das infrações na competência das Varas Federais e a reorganização das competências das Varas Federais Criminais da Justiça Federal da 4ª Região. Porto Alegre, RS, 24 abr. 2007. Disponível em: https://biblioteca.trf4.jus.br/diap/legis/RESOL2007018.PDF. Acesso em: 16 jun. 2023.

TRF4. Tribunal Regional Federal da 4ª Região. *Resolução nº 12, de 8 de maio de 2008*. Altera a Resolução nº 18, de 24/04/2007, a fim de dispor expressamente sobre a competência para o processamento e julgamento dos crimes praticados por organizações criminosas das varas que vierem a ser especializadas na matéria criminal em subseções da 4ª Região sem esta especialização. Porto Alegre, RS, 8 maio 2008. Disponível em: https://biblioteca.trf4.jus.br/diap/legis/RESOL2008012.PDF. Acesso em: 16 jun. 2023.

TRF4. Tribunal Regional Federal da 4ª Região. *Resolução nº 102, de 29 de novembro de 2018*. Dispõe sobre a especialização e regionalização de competências na Seção Judiciária de Santa Catarina, e estabelece outras providências. Porto Alegre, 29 nov. 2018. Disponível em: https://biblioteca.trf4.jus.br/diap/legis/RESOL20180102.PDF. Acesso em: 16 jun. 2023.

TRF4. Tribunal Regional Federal da 4ª Região. *Resolução nº 43, de 26 de abril de 2019*. Dispõe sobre a especialização e regionalização de competências na Seção Judiciária do Paraná, e estabelece outras providências. Porto Alegre, 26 abr. 2019a. Disponível em: https://www.trf4.jus.br/trf4/upload/jfpr/2020/03/TRF4-altera-compet%C3%AAncias-jurisdicionais-das-Varas-Federais-do-Paran%C3%A1.pdf. Acesso em: 20 ago. 2023.

TRF4. Tribunal Regional Federal da 4ª Região. *Resolução nº 48, de 10 de maio de 2019*. Dispõe sobre a equalização de cargas de trabalho das Unidades Judiciárias de 1º Grau da Justiça Federal da 4ª Região. Porto Alegre, 10 maio 2019b.

TRF4. Tribunal Regional Federal da 4ª Região. *Resolução nº 53, de 29 de outubro de 2020*. Dispõe sobre a especialização, regionalização de competências e equalização de cargas de trabalho das Unidades Judiciárias de 1º Grau da Justiça Federal da 4ª Região. Porto Alegre, 29 out. 2020a. Disponível em: https://biblioteca.trf4.jus.br/diap/legis/RESOL2020053.PDF. Acesso em: 16 jun. 2023.

TRF4. Tribunal Regional Federal da 4ª Região. *Resolução nº 54, de 29 de outubro de 2020*. Dispõe sobre a especialização e regionalização de competências na Seção Judiciária do Rio Grande do Sul, e estabelece outras providências. Porto Alegre, RS, 29 out. 2020b. Disponível em: https://biblioteca.trf4.jus.br/diap/legis/RESOL2020054.PDF. Acesso em: 20 ago. 2023.

TRF4. Tribunal Regional Federal da 4ª Região. *Resolução nº 55, de 29 de outubro de 2020*. Dispõe sobre a especialização e regionalização de competências na Seção Judiciária de Santa Catarina, e estabelece outras providências. Porto

Alegre, 29 out. 2020c. Disponível em: https://biblioteca.trf4.jus.br/diap/legis/RESOL2020055.PDF. Acesso em: 20 ago. 2023.

TRF4. Tribunal Regional Federal da 4ª Região. *Resolução nº 56, de 29 de outubro de 2020*. Dispõe sobre a especialização e regionalização de competências na Seção Judiciária do Paraná, e estabelece outras providências. Porto Alegre, 29 out. 2020d. Disponível em: https://biblioteca.trf4.jus.br/diap/legis/RESOL2020056.PDF. Acesso em: 20 ago. 2023.

TRF4. Tribunal Regional Federal da 4ª Região. *Resolução nº 258, de 2 de dezembro de 2022*. Dispõe sobre alterações na especialização e regionalização de competências de Varas Federais da Justiça Federal da 4ª Região, e estabelece outras providências. Porto Alegre, 2 dez. 2022. Disponível em: https://www.trf4.jus.br/trf4/upload/editor/2022/e022254759_sei_6364974_resolucao_258.pdf. Acesso em: 20 ago. 2023.

TRF5. Tribunal Regional Federal da 5ª Região. *Resolução nº 27, de 25 de novembro de 2009*. Consolida a competência das Varas Federais da 5ª Região. 25 nov. 2009. Disponível em: https://www.trf5.jus.br/index.php/gestao-orcamentaria/resultado-pdf. Acesso em: 16 jun. 2023.

TRF5. Tribunal Regional Federal da 5ª Região. *Resolução nº 1, de 19 de fevereiro de 2014*. Instala a 32ª Vara Federal da Seção Judiciária do Estado do Ceará, criada pela Lei nº 12.011/2009, no Município de Fortaleza, e dá outras providências. Recife, 19 fev. 2014a. Disponível em: https://jef.trf5.jus.br/resolucoes/PDFsNormas/resolucoes/TRF/RESOLU%C7%C3O%20N%20001%20DE%202014.pdf. Acesso em: 20 ago. 2023.

TRF5. Tribunal Regional Federal da 5ª Região. *Resolução nº 3, de 19 de fevereiro de 2014*. Instala a 36ª Vara Federal da Seção Judiciária do Estado de Pernambuco, criada pela Lei nº 12.011/2009, no Município de Recife, e dá outras providências. Recife, 19 fev. 2014b. Disponível em: https://www.trf5.jus.br/index.php/legislacao-home?/categoria=Legislacao%20Resolucoes&aba01. Acesso em: 20 ago. 2023.

TRF5. Tribunal Regional Federal da 5ª Região. *Resolução nº 1, de 4 de fevereiro de 2016*. Altera o art.3º da Resolução nº 03/2014, de 19.02.2014 do Tribunal Regional Federal da 5ª Região. Recife, 4 fev. 2016. Disponível em: https://www.trf5.jus.br/index.php/legislacao-home?/categoria=Legislacao%20Resolucoes&aba01. Acesso em: 20 ago. 2023.

TRF5. Tribunal Regional Federal da 5ª Região. Resolução nº 5, de 29 de março de 2017. Dispõe sobre a especialização da 2ª Vara Federal da Seção Judiciária do Rio Grande do Norte para processar e julgar as ações, incidentes e quaisquer medidas relacionadas aos crimes contra o Sistema Financeiro Nacional e de lavagem de dinheiro ou ocultação de bens direitos e valores, bem como aos crimes praticados por organizações criminosas, independentemente do caráter transnacional ou não das infrações. Recife, 29 mar. 2017. Disponível em: https://www.trf5.jus.br/index.php/legislacao-home?/categoria=Legislacao%20Resolucoes&aba01. Acesso em: 20 ago. 2023.

TRF6. Tribunal Regional Federal da 6ª Região. *Resolução PRESI nº 9, de 22 de setembro de 2022*. Belo Horizonte, MG, 22 set. 2022. Disponível em: https://portal.trf6.jus.br/wp-content/uploads/2022/10/Resolucao-Presi-9.pdf.

TROMBINI, Maria Eugênia. Elite judicial e elite política: da convergência ao antagonismo no combate à corrupção? *In*: CODATO, Adriano et al. (org.). *A profissão política: investigações sobre políticos profissionais no Brasil*. Curitiba, Paraná: Massimo Editorial, 2021. p. 438-473.

TROMBINI, Maria Eugenia; VALARINI, Elizângela. The Anti-Corruption Mindset of Brazilian Law Enforcers. *In*: POHLMANN, Markus et al. (org.). *Organizational Crime: Causes, Explanations and Prevention in a Comparative Perspective*. Wiesbaden: Springer Fachmedien, 2023. (Organization, Management and Crime – Organisation, Management und Kriminalität). p. 403-420. *E-book*. Disponível em: https://doi.org/10.1007/978-3-658-38960-4_16. Acesso em: 17 jun. 2023.

WELLS, Richard S.; GROSSMAN, Joel B. The Concept of Judicial Policy-Making: A Critique. *Journal of Public Law*, [*s. l.*], v. 15, n. 2, p. 286-310, 1966.

WEYLAND, Kurt. Theories of Policy Diffusion: Lessons from Latin American Pension Reform. *World Politics*, [*s. l.*], v. 57, n. 2, p. 262-295, 2005.

WILSON, James Q. *Bureaucracy: What government agencies do and why they do it*. First Editioned. New York: Basic Books, 1989.

XAVIER, Antônio Roberto. POLÍTICAS PÚBLICAS DE COMBATE AO CRIME ORGANIZADO: AÇÕES DA POLÍCIA MILITAR DO CEARÁ NAS DIVISAS DO ESTADO. *Planejamento e Políticas Públicas*, [*s. l.*], n. 48, 2017. Disponível em: //www.ipea.gov.br/ppp/index.php/PPP/article/view/768. Acesso em: 17 jun. 2023.